严格依据最新国家教师资格考试大纲编写

国家教师资格考试指导丛书

幼儿园教师资格考试

综合素质

全真题库及微课讲解

◎ 国家教师资格考试指导中心 审

◎ 肖海柏 曾德广 肖松柏 主编

人民邮电出版社

北京

图书在版编目（CIP）数据

幼儿园教师资格考试．综合素质全真题库及微课讲解/肖海柏，曾德广，肖松柏主编．-- 北京 ：人民邮电出版社，2017.1
（国家教师资格考试指导丛书）
ISBN 978-7-115-44590-2

Ⅰ．①幼… Ⅱ．①肖… ②曾… ③肖… Ⅲ．①学前教育－幼教人员－资格考试－题解 Ⅳ．①G615

中国版本图书馆CIP数据核字(2016)第320491号

内容提要

本书以教育部考试中心颁布的新版幼儿园教师资格考试《综合素质》考试大纲为依据，在深入研究该科目的考查重点、命题特点及解题方法的基础上编写而成。

全书共分为两篇，第一篇为分章习题训练，共有 5 个模块，分别是职业理念、教育法律法规、教师职业道德、文化素养和基本能力，每个模块下面按章节提供了分章习题训练，包括单项选择题、材料分析题以及写作题，并在各模块后面提供了参考答案和详细的解析；第二篇提供了近 3 年（2014 年～2016 年）的幼儿园教师资格考试《综合素质》的真题，共 5 套，每套试题后均附有参考答案及名师详解。

本书适合全国各地报考幼儿园教师资格考试的考生使用，也可作为本科院校、职业院校学前教育专业的教学辅导用书。

◆ 主　　编　肖海柏　曾德广　肖松柏
审　　　　国家教师资格考试指导中心
责任编辑　马小霞
执行编辑　古显义
责任印制　焦志炜

◆ 人民邮电出版社出版发行　　北京市丰台区成寿寺路 11 号
邮编　100164　　电子邮件　315@ptpress.com.cn
网址　http://www.ptpress.com.cn
大厂聚鑫印刷有限责任公司印刷

◆ 开本：787×1092　1/16
印张：11　　　　2017 年 1 月第 1 版
字数：279 千字　　2017 年 1 月河北第 1 次印刷

定价：32.00 元

读者服务热线：(010)81055256　印装质量热线：(010)81055316
反盗版热线：(010)81055315
广告经营许可证：京东工商广字第 8052 号

P 前言
REFACE

○● 组织编写本书的初衷

幼儿园教师资格证（简称“幼师资格证”）是学前教育行业从业人员的许可证。2016年起全国将全面实施教师资格考试制度改革（即全国统考），根据全国统考政策，报考幼儿园教师资格考试应当具备大学专科及以上学历。考试形式为全国统一考试，由教育部统一制定考试标准和考试大纲，组织笔试和面试。考试采用纸笔和机考两种方式，没有指定的参考教材。幼儿园教师资格考试科目为《综合素质》和《保教知识与能力》，全国统考一般每年组织两次考试，分别是上半年3月份和下半年11月份。

自2015年全国推广教师资格考试改革以来，试点区教师资格考试通过率与往年比有所降低。改革后的幼儿园教师资格考试只有考纲，无指定教材，知识点范围更广，且知识点的考核更趋向于专业性和灵活性，要求更高，考试难度更大。面对分布广泛的知识点，千变万化的考题，考生难以抓住考试重点与难点，加上缺少对考试环境的认识与了解，应考压力较大，这就需要有经验的名师给予系统专业的指导，帮助考生在备考中进行更有针对性的学习。

为了配合教育部开展的幼儿园教师资格考试，帮助广大考生在较短时间内掌握复习要点，提高应试能力，我们组织了一大批国内优秀的幼儿园教师资格考试辅导培训专家，在深入研究与剖析历年考题和总结多年考试辅导经验的基础上，以最新考试大纲为蓝本，以各考点和考试重点为主线，精心编写了该科目的配套习题集，以便考生在考试前练习。

○● 本书能给考生带来的帮助

1. 紧扣考试大纲，明确复习要点，减少复习时间

本书以新版考试大纲为依据，在全面覆盖和对应考试大纲各考点的基础上分章进行练习，不仅提供了清晰的知识结构，还归纳出了各个考点，帮助考生抓住复习的重点，提高复习效率。

2. 丰富的例题，精准的解题思路，全面消化考点及题型

在对各考点的讲解过程中结合不同类型的考试题型，包括典型例题和专家预测试题，这些习题均是根据其对应考点在考试题库中的命题类型及方式精心设计的，并同步给出了解析和答案，让考生通过例题巩固所学知识，并熟悉考试题型和解题思路。

3. 提供历年真题和名师详解，提高解题能力

历年真题测试是复习与巩固知识的最佳学习途径，本书提供了近3年的5套真题，每套试题后还附有名师详解，考生不仅可以进行练习，还可通过解析掌握解题思路。

4. 配套模拟在线题库，熟悉考试环境，有助于考生复习应考

本书的在线考试题库提供了模拟考试系统，其考题类型与真实的考试完全一致，考题则是精心挑选的历年真题和预测题，均有参考答案及详细解析。该系统还有对客观题提供智能评分、错题归档等功能，帮助考生提前熟悉考试。

在线题库使用方法

扫描封底二维码或直接登录“金字考试在线”（www.jinziedu.com），输入本书激活码（YSZH—FUS3—RESD）。

联系我们

本书由良师智胜组织编写，参与本书资料收集整理、编写、校排、在线题库制作等人员有肖海柏、曾德广、肖松柏等。

尽管编者在本书的编写与出版过程中精益求精，但由于水平有限，书中难免有错漏和不足之处，恳请广大读者批评指正。

编 者

2016年11月

目录 CONTENTS

第一篇 分章习题训练

01 模块 职业理念

02 模块 教育法律法规

03 模块 教师职业道德

04 模块 文化素养

05 模块 基本能力

第二篇　历年真题训练

第一篇

分章习题训练

本篇以考试大纲为依据，根据近年幼儿园教师资格考试《综合素质》科目考查的特点，全面解读考试内容，通过对核心考点进行提炼，准确找出命题点，用经典试题覆盖考点，从而最大限度地减少了读者的记忆量，节省复习时间。此外，读者还可结合本书在线题库中的“章节练习”模块进行练习，做错的题还可添加至错题库，以便于查漏补缺，提高答题正确率。

本篇共分为五大模块，各模块在考试中所占分值及题型分布如下：

模块	所占分值	题型分布
职业理念	15%	单项选择题、材料分析题
教育法律法规	10%	单项选择题、材料分析题
教师职业道德	15%	单项选择题、材料分析题
文化修养	12%	单项选择题、材料分析题
基本能力	48%	单项选择题、材料分析题、写作题

模块 1

职业理念

知识结构思维导图

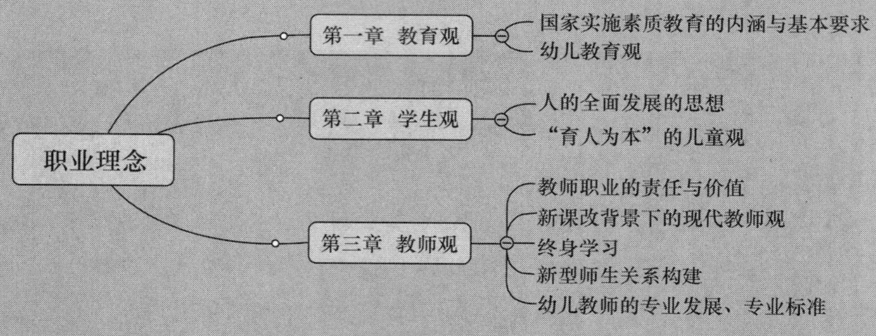

第一章　教育观

考点一　国家实施素质教育的内涵与基本要求

单项选择题

1. 我国的教育观主要包括（　　）。
   A. 全面发展和素质教育　　B. 全面发展和道德教育
   C. 素质教育和道德教育　　D. 道德教育和应试教育
2. 下列选项中不属于素质教育任务的是（　　）。
   A. 增强学生身体素质　　B. 促进学生道德品质的发展
   C. 增强学生心理素质　　D. 促进学生能力的平均发展
3. 下列各项与“素质教育”的含义最相近的是（　　）。
   A. 博雅教育　　B. 全面发展教育　　C. 应试教育　　D. 终身教育
4. 素质教育的核心是培养学生的（　　）。
   A. 主体意识和实践能力　　B. 主体意识和操作能力
   C. 创新意识和动手能力　　D. 创新意识和实践能力
5. 强调素质教育面向全体国民，反映了素质教育的（　　）。
   A. 全面性　　B. 主体性　　C. 全体性　　D. 发展性

考点二　幼儿教育观

单项选择题

扫码观看视频

1. 幼儿园的任务是实行（　　）与教育相结合的原则，对幼儿实施体、智、德、美等全面发展的教育，促进其身心和谐发展。
   A. 智育　　B. 德育
   C. 保育　　D. 美育
2. 某幼儿教师在从教过程中，摈弃了填鸭式教学，采取幼儿乐于接受的分区活动教学，这体现的是幼儿素质教育中（　　）的转变。
   A. 教育观点　　B. 工作方法　　C. 评价方式　　D. 教育环境
3. 幼儿园课程蕴含在环境、材料、活动和教师的行为中，体现出幼儿教育具有（　　）的特点。
   A. 潜在性　　B. 游戏化　　C. 活动性　　D. 生活化
4. “寓教于乐”是一种教育理念，以下选项中最符合这一理念的保育教育方法是（　　）。
   A. 游戏化方法　　B. 生活化方法　　C. 移情法　　D. 直接法
5. 王老师每天都对教室进行消毒，告诉同学们饭前便后要洗手等。在这里，王老师扮演的角色是（　　）。
   A. 学生发展的指导者　　B. 学生的养护者
   C. 学生与社会的中介者　　D. 教育实践的研究者

第二章　学生观

考点一　人的全面发展的思想

单项选择题

1. 我国全面发展教育的组成部分是（　）。
   A. 高等教育、中等教育、初等教育、学前教育
   B. 正规教育、业余教育、普通教育、职业教育
   C. 德育、智育、体育、美育和劳动技术教育
   D. 知识技能、过程方法、情感态度价值观教育
2. 当今教育界普遍认同的核心在于对人性的充分肯定，对人的智慧、潜能的信任，对自由、民主的向往和追求。这种教育观是（　）。
   A. 以人为本　B. 终身教育　C. 全面发展　D. 素质教育
3. 马克思主义的最高价值理想是（　）。
   A. 人的智力和体力的划分　B. 人的才能和道德的发展
   C. 人的全面发展思想　D. 人类整体的全面发展
4. 以下关于素质教育与全面发展教育的关系的观点正确的是（　）。
   A. 素质教育是全面发展教育的理论依据
   B. 全面发展教育是素质教育的具体落实和深化
   C. 全面发展教育与素质教育的教育目的不同
   D. 素质教育是全面发展教育的具体落实和深化

材料分析题

5. 材料：

成都市教育局《关于进一步规范基础教育办学行为有关问题的通知》中规定：“坚持义务教育阶段公办学校就近免试入学，任何公办、民办和各类进行办学体制改革的小学、初中不得以考试的方式择优选拔新生，也不得以小学阶段各类学科竞赛（如小学数学奥赛等）成绩作为录取新生的依据。”

问题 你对成都市教育局的该规定有什么看法？请从全面发展教育角度对奥赛进行评价。

6. 材料：

有人认为，学校开展全面发展教育就意味着学生个体在德、智、体、美等方面齐头并

进、均衡发展，所以学校要办各种“兴趣班”，对所有学生进行科学素养、文化素质、音体美等方面特长的培训，而且要求学生在这些方面都要达到较高的水平。

问题 ▸ 请运用相关的教育观对此观点进行评述。

考点二　“育人为本”的儿童观

单项选择题

1. 社会主义教育的本质要求是（　）。

A. 教育公平　B. 教师专业化　C. 素质教育　D. 道德教育

2. “育人为本”具体到教学实践中就是以（　）为本。

A. 社会需求　B. 教师　C. 幼儿　D. 家长

3. 王老师得知红红偷拿了同伴的玩具，没有在全班幼儿的面前批评红红，而是把红红叫到办公室耐心引导。王老师的做法（　）。

A. 正确，幼儿需要赏识　B. 不正确，幼儿是有个性的人

C. 正确，幼儿需要尊重　D. 不正确，幼儿是有发展潜能的人

4. 下列选项中，不属于“公平对待幼儿”的是（　）。

A. 尊重每一名幼儿在发展水平、已有经验、学习方式等方面的个体差异

B. 体谅和宽容每一名幼儿

C. 在教育教学活动中对每一个幼儿持有公正、民主与尊重的态度

D. 在教育教学活动中，对不同的幼儿采用不同的教学方式

扫码观看视频

材料分析题

5. 材料：

周一上学，楠楠一进教室，就走到自然角去查看鱼缸里的小金鱼和蝌蚪。

“小金鱼没有了！”楠楠大叫起来。

邓老师很吃惊地走过去，发现以前游来游去的小金鱼不见了，只剩下两个小鱼头躺在缸底的水草下，几只蝌蚪正在啃鱼头。

蝌蚪吃金鱼的事引起了孩子们的注意。早餐结束后，邓老师决定利用这次机会，组织孩子们讨论小金鱼的死因。

孩子们分小组进行了热烈讨论。他们列出了几种可能导致小金鱼死亡的原因。

（1）天气闷热致死。因为放假期间，天气有些闷热。

（2）水污染致死。因为涵涵曾经将肥皂泡吹到鱼缸里。

（3）金鱼吃得太饱，撑死了。因为小杰家的金鱼就是这样死的……

（4）金鱼是饿死的。因为放假期间没人给金鱼喂食，它们就饿死了。

邓老师继续组织孩子们讨论金鱼的正确喂养方式，大家纷纷发表意见。

随后，邓老师指导孩子们把金鱼的尸体从鱼缸里捞出来。有的孩子还提出要把金鱼埋葬到草丛里，邓老师答应了，并给孩子们借来铲子，孩子们很认真地把他们心爱的金鱼埋葬好。

问题 ▸ 请从儿童观的角度，评析邓老师的保育行为。

6. 材料：

在儿童节前夕，曙光幼儿园收到其他学校的邀请，受邀参加各校之间的联谊活动，对此，曙光幼儿园让本校的孩子们准备了节目表演。华华是曙光幼儿园中班的学生，由于爱好跳舞，向老师申请了参加《我们的祖国是花园》的舞蹈表演。但由于华华害羞，在训练的过程中，因为放不开而导致跳错。负责训练的教师，总是当场严厉指责华华跳得不对，并斥责说："怎么有你这么笨的孩子呢，不会跳还报名干什么呢？"最后华华申请退出了舞蹈表演，并告诉父母自己不会跳舞也不喜欢跳舞了。

问题 ▸ 请运用儿童观分析教师应如何对待幼儿犯的错误。

第三章　教师观

考点一　教师职业的责任与价值

单项选择题

1. 1966年，联合国教科文组织在《关于教师地位的建议》中提出，教师工作应被视为一种（　　）。

   A. 半专业　　B. 专门职业

   C. 非专门职业　　D. 准专业

2. 教师的根本任务是（　　）。

   A. 教人做人　　B. 教好功课

   C. 教育研究　　D. 教书育人

扫码观看视频

3. “道之所存，师之所存也”，这句话说明教师要扮演好（　）。
   A. 传道者角色　B. 研究者角色　C. 管理者角色　D. 心理医生角色
4. 教师职业的最大特点在于其职业角色的（　）。
   A. 专门化　B. 系统化　C. 复杂化　D. 多样化
5. 我国唐代教育家韩愈提出教师应“以身立教”，这样的教师才会“其身亡而其教存”。这说明教师必须（　）。
   A. 学而不厌，诲人不倦　B. 师爱
   C. 以身作则，为人师表　D. 职业信念

考点二　新课改背景下的现代教师观

单项选择题

1. 现代教师观强调在教学中要（　）。
   A. 以学生为主体　B. 教师的权威
   C. 社会参与　D. 教师主导，学生主体
2. 郑老师和杨老师虽是同一所学校的老师，但二人的教学风格却截然不同。郑老师坚信“春风化雨”的理念，坚持用自己的关爱去理解学生，做学生的知心人。而杨老师则信奉“雷厉风行”的处事模式，总是用权威和规矩来约束学生的不良行为。这反映了两位教师间（　）。
   A. 职业理念的差异　B. 教学能力的差异
   C. 教育理念的差异　D. 管理能力的差异
3. P县一中组织全校学生走进中小学生劳动技术教育基地，开展为期7天的社会实践活动。在这个环节中，教师主要扮演的是（　）。
   A. 学生发展的指导者　B. 学生学习的支持者
   C. 教育教学实践的研究者　D. 沟通学生与社会的中介者
4. 陈老师刚进教室便发现黑板上画着一幅画，仔细一看是一幅关于他的很夸张的、略带侮辱性的漫画。这时，陈老师最合适的处理方式应该是（　）。
   A. 非常生气，立即查找肇事者　B. 默默地把画擦除，然后开始上课
   C. 暴跳如雷，开始训斥全班学生　D. 欣赏漫画，然后幽默带过后上课

材料分析题

5. 材料：

   一个很棘手的问题——一起人数众多、性质颇为严重的作弊事件，摆在了班主任冯老师的面前。语文科代表为了帮助其他同学掌握语法知识，征得任课老师的同意，在自习课上组织同学们测验。测验结束后，班长向冯老师汇报“一切正常”。冯老师正为学生们的自觉行为感到高兴，准备给全班同学一次嘉奖。岂料课后学生反映，测验时看书的人不少，连班长也在内。怎样处理这起作弊事件呢？冯老师陷入了思考中，是在全班同学面前直接提出这个问题，责令作弊者自动坦白？还是要求知情者检举揭发，把嫌疑分子一个个叫来办公室审问？这样的办法有什么积极的作用呢？第二天上课时，冯老师神情自若，像什么事也没有发生一样。他在黑板上写上汤姆斯·麦考莱的一句名言：“在真相肯定永无

人知的情况下，一个人的所作所为，能显示他的品格。”接着又给学生们讲述了一个某人回忆自己30年前一次考试作弊时的懊悔心情的故事。讲完故事，冯老师要求每个学生记下汤姆斯·麦考莱的名言，同时要求每个人写一篇体会，题目是《心灵的答卷》。冯老师平静、沉着的态度大大出乎学生们的意料，而汤姆斯·麦考莱的名言则深深地震撼了学生们的心灵。第二天，每个同学都交出了惭愧、悔恨的“心灵答卷”。显然冯老师对这次作弊事件的处理是卓有成效的，它的教育影响十分深刻而久远。

问题▸请从教师职业理念角度对冯老师的做法进行评析。

6. 材料：

一间只听得到老师讲课声音的教室，突然从窗外传来一阵急促的“的嘟——的嘟——”声，这声音犹如一块巨石落入平静的水面，教室里顿时喧闹起来。紧接着，像有谁下了一道命令：“向左看齐”，所有的学生都向左边看去。这是怎么回事，还没等老师喊出话来，坐在靠窗边的同学已经站起来，趴在窗台上向外张望，其他的同学更是着急，他们有的站在椅子上，有的一蹦一跳，伸长了脖子向外张望，平时上课就坐不住的学生索性冲出座位，涌到窗前。他们你扒我，我推他，争先恐后地向外张望——原来是两辆红色的消防车由南向北从窗前驶过……

以下两位教师的做法：

A 老师灵机一动，便放弃了原来的教学内容，而让同学们把刚才的所见、所闻、所想说出来并写下来。结果，同学们个个情绪高涨，说得头头是道，写得也很精彩，A 老师也满脸笑容。

B 老师板起面孔，维持纪律，让学生回到座位上继续原来的教学。而学生却余兴未止，沉浸在刚才的氛围中……B 老师不愿意放弃原来的教学内容，他怕自己完不成教学任务。

问题▸请从教师职业理念角度评析A、B教师的教学行为。

7. 材料：

如今的幼儿很小就接触到了各种各样的新生事物，脑子里千奇百怪的东西很多。有时候，他们会在课堂上或课后向我提一些稀奇古怪的问题。例如，我在课堂上讲太阳和月亮，有的孩子便会问：“老师，太阳为什么白天出来？月亮为什么晚上才出来？”对这样的问题，我还能勉强回答。但有些孩子在课后向我提的问题，真的让我难以回答。例如，有的孩子会冷不丁地问我：“老师，什么叫‘酷毙了’？”“老师，怎样才能当上还珠格格？”有时我想，或许我真的是年纪大了，不再适合当幼儿园老师了。

问题 ▸ 面对这位老师的困惑，你认为问题出在哪儿？

8. 材料：

乐乐是幼儿园有名的“捣蛋鬼”，与其他小朋友的关系极其不好，因为他比同龄幼儿强壮，经常欺侮“弱小”的同学。老师知道这种情况后，没有批评他，而是经常在班里讲助人为乐、与人友好的故事，并经常安排他与其他幼儿一起扫地、擦桌子，帮老师做一些力所能及的事。渐渐地，乐乐不那么淘气了，也与其他幼儿慢慢交好，学习也有了进步。

问题 ▸ 请你运用现代教育理论对该教师的行为进行评析。

考点三　终身学习

单项选择题

扫码观看视频

1. 终身教育概念的首创者是（　）。

A. 埃德加·富尔　　B. 雅克·德洛尔
C. 保罗·弗莱雷　　D. 保罗·朗格朗

2. 将终身学习概念化和体系化的代表人物是（　）。

A. 耶克斯利　　B. 蔡元培
C. 叶圣陶　　D. 保罗·朗格朗

3. 为适应知识的快速增长和人的持续发展要求而逐渐形成的教育思想和教育制度是（　）。

A. 普通教育　　B. 义务教育　　C. 终身教育　　D. 职业教育

4. 泛指人们在一生中所受到的各种培养的总和，包括一切教育活动、一切教育机会和教育的一切方面。这种教育指的是（　）。

A. 素质教育　　B. 回归教育　　C. 应试教育　　D. 终身教育

5. “从人的出生到死亡整个一生中都应进行持续的教育，其教育目的和形式根据个人发展不同阶段的需要而确定，从而使教育成为人们生活中不可缺少的一部分”这句话说明教师应当（ ）。

A. 职前培养　B. 反思和研究　C. 观摩学习　D. 终身学习

6. 殷老师特别喜欢学习，不仅上班的时候积极听老教师的课，而且在业余时间自修研究生课程，还潜心研究教学法。她虽然很年轻，但是已经连续三年当选教学能手。这体现了殷老师（ ）。

A. 关爱学生　B. 专注自身学习，将来能考研究生

C. 有终身学习理念　D. 志存高远，乐于奉献

考点四　新型师生关系构建

单项选择题

1. 师生关系是指教师和学生在教育教学活动中结成的相互关系。其中，教师和学生在教育内容上是（ ）。

A. 平等关系　B. 上下级关系　C. 相互促进关系　D. 授受关系

2. 教师在职业活动中要处理好各种各样的关系，其中最核心的关系是（ ）。

A. 同事关系　B. 师长关系　C. 师生关系　D. 师校关系

3. 教师从事有偿家教有诸多危害，其中不包括（ ）。

A. 增加学生家庭经济负担　B. 减轻学生的学业负担

C. 破坏健康的师生关系　D. 损害教师群体的社会形象

4. 俗语说“师生如父子”。这句话的真正内涵是（ ）。

A. 师生关系就是父子关系

B. 师生关系基本等同于父子关系

C. 教师对学生既有像父母一样的关爱，又有像父母对自己子女一样的偏爱

D. 教师对学生既有像父母一样的关爱，却没有像父母对自己子女一样的偏爱

5. 教师职业具有极强的示范性，下列选项中不能体现教师的示范性的是（ ）。

A. 张载：“德薄者，终学不成也。”

B. 陶行知：“学高为师，身正为范。”

C. 《学记》：“亲其师，信其道，恶其师，疏其道。”

D. 孔子：“其身正，不令而行，其身不正，虽令不从。”

扫码观看视频

6. “学然后知不足，教然后知困”体现了（ ）的新型师生关系。

A. 尊师爱生　B. 民主平等

C. 教学相长　D. 心理相容

考点五　幼儿教师的专业发展、专业标准

单项选择题

1. 《幼儿园教师专业标准》中提出，要将（ ）放在首位。

A. 保护幼儿生命安全　B. 全面提升幼儿的学习能力

C. 培养幼儿正确的价值观念　D. 培养良好的生活习惯

2. 处于（　　）的教师非常关注自己的生存适应性。

A. 关注发展阶段　　B. 关注学生阶段

C. 关注情境阶段　　D. 关注生存阶段

3. 施老师在某市机关幼儿园工作，她最担心的问题是："小朋友喜欢我吗？""同事们如何看待我？""园长是否觉得我干得不错？"等问题。根据这些判断，施老师的专业发展处于（　　）。

A. 关注生存阶段　　B. 关注情境阶段　　C. 关注学生阶段　　D. 关注成长阶段

4. 黄老师能够胜任各类保育教育工作，工作重点从应对挫折慢慢转移到保育教育上，而且能够根据儿童的需要和心理发展水平来设计、安排保育教育活动，能够应对幼儿的各种反应，并开始形成自己的教学风格。根据伯林纳的观点，黄老师的专业发展处于（　　）。

A. 高级新手阶段　　B. 胜任阶段　　C. 熟练阶段　　D. 专家阶段

5. 教师专业化发展依次经历了三个阶段，它们分别是（　　）。

A. 非形式化—形式化—制度化　　B. 专业化—专门化—非专门化

C. 非专门化—专门化—专业化　　D. 非专门化—形式化—专业化

材料分析题

6. 材料：

9月9日中午，记者来到济南幼儿师范学院，以该校幼儿师范专业的男生为目标，深入了解幼儿园教师这个行业。根据采访，记者了解到，作为一名幼儿教师，除了要学习学前教育学、学前心理学、学前卫生学等外，弹琴、画画、跳舞、体操也都是必修课程，在美术班里，甚至还要学习缝制布娃娃。

朱庆瑞，虽然是一位刚上大三的男生，但已经在幼儿园见习过几次了。通过采访，他告诉记者："我们平时除了要学习主要课程之外，还要学习幼儿卫生常识这样的课程，以便在遇到紧急情况时能够进行处理"。

对于男生来说，比较痛苦的是上舞蹈课。大部分男生的身体都比较僵硬，劈叉、下腰都成了难题。四年级音乐班的韩良说，之前他并没有在舞蹈上花费精力，真到了舞蹈班才发现自己的柔韧度不行，"昨天我回家压脚背，把脚指头都磨出泡来了"。

除了上面这些让男生痛苦的课程外，也有一些课程是男生特别喜欢和擅长的。"我特别喜欢武术。"魏波是四年级的学生，他在学校已经习武四年了，现在最拿手的是九节鞭。此外，计算机、数学等课程也是男生比较擅长的。

问题（1）材料说明幼儿园教师专业发展的基本内容有哪些？

（2）一名优秀的幼儿园教师，应该具备哪些素质？

分章习题参考答案及解析（模块一）

第一章 教育观

考点一 国家实施素质教育的内涵与基本要求

1. 【答案】A。【解析】我国的教育观主要包括全面发展和素质教育，是面向全体学生的教育，通过促进学生德、智、体、美、劳等方面的全面发展，全面提高全体学生的基本素质。

2. 【答案】D。【解析】素质教育是面向全体学生的教育，是培养学生德、智、体、美、劳全面发展的教育，是促进学生个性发展的教育，是以培养创新精神为重点的教育。其中“全面发展”是指既要保证学生全面、和谐地发展，又要使其个性得到充分发展，而并非是促进学生能力的平均发展。

3. 【答案】B。【解析】素质教育是面向全体学生的教育，是培养学生德、智、体、美、劳全面发展的教育，是促进学生个性发展的教育，是以培养创新精神为重点的教育。全面发展教育强调培养学生德、智、体、美、劳等方面的全面发展，要求受教育者成为有理想、有道德、有文化、有纪律的社会主义事业建设者和接班人。

4. 【答案】D。【解析】培养学生创新意识和实践能力是素质教育的核心，是知识经济时代教育的主题。

5. 【答案】C。【解析】素质教育的特征包括全体性、全面性、发展性、主体性和开放性，其中，素质教育的全体性要求素质教育作为一种以全面提高全体学生的基本素质为根本目的的教育，必须面向全体学生，使每个学生都具有作为合格公民所应具备的基本素质。本题题干所述内容，体现的是及时素质教育的全体性。

考点二 幼儿教育观

1. 【答案】C。【解析】《幼儿园工作规程》指出，幼儿园的任务是实行保育与教育相结合的原则，对幼儿实施体、智、德、美等方面全面发展的教育，促进其身心和谐发展。

2. 【答案】B。【解析】该教师摈弃了填鸭式教学方法，采取幼儿乐于接受的分区活动教学方法，使幼儿在各自基础上有不同程度的提高。这是幼儿素质教育中工作方法的转变。

3. 【答案】A。【解析】幼儿教育的潜在性表示幼儿园教育是有目的，有计划的教育过程，幼儿园课程也有明确的课程目标和基本的学习领域。但是由于幼儿身心发展和学习的特点，使幼儿园课程不是体现在课堂上，而是体现在生活、游戏和其他幼儿喜闻乐见的活动形式中。也就是说，幼儿园课程蕴含在环境、材料、活动和教师的行为中，潜移默化地对幼儿起作用。

4. 【答案】A。【解析】寓教于乐是指不要单纯地为了学习而学习，我们可以将学习当成一项有趣的娱乐进行，这样就不会感到单调乏味。其在保育教育中则体现为：对幼儿的教育采用游戏化的方法，在游戏中促进幼儿的成长。

5. 【答案】B。【解析】幼儿是发展中的个体，其早期身心发展水平较低，自主学习能力较弱，在情感上具有很强的依恋心理，这种依恋的心理要求教师不仅是一个教学工作者，而且还是幼儿的养护者。“养护”不仅指对幼儿生理、生活上的照料，而且包含着对其良好情绪情感状态、健康人格、个性品质、社会性品质与行为等多方面心理发展予以积极的关注与呵护。

第二章　学生观

考点一　人的全面发展的思想

1. 【答案】C。【解析】全面发展的教育强调培养学生德、智、体、美、劳等方面的全面发展，要求受教育者成为有理想、有道德、有文化、有纪律的社会主义事业建设者和接班人。

2. 【答案】A。【解析】以人为本是一种对人在社会历史发展中的主体作用与地位的肯定，它充分肯定人性，是对自由、民主的向往和追求。

3. 【答案】C。【解析】人的全面发展思想来源于马克思的人的全面发展理论，不仅是马克思主义的最高价值理想和未来社会的价值目标，也是实现人的发展的最高理想境界。

4. 【答案】D。【解析】全面发展教育是实施素质教育的基本理论依据，是素质教育的实践基础和方向；素质教育是全面发展教育的具体落实和进一步深化，是贯彻全面发展教育的必经之路。

5. 【答案】（1）成都市教育局的该项规定进一步规范了基础教育办学行为，减轻了学生的学业负担，促进了全面发展教育的实现。

（2）实施全面发展教育是社会主义教育目的的必然要求。全面发展教育由德、智、体、美、劳五育组成。注重智力发展是当代世界各国教育的共同趋向，奥赛有助于发展学生的智力。如果奥赛是为了获奖、加分等功利性的目的，就会加重学生负担。通过奥赛等重智育的形式培养出来的学生，也就偏离了全面发展的轨道。

6. 【答案】（1）全面发展教育观：全面发展教育是以培养全面发展的人才、实现全面发展的教育目的而实施的教育，具体包括体、智、德、美、劳5个方面。

（2）各育的关系：体、智、德、美、劳各育，既有其相对独立性，又具有内在联系，每一育都是全面发展教育中必不可少的构成部分，它们共同构成学生全面发展教育。

（3）全面发展教育的实质：全面发展教育不仅包括人的智力、体力得到充分的、自由的、和谐的发展，也包括道德、志趣、意向等个性品质的发展。但并不等于平均发展，也不是平衡发展。

考点二　“育人为本”的儿童观

1. 【答案】A。【解析】教育公平是社会主义教育的本质要求。

2. 【答案】C。【解析】“育人为本”表现为幼儿教师促进幼儿各方面能力的发展。所以，“育人为本”具体到教学实践中就是以幼儿为本。

3. 【答案】C。【解析】《幼儿园教育指导纲要》指出：“教师应以关怀、接纳、尊重的态度与幼儿交往。耐心倾听，努力理解幼儿的想法与感受，支持、鼓励幼儿大胆探索与表达。”这说明教师要尊重幼儿的行为。

4. 【答案】D。【解析】选项D“在教育教学活动中，对不同的幼儿采用不同的教学方式”明显不属于“公平对待幼儿”的内容，其属于“因材施教，给幼儿提供多样发展机会”的内容。“公平对待幼儿”要求一视同仁，正视差异；体谅和宽容幼儿。

5. 【答案】邓老师的做法符合新课改背景下育人为本的儿童观，这种保育行为值得我们去学习。

首先，儿童是发展中的人，有巨大的潜能和探索意识。材料中，就金鱼的意外死亡，邓老师并没有直接告知幼儿答案，而是带领幼儿大胆假设、论证研究，激发了幼儿的学习热情，促进了幼儿的发展。

其次，育人为本的儿童观强调要促进幼儿的全面发展。材料中，邓老师不但就金鱼之死引发大家在知识方面的讨论，还为金鱼举办了一个葬礼，让幼儿体会到了生命的宝贵与意义，丰富了幼儿对大自然的情感与热爱。

因此，作为幼儿教师，要像邓老师一样，全面贯彻育人为本的儿童观，一切以儿童的全面发展为中心，帮助幼儿在各个方面健康快乐地成长。

6. 【答案】育人为本要求教师应从幼儿本质属性出发，尊重理解幼儿，承认差异，使每个幼儿都能得到应有的发展。幼儿正处于身心发展的过程中，需要教师、家长的关心和爱护。材料中华华由于舞蹈老师的不恰当批评，对舞蹈失去了兴趣，该教师的行为不符合育人为本的儿童观。

第三章　教师观

考点一　教师职业的责任与价值

1. 【答案】B。【解析】1966 年，联合国教科文组织在《关于教师地位的建议》中提出，应该把教师工作视为专门职业，认为它是一种要求教师具备经过严格训练和持续不断的研究才能获得并维持专业知识及专门技能的公共业务。

2. 【答案】D。【解析】教书育人是教师的基本职责，也是其根本任务。

3. 【答案】A。【解析】教师负有传递社会传统道德、价值观念的使命，用自身的观念来引导学生成长。“道之所存，师之所存也”反映了教师传道者的角色。

4. 【答案】D。【解析】教师职业最大特点在于职业角色的多样化，教师的职业角色主要有：传道者角色、授业解惑者角色、示范者角色、管理者角色、朋友角色和研究者角色。

5. 【答案】C。【解析】“以身立教”是说教师要从自身做起，给学生树立榜样，即“以身作则，为人师表”。

考点二　新课改背景下的现代教师观

1. 【答案】D。【解析】现代教师观中强调教师的主导地位和学生的主体地位，即在教学中要以教师为主导，以学生为主体。

2. 【答案】C。【解析】郑老师的“春风化雨”和杨老师的“雷厉风行”是两种不同的教学风格，是因为他们不同的教育理念所形成的。

3. 【答案】D。【解析】题干中学校开展的是社会实践活动，在这个过程中学生是主体，教师扮演的是中介者的角色和沟通的角色。

4. 【答案】D。【解析】新课改背景下的现代教师观要求教师应在尊重学生的同时不伤害学生的自尊心，不辱骂学生、不大声训斥学生、不羞辱嘲笑学生等，A、B、C 选项所述内容均不符合新课改背景下的现代教师观要求，故本题应选择 D 选项。

5. 【答案】冯老师的做法体现了以人为本的学生观和现代教师观。

（1）以人为本就是要从学生的本质属性出发，尊重理解学生，承认学生是处在发展中的人，既是教育对象又是主体，是一个独立的人，最后使每个学生都能得到应有的发展。冯老师在处理这次作弊事件时，没有采取严厉批评、追查责任的方法，而是要求每个学生记下汤姆斯·麦考莱的名言并写出心得体会。这种教育方法既尊重了学生，唤醒学生的主体意识，又教育了学生，取得了良好的效果。

（2）现代教师观认为教师是学生发展的促进者、指导者和支持者，学生既是受教育的对象，又是教育的主体。冯老师在处理这起作弊事件时，充分利用了教师的促进者、指导者的角色，充分尊重学生，让学生处于主体地位。

6. 【答案】（1）对 A 教师的评析主要有以下几个方面：① A 教师根据“以人为本”的教育理念处理课堂偶发事件；② A 教师坚持学生是学习的主体，因势利导，引导学生学习；③ A 教师促进学生主动发展；④ A 教师将自己视为学生发展的指导者、支持者和合作者，以学生为主体，引导学生表达自己的观点，促进学生的表达能力和写作能力的发展。

（2）对 B 教师的评析主要有以下几个方面：① B 教师的处理方式是以教师为中心，以课堂为中心，以教材为中心；② B 教师强调教师的主体地位；③ B 教师视自己是课堂的控制者，以完成教育任务为追求。

7. 【答案】这位教师的困惑，主要在于他对当今时代社会的新生事物、新鲜词不熟悉、不理解，换句话说是教育思想观念的现代化跟不上社会发展的步伐。在当今社会，教师必须具有终身学习的意识，具有不断吸收新经验、新知识的能力，只有这样，才能培养自己现代化的教师素质。

8. 【答案】材料中的这位教师对待乐乐这种幼儿所采取的方式不是批评，而是本着“热爱学生之心”去对待幼儿，在潜移默化中改变幼儿的坏习惯，是一种值得学习的做法。教师在教育幼儿时，应该在尊重幼儿的基础上，了解幼儿的情况，帮助幼儿建立融洽的关系，使其感受到教师的爱心和期许，从而自觉地将教师的爱转化为积极向上的动力。

考点三　终身学习

1. 【答案】D。【解析】保罗·朗格朗是终身教育理论的积极倡导者和理论奠基者，于 1970 年写成并出版了《终身教育引论》。

2. 【答案】D。【解析】英国成人教育家耶克斯利最早提出了终身教育的理念，但是将其概念化和体系化的代表人物是保罗·朗格朗。

3. 【答案】C。【解析】终身教育是指人们在一生中都应当和需要受到各种教育培养，它是适应科学知识的加速增长和人的持续发展要求而逐渐形成的一种教育思想和教育制度。

4. 【答案】D。【解析】保罗·朗格朗提出终身教育泛指人们在一生中所受到的各种培养的总和，包括一切教育活动、一切教育机会和教育的一切方面。

5. 【答案】D。【解析】终身学习是指社会每个成员为适应社会发展和实现个体发展的需要，贯穿于人的一生的，持续的学习过程。

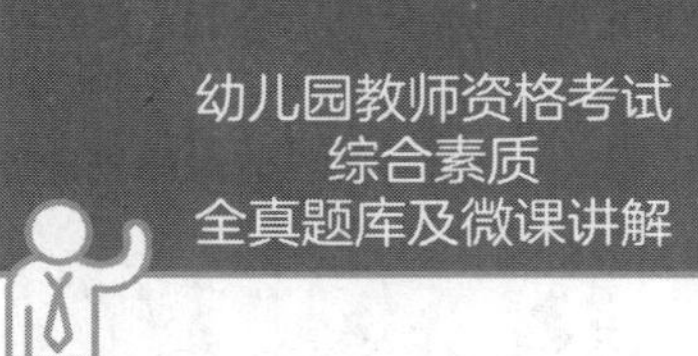

6. 【答案】C。【解析】《中小学教师职业道德规范》中要求教师要终身学习，树立终身学习的理念，拓宽知识的视野，潜心钻研业务，用于探索创新，不断提高专业素养和教育教学水平。题目中的殷老师的行为正是体现了终身学习的理念。

考点四　新型师生关系构建

1. 【答案】D。【解析】新型师生关系的构建表现为师生在教育内容的教学上结成授受关系，师生在人格上是平等的关系，师生在社会道德上是互相促进的关系。

2. 【答案】C。【解析】师生关系是教师在职业活动中要处理好各种各样的关系中最核心的关系。

3. 【答案】B。【解析】《中小学教师职业道德规范》规定教师要廉洁从教，自觉抵制有偿家教，不利用职务之便谋取私利。老师从事有偿家教损害了教师群体的社会形象，加重学生家庭的负担，不利于良好师生关系的构建，也不利于教育教学质量的整体提高。B选项所述内容不属于教师从事有偿家教的危害。

4. 【答案】C。【解析】师生关系较为复杂，既包含感性的情感成分，也有理性的授受成分，是理性的教育的主导地位。教师要关心爱护全体学生，对学生严慈相济，做学生的名师益友。

5. 【答案】C。【解析】C选项，《学记》中的“亲其师，信其道，恶其师，疏其道。”主要是说良好师生关系对学生的重要性，不是说教师的示范性。

6. 【答案】C。【解析】“学然后知不足，教然后知困”的意思是在教学过程中，教师的教促进学生的学，学生的学促进教师的教，教与学是相互促进的。

考点五　幼儿教师的专业发展、专业标准

1. 【答案】A。【解析】《幼儿园教师专业标准》中规定，教师应当关爱幼儿，重视幼儿身心健康，将保护幼儿生命安全放在首位。

2. 【答案】D。【解析】处于关注生存阶段的教师非常关注自己的生存适应性。

3. 【答案】A。【解析】关注生存阶段的教师非常关注自己的生存适应性，案例中的施老师正是处于这一阶段。

4. 【答案】B。【解析】胜任阶段的教师教学目的性相对明确，能够选择有效的方法达到教学目标，对教学行为有更强的责任心，本题中的黄老师正是处于这一阶段。

5. 【答案】C。【解析】教师专业化发展经历非专业化——专门化——专业化三个阶段。

6. 【答案】（1）幼儿园教师专业发展内容包括专业知识和专业能力，专业知识包括学科知识、幼儿保育和教育知识、通识性知识；专业能力包括环境的创设与利用、一日生活的组织与保育、游戏活动的支持与指导、教育活动的计划与实施等。

（2）一名优秀的幼儿园教师，应该具备的素质包括：①高尚的师德素养，包括职业道德和个人修养与行为；②正确的专业理念，包括职业理解与认识、对幼儿的态度与行为、对保育和教育的态度与行为、个人修养与行为等方面；③扎实的专业能力，包括激励与评价、沟通与合作以及反思与发展等能力。

模块 2

教育法律法规

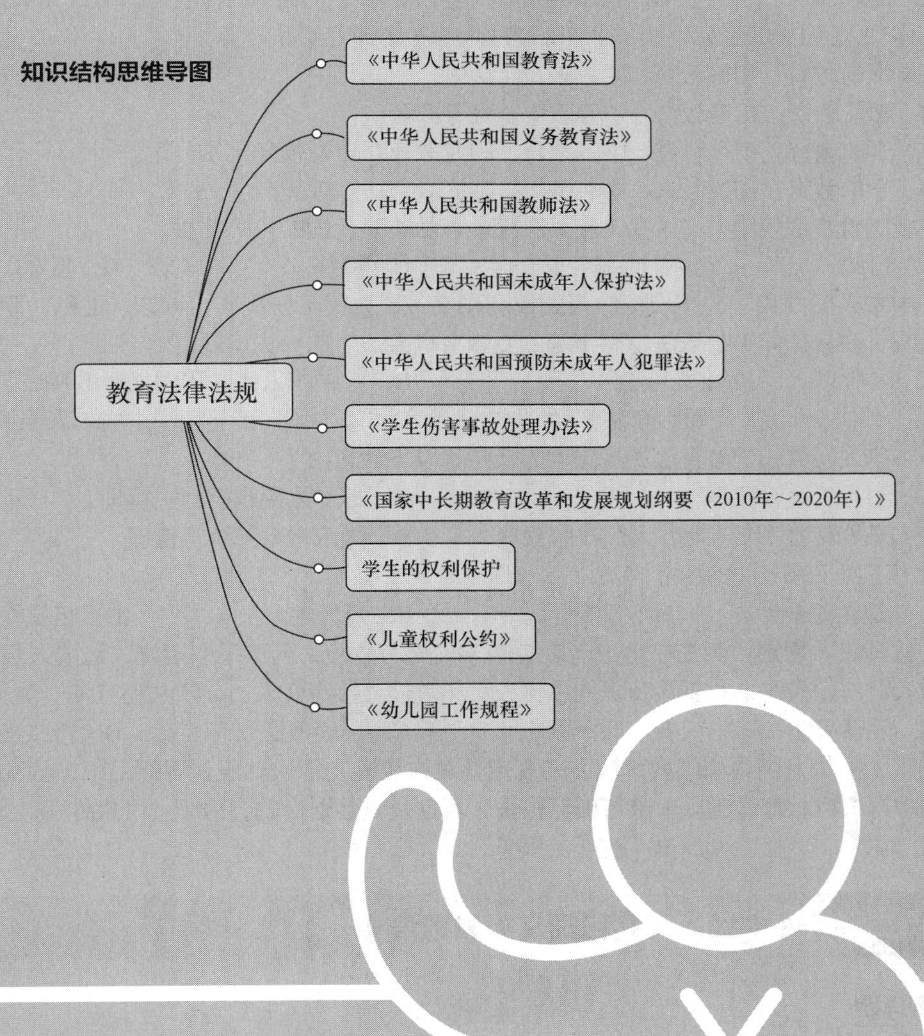
知识结构思维导图
教育法律法规
《中华人民共和国教育法》
《中华人民共和国义务教育法》
《中华人民共和国教师法》
《中华人民共和国未成年人保护法》
《中华人民共和国预防未成年人犯罪法》
《学生伤害事故处理办法》
《国家中长期教育改革和发展规划纲要（2010年～2020年）》
学生的权利保护
《儿童权利公约》
《幼儿园工作规程》

考点一 《中华人民共和国教育法》

单项选择题

1. “教育必须为社会主义现代化建设服务，必须与生产劳动相结合，培养德、智、体等方面全面发展的社会主义事业的建设者和接班人。”这一法律规定始于（　）。
   A. 《中华人民共和国教育法》　B. 《中华人民共和国义务教育法》
   C. 《中华人民共和国教师法》　D. 《中华人民共和国宪法》
2. 《中华人民共和国教育法》共有（　）。
   A. 8章63条　B. 10章84条　C. 9章43条　D. 6章40条
3. 《中华人民共和国教育法》规定我国的学校教育制度包括（　）。
   A. 学前教育、初等教育、中等教育
   B. 学前教育、初等教育、中等教育、高等教育
   C. 学前教育、初等教育、中等教育、职业教育、高等教育
   D. 学前教育、初等教育、中等教育、成人教育、高等教育
4. 在我国教育法规中，《中华人民共和国教育法》是我国的（　）法。
   A. 行政　B. 程序　C. 特殊　D. 基本
5. “中华人民共和国公民有受教育的权利和义务。公民不分民族、种族、性别、职业、财产状况、宗教信仰等，依法享有平等的受教育机会。”这一法律规定始于（　）。
   A. 《中华人民共和国宪法》　B. 《中华人民共和国义务教育法》
   C. 《中华人民共和国教育法》　D. 《中华人民共和国未成年人保护法》
6. 《中华人民共和国教育法》规定中等及中等以下教育由（　）。
   A. 国务院领导管理　B. 地方人民政府自主管理
   C. 国务院领导下，地方人民政府管理　D. 国家教育部统筹管理
7. 以下不属于教育法的特征的是（　）。
   A. 国家意志性　B. 强制性　C. 规范性　D. 自觉性
8. 《教育法》规定，明知校舍或者教育教学设施有危险，而不采取措施，造成人员伤亡或者重大财产损失的，对直接负责的主管人员和其他直接责任人员，依法追究（　）。
   A. 民事责任　B. 刑事责任　C. 一般责任　D. 行政责任
9. 按照《中华人民共和国教育法》的规定，对在校园内结伙斗殴、寻衅滋事，扰乱学校及其他教育机构教育教学秩序或者破坏校舍、场地及其他财产的，由（　）来处罚。
   A. 学校　B. 教育主管部门　C. 家长　D. 公安机关

考点二 《中华人民共和国义务教育法》

单项选择题

1. 我国义务教育阶段的中小学校实行的是（　）。
   A. 集体负责制　B. 党委领导下的校长负责制
   C. 校长负责制　D. 党委领导下的集体负责制
2. 10岁的小宏有轻度听力损失，他的父母曾多次送他到镇里的多所小学就读，但校方总是以

各种理由拒绝接收。于是，小宏就一直在家中，迟迟未去上学。根据《中华人民共和国义务教育法》规定，小宏应该（　）。

A. 在特殊学校（如聋校）就读　　B. 应该留在家里不去上学

C. 在镇里的小学随班就读　　D. 在小学开设的特殊班级就读

3. 现行《中华人民共和国义务教育法》规定，凡年满（　）周岁的儿童，其父母或者其他法定监护人应当送其入学接受并完成义务教育；条件不具备的地区的儿童，可以推迟到（　）周岁。

A. 五；六　　B. 五；七　　C. 六；七　　D. 六；八

4. 现行《中华人民共和国义务教育法》规定，用于实施义务教育财政拨款的增长比例应（　）财政经常性收入的增长比例。特殊教育学校（班）学生人均公用经费标准应当（　）普通学校学生人均公用经费标准。

A. 高于；不低于　　B. 不低于；高于　　C. 不低于；不低于　　D. 高于；高于

5. 现行《中华人民共和国义务教育法》规定，适龄儿童、少年的父母或者其他法定监护人无正当理由未依照该法规定送适龄儿童、少年入学接受义务教育的，由（　）给予批评教育，责令限期改正。

A. 当地人民政府

B. 县级人民政府

C. 县级以上人民政府教育行政部门

D. 当地人民政府或者县级人民政府教育行政部门

6. 某县教育行政部门为推进当地教育发展，决定设置一批重点学校并给予财政、师资等方面的大力支持。下列说法正确的是（　）。

A. 设置重点学校有利于提高教育发展水平

B. 设置重点学校有利于打造本地教育品牌

C. 县级教育行政部门无权设置重点学校与非重点学校

D. 省级教育行政部门有权设置重点学校与非重点学校

7. 学生李某因在上课时嬉戏打闹，被班主任罚打手心 30 下。班主任的这种做法（　）。

A. 正确，有利于维护课堂教学秩序　　B. 错误，不能对学生实施体罚或变相体罚

C. 正确，这是教师惩戒学生的权利　　D. 错误，对学生的体罚应当适度

考点三　《中华人民共和国教师法》

单项选择题

1. 王某担任某县重点中学教师期间通过了硕士研究生入学考试，学校以王某服务期未满、教师不足为由不予批准王某在职学习。王某欲以剥夺其参加进修权利为由提出申诉，受理申诉的机构应当是（　）。

A. 当地县教育局　　B. 当地县人民政府　　C. 当地市教育局　　D. 省教育厅

2. 王老师大学毕业后自愿到西部少数民族地区工作，根据《中华人民共和国教师法》，应该依法对王老师（　）。

A. 给予补贴　　B. 予以表彰　　C. 进行奖励　　D. 提高津贴

3. 教师法定的最基本权利是（　）。

A. 管理学生权　B. 进修培训权　C. 科学研究权　D. 教育教学权

4. 根据我国《中华人民共和国教师法》有关规定，“故意不完成教育教学任务给教育教学工作造成损失的”与“体罚学生，经教育不改的”教师，由所在学校、其他教育机构或者教育行政部门（　）。

A. 撤销其教师资格　B. 中止职务合同

C. 给予行政处罚　D. 给予行政处分或解聘

5. 根据我国《教师法》的规定，学校应对教师进行考核的内容是（　）。

A. 思想品德、教学水平、科研能力和社会影响

B. 政治表现、教学能力、科研成果和工作绩效

C. 政治思想、业务水平、工作态度和工作成绩

D. 思想作风、教学能力、科研水平和育人业绩

材料分析题

6. 材料：

杨某，女，30岁，1999年从幼儿师范学校毕业后一直在某幼儿园任教。工作以来，杨某由于教学能力突出，很快成为骨干教师。2002年，为了提高自己的学历层次，经杨某申请，当地教委和幼儿园批准其到某师范大学进修。杨某在一年的进修期间，不仅成绩优秀，还发表了数篇论文。然而，进修结束后，她才发现幼儿园将她进修期间的工资扣掉了一半，并被告知：进修期间，没有在幼儿园正常工作的，一律扣发一半工资。

问题▸（1）该幼儿园扣掉杨某一半工资的做法是否合理？

（2）对于幼儿园扣掉工资的行为，杨某应如何处理？

考点四　《中华人民共和国未成年人保护法》

单项选择题

1. 某中学安排学生在危房里上课，此行为主要违反了（　）。

A. 《中华人民共和国教育法》　B. 《中华人民共和国义务教育法》

C. 《中华人民共和国未成年人保护法》　D. 《中华人民共和国教师法》

2. 法律规定，儿童实施了任何危害社会的行为，不视为犯罪，不追究刑事责任的年限是（　）。

A. 未满12岁　B. 未满13岁　C. 未满14岁　D. 未满18岁

3. 某校学生金某在上课时被教室天花板上掉落的电风扇砸伤，经医学鉴定，金某右手手臂两处骨折，伤情严重。根据《学生伤害事故处理办法》认定，此项事故对金某造成人身伤害，学校负有责任。原因就在于学校未履行对学生（　）。

A. 教育、管理和保护的义务　B. 教育、教学和监护的义务

C. 教育、教学和监管的义务　　D. 教育、监管和救护的义务

4. 《中华人民共和国未成年人保护法》规定，侵害未成年人合法权益，造成其人身财产损失或者其他损害的，依法承担（　）。

A. 行政责任　　B. 民事责任　　C. 刑事责任　　D. 违宪责任

5. 《中华人民共和国未成年人保护法》规定，学校、幼儿园、托儿所教职员工对未成年人实施体罚、变相体罚或者其他侮辱人格行为的，负责责令改正的部门是（　）。

A. 教育行政部门　　B. 所在单位或者上级机关

C. 当地人民政府　　D. 国务院

6. 我国未成年人保护工作应当遵循的原则不包括（　）。

A. 尊重未成年人的人格尊严　　B. 适应未成年人身心发展的规律

C. 教育与保护相结合　　D. 儿童权利优先

考点五　《中华人民共和国预防未成年人犯罪法》

单项选择题

1. 现行的《中华人民共和国预防未成年人犯罪法》通过和施行的时间分别是（　）。

A. 1995年3月18日和1995年9月1日　　B. 1993年10月31日和1994年1月1日

C. 1995年12月12日和1995年12月12日　　D. 1999年6月28日和1999年11月1日

2. 《中华人民共和国预防未成年人犯罪法》规定，学校应当将预防犯罪的教育作为（　）的内容纳入学校教育教学计划。

A. 法制教育　　B. 法治教育　　C. 道德教育　　D. 司法教育

3. 《中华人民共和国预防未成年人犯罪法》规定，对犯罪的未成年人追究刑事责任，实行（　）。

A. 监护、教育、管教　　B. 教育、感化、挽救

C. 教育、管教、挽救　　D. 教育、监护、感化

4. 《中华人民共和国预防未成年人犯罪法》规定，家庭、学校对未成年人具有（　）责任。

A. 监护、教育、管教　　B. 教育、管教、感化

C. 保护、教育、监管　　D. 教育、感化、保护

5. 学生张某因多次偷盗，学校准备申请送其到工读学校进行矫治。有权对这一申请进行审批的机构是（　）。

A. 公安机关　　B. 检察机关　　C. 教育行政部门　　D. 民政部门

考点六　《学生伤害事故处理办法》

单项选择题

1. 某市一所公办中学举办校庆活动时，意外发生踩踏事件，造成多名学生重伤、死亡。据统计，有8名学生死亡、17名学生受伤，其中6名重伤。事后经调查发现，教导主任负责此次活动的策划与实施，现场也有多名教师参与管理。针对这样的情况，市教育局等相关部门的合法的处理方案是（　）。

A. 罢免校长　　B. 开除教导主任

C. 停职查办教导主任和当值教师　　D. 罢免校长、惩处教导主任和当值教师

2. 小刚在操场上玩滑梯，滑梯因年久失修突然断裂，小刚从滑梯掉落在硬地上，造成脊椎严重骨折。对小刚的伤害应承担责任的是（　）。

A. 小刚　　B. 小刚的父母或其他监护人

C. 学校　　D. 小刚的班主任和配班老师

3. 《学生伤害事故处理办法》明确规定了其适用范围，其中不包括（　）。

A. 班级组织的春游活动中有人食物中毒　　B. 假期有学生翻越学校围墙摔伤

C. 教师在上课时将学生拉到门口罚站　　D. 学校宿舍漏电造成学生被电击昏迷

4. 《学生伤害事故处理办法》规定，学生伤害事故的处理原则是（　）。

A. 依法、客观公正、及时妥善　　B. 依法、公平公正、合理及时

C. 依法、客观公正、合理适当　　D. 依法、合理适当、及时妥善

考点七　《国家中长期教育改革和发展规划纲要（2010年～2020年）》

单项选择题

1. 教育活动中坚持“以人为本、全面实施素质教育”，其核心是解决好培养什么人、怎样培养人的重大问题，重点是面向全体学生，促进学生全面发展，着力提高学生服务国家、服务人民的社会责任感，勇于探索的创新精神和善于解决问题的实践能力。此语出自（　）。

A. 《国家中长期教育改革和发展规划纲要》　B. 《中华人民共和国教育法》

C. 《国家中长期人才发展规划纲要》　　D. 《中华人民共和国教师法》

2. 《国家中长期教育改革和发展规划纲要（2010 年～ 2020 年）》是指导全国（　）的纲领性文件。

A. 教育改革　　B. 教育发展规划

C. 教育改革和发展　　D. 教育改革、发展和规划

3. 《国家中长期教育改革和发展规划纲要（2010 年～ 2020 年）》在“工作方针”中提出要把（　）作为衡量教育质量的（　）。

A. 促进人的全面发展、适应社会需要；基本标准

B. 促进人的健康成长、适应社会需要；根本标准

C. 促进人的全面和谐发展、适应社会需要；基本标准

D. 促进人的全面发展、适应社会需要；根本标准

4. 《国家中长期教育改革和发展规划纲要（2010 年～ 2020 年）》提出，到 2020 年，主要劳动年龄人口平均受教育年限从（　）提高到（　）。

A. 11.2年；9.5年　　B. 12.4年；13.5年　　C. 11.2年；13.5年　　D. 9.5年；11.2年

5. 《国家中长期教育改革和发展规划纲要（2010 年～ 2020 年）》提出要建设高素质教师队伍，评价一支高素质专业化教师队伍的具体标准是（　）。

A. 师德高尚、业务精湛、结构合理、创新实践

B. 师德高尚、业务精湛、创新实践、充满活力

C. 师德高尚、创新实践、结构合理、充满活力

D. 师德高尚、业务精湛、结构合理、充满活力

考点八　学生的权利保护

单项选择题

1. 大磊和程程是同桌。程程喜欢写日记，记下自己每天的生活。大磊耐不住好奇心，有一天偷偷把程程的日记拿出来看。发现程程有多次被别人殴打的经历，而后告诉了他的好友，大家纷纷窃窃私语，嘲笑程程。大磊的行为侵犯了程程的（　　）。
   A. 名誉权、隐私权　　B. 司法保护权、隐私权
   C. 名誉权、荣誉权　　D. 荣誉权、隐私权
2. 李林学习成绩较差，张老师怕影响整体成绩，不让他参加全市统考，这侵犯了李林的（　　）。
   A. 受教育权　　B. 人身安全权　　C. 隐私权　　D. 名誉权
3. 为严防学生的早恋问题，班主任毛老师经常将学生的私人信件“扣押”下来，并私自拆开查看，经检查无误后才将信件返还学生。而对那些被鉴定为“不当”信件的学生，毛老师常以此作为证据“批斗”他们。毛老师的这种行为侵犯了学生的（　　）。
   A. 名誉权　　B. 肖像权　　C. 生命权　　D. 隐私权
4. 某中学对违纪学生进行罚款，该校的做法（　　）。
   A. 合理，学校有自主管理学生的权利　　B. 合法，塑造良好校风的有效手段
   C. 不合法，侵犯了学生及其监护人的财产权　　D. 不合法，罚款之前应得到主管部门的许可
5. 放学后，教师李某让小强在校写作业。李某因临时有事，将小强反锁在办公室直到深夜。李某的行为（　　）。
   A. 合法，教师有批评教育学生的权利　　B. 不合法，李某侵犯了小强的人格权
   C. 合法，教师有监督学生完成作业的义务　　D. 不合法，李某侵犯了小强的人身自由权

材料分析题

6. 材料：

　　某幼儿园的幼儿黄某上课总是与其他小朋友讲话，午睡时吵吵嚷嚷，有时还欺负其他幼儿，带班的赵老师多次教育后仍无改变。赵老师认为，如果继续让黄某随班学习，会给其他幼儿带来麻烦。于是他多次找黄某谈话，不仅吓唬他让他不许欺负同学，还让其他幼儿不要跟他说话。黄某在这种情况下，对父母说他不想上幼儿园。该案例中，赵老师的做法正确吗？

考点九　《儿童权利公约》

单项选择题

1. 按照《儿童权利公约》的规定，缔约国应在公约生效后（　　）个月成立儿童权利委员会。

A. 3　　B. 4　　C. 5　　D. 6

2. 《儿童权利公约》规定其保管人是（　）。
A. 联合国秘书长　　B. 各参与履行条约国
C. 联合国教科文组织　　D. 联合国总部

3. 我国现行的主要的教育法律法规不包括（　）。
A. 《学生伤害事故处理办法》　　B. 《儿童权利公约》
C. 《中华人民共和国教师法》　　D. 《中华人民共和国预防未成年人犯罪法》

4. 1989 年 11 月 20 日联合国大会通过的《儿童权利公约》提出了儿童权利的一些基本原则，这些基本原则不包括（　）。
A. 儿童主体原则　　B. 儿童最佳利益原则
C. 尊重儿童意见原则　　D. 保证儿童参与权原则

5. 《儿童权利公约》正式生效的时间是（　）。
A. 1989年11月20日　　B. 1990年9月2日
C. 1993年10月31日　　D. 1995年12月12日

6. 根据联合国《儿童权利公约》规定，各缔约国应采取措施保障儿童获得保健服务的权利，确认儿童有权享受（　）。
A. 成人同等水平的健康　　B. 可达到的最高标准的健康
C. 可达到的最低标准的健康　　D. 社会平均水平的健康

考点十　《幼儿园工作规程》

1. 《幼儿园工作规程（修订稿）》发布的时间是（　）。
A. 1989年6月5日　　B. 1996年3月9日
C. 1996年6月1日　　D. 2013年3月22日

2. 《幼儿园工作规程（修订稿）》规定，幼儿园是对（　）的学龄前幼儿实施保育和教育的机构。
A. 两周岁以上　　B. 三周岁以上　　C. 四周岁以上　　D. 六周岁以下

3. 幼儿园教育属于（　）的组成部分。
A. 义务教育　　B. 基础教育　　C. 成人教育　　D. 全民教育

4. 《幼儿园工作规程（修订稿）》规定，幼儿园中班人数一般为（　）。
A. 25人　　B. 30人　　C. 35人　　D. 40人

5. 《幼儿园工作规程（修订稿）》规定，寄宿制幼儿园的幼儿每天户外活动时间为（　）。
A. 不得少于1小时　　B. 不得少于2小时
C. 不得少于3小时　　D. 不得少于4小时

6. 根据《幼儿园工作规程》，幼儿园品德教育的主要内容是（　）。
A. 纪律教育和培养遵纪守法意识
B. 情感教育和培养良好行为习惯
C. 艺术教育和培养审美情趣能力
D. 体育教育和培养生活自理能力

分章习题参考答案及解析（模块二）

考点一　《中华人民共和国教育法》

1. 【答案】A。【解析】《中华人民共和国教育法》第五条规定："教育必须为社会主义现代化建设服务，必须与生产劳动相结合，培养德、智、体等方面全面发展的社会主义事业的建设者和接班人。"

2. 【答案】B。【解析】《中华人民共和国教育法》分三部分，共有10章84条。

3. 【答案】B。【解析】《中华人民共和国教育法》第十七条规定，国家实行学前教育、初等教育、中等教育、高等教育的学校教育制度。

4. 【答案】D。【解析】基本法是指规定国家根本制度、具有最高法律效力的法律。在我国教育法规中，《中华人民共和国教育法》是我国教育的基本法。

5. 【答案】C。【解析】《中华人民共和国教育法》第九条规定，中华人民共和国公民有受教育的权利和义务。公民不分民族、种族、性别、职业、财产状况、宗教信仰等，依法享有平等的受教育机会。

6. 【答案】C。【解析】《中华人民共和国教育法》第九条规定，中等及中等以下教育由国务院领导下，地方人民政府管理。

7. 【答案】D。【解析】教育法的特征包括国家意志性、规范性、强制性、普遍性和明确性。

8. 【答案】B。【解析】《中华人民共和国教育法》第七十三条规定，明知校舍或者教育教学设施有危险，而不采取措施，造成人员伤亡或者重大财产损失的，对直接负责的主要人员和其他直接责任人员，依法追求刑事责任。

9. 【答案】D。【解析】根据《中华人民共和国教育法》第七十二条规定，结伙斗殴、寻衅滋事，扰乱学校及其他教育机构教育教学秩序或者破坏校舍、场地及其他财产的，由公安机关给予治安管理处罚；构成犯罪的，依法追究刑事责任。

考点二　《中华人民共和国义务教育法》

1. 【答案】C。【解析】《中华人民共和国义务教育法》第二十六条规定，学校实行校长负责制。

2. 【答案】C。【解析】《中华人民共和国义务教育法》第十九条规定，普通学校应当接收具有接受普通教育能力的残疾适龄儿童、少年随班就读，并为其学习、康复提供帮助。本题中的小宏只是轻度听力损失，属于具有接受普通教育能力的适龄儿童，故可以在镇里的小学随班就读。

3. 【答案】C。【解析】《中华人民共和国义务教育法》第十一条规定。凡年满六周岁的儿童，其父母或者其他法定监护人应当送其入学接受并完成义务教育；条件不具备的地区的儿童，可以推迟到七周岁。

4. 【答案】D。【解析】《中华人民共和国义务教育法》第四十二、四十三条规定，国务院和地方各级人民政府用于实施义务教育财政拨款的增长比例应当高于经常性收入的增长比例，特殊教育学校（班）学生人均公用经费标准应当高于普通学校学生人均公用经费标准。

5. **【答案】**D。**【解析】**《中华人民共和国义务教育法》第五十八条规定，适龄儿童、少年的父母或者其他法定监护人无正当理由按照本法规定送适龄儿童、少年入学接受义务教育的，由当地乡镇人民政府或者县级人民政府教育行政部门给予批评教育责令限期改正。

6. **【答案】**C。**【解析】**《中华人民共和国义务教育法》第二十二条规定，县级以上人民政府及其教育行政部门应当促进学校均衡发展，缩小学校之间办学条件的差距，不得将学校分为重点学校和非重点学校，学校不得分设重点班和非重点班。

7. **【答案】**B。**【解析】**《中华人民共和国义务教育法》第二十九条明确规定，教师应当尊重学生的人格，不得歧视学生，不得对学生实施体罚、变相体罚或者其他侮辱人格尊严的行为，不得侵犯学生合法权益。

考点三 《中华人民共和国教师法》

1. **【答案】**A。**【解析】**《中华人民共和国教师法》第三十九条规定教师对学校或者其他教育机构侵犯其合法权益的，或者对学校或者其他教育机构作出的处理不服的，可以向教育行政部门提出申诉，教育行政部门应当在接到申诉的三十日内作出处理。王某在某县就职。因此王某的申诉由当地县教育局受理。

2. **【答案】**A。**【解析】**《中华人民共和国教师法》第二十七条规定，地方各级人民政府对教师以及具有中专以上学历的毕业生到少数民族地区和边远贫困地区从事教育教学工作的，应当予以补贴。

3. **【答案】**D。**【解析】**教育教学是教师法定的最基本的权利。

4. **【答案】**D。**【解析】**《中华人民共和国教师法》第三十七条规定，教师故意不完成教学任务给教育工作造成损失的，或者体罚学生的，经教育不改的，由所在学校、其他教育机构给予行政处分或者解聘。

5. **【答案】**C。**【解析】**《中华人民共和国教师法》第二十二条规定，学校或者其他教育机构应当对教师的政治思想、业务水平、工作态度和工作成绩进行考核。

6. **【答案】**（1）该幼儿园扣掉杨某工资的做法不合理。《中华人民共和国教师法》第七条规定，教师享有“参加进修或者其他方式的培训”的权利。经过教委当地和幼儿园批准，杨某参加进修，在学习期间享有国家规定的工资福利待遇，学校不得扣发其工资，而且还应按当地规定向杨某支付学费和差旅费。

（2）杨某对于幼儿园扣发其工资的行为，可以向幼儿园所在地教育行政部门提出申诉，以维护自己的合法权益。

考点四 《中华人民共和国未成年人保护法》

1. **【答案】**C。**【解析】**《中华人民共和国未成年人保护法》第二十二条规定，学校、幼儿园、托儿所不得在危及未成年人人身安全、健康的校舍和其他设施、场所中进行教育教学活动。

2. **【答案】**C。**【解析】**《中华人民共和国未成年人保护法》规定，不满 14 岁的儿童实施了任何危害社会的行为，不视为犯罪，不追究刑事责任。

3. 【答案】A。【解析】《中华人民共和国未成年人保护法》第二十二条规定，学校应采取措施保障未成年人的人身安全，不得在危及未成年人人身安全、健康的校舍和其他设施、场所中进行教育教学活动。

4. 【答案】B。【解析】侵害未成年人合法权益，造成人身财产损失或者其他损害的，依法承担民事责任。

5. 【答案】B。【解析】《中华人民共和国未成年人保护法》第六十三条规定，学校、幼儿园、托儿所教职员工对未成年人实施体罚、变相体罚或者其他侮辱人格行为的，由其所在单位或者上级机关责令改正，情节严重的，依法给予处分。

6. 【答案】D。【解析】未成年人的保护工作，应当遵循下列原则：（1）保障未成年人的合法权益的原则；（2）尊重未成年人的人格尊严的原则；（3）适应未成年人身心发展的规律的原则；（4）教育与保护相结合的原则。

考点五　《中华人民共和国预防未成年人犯罪法》

1. 【答案】D。【解析】《中华人民共和国预防未成年人犯罪法》于 1999 年 6 月 28 日第九届全国人民代表大会常务委员会第十次会议通过，并于 1999 年 11 月 1 日起施行。

2. 【答案】A。【解析】《中华人民共和国预防未成年人犯罪法》第七条规定，教育行政部门、学校应当将预防犯罪的教育作为法制教育的内容纳入学校教育教学计划。

3. 【答案】B。【解析】《中华人民共和国预防未成年人犯罪法》第四十四条规定，对犯罪的未成年人追究刑事责任，实行教育感化、挽救方针，坚持教育为主、惩罚为辅的原则。

4. 【答案】A。【解析】《中华人民共和国预防未成年人犯罪法》规定，家庭、学校对未成年人具有监护、教育、管教责任。

5. 【答案】C。【解析】《中华人民共和国预防未成年人犯罪法》第三十五条规定，对未成年人送工读学校进行矫治和接受教育，应当由其父母或者其他监护人，或者原所在学校提出申请，经教育行政部门批准。

考点六　《学生伤害事故处理办法》

1. 【答案】D。【解析】《学生伤害事故处理办法》第三十二条的规定：发生学生伤害事故，学校负有责任且情节严重的，教育行政部门应当根据有关规定，对学校的直接负责的主管人员和其他直接责任人员，分别给予相应的行政处分；有关责任人的行为触犯刑律的，应当移送司法机关依法追究刑事责任。校庆时，发生踩踏事件，造成多名学生死亡、重伤，情节极为严重，应当罢免校长、惩处教导主任和当值教师。

2. 【答案】C。【解析】《学生伤害事故处理办法》第九条规定，因学校的校舍、场地、其他公共设施，以及学校提供给学生使用的学具、教育教学和生活设施、设备不符合国家规定的标准，或者有明显不安全因素的，造成的学生伤害事故，学校应当依法承担相应的责任。

3. 【答案】B。【解析】《学生伤害事故处理办法》第二条规定，在学校实施的教育教学活动或者学校组织的校外活动中，以及在学校负有管理责任的校舍、场地、其他教育教学设施、生活设施内发生的，造成在校学生人身损害后果的事故的处理，适用本办法。B选项所述情形不属于《学生伤害事故处理办法》的适用范围。

4. **【答案】**C。**【解析】**《学生伤害事故处理办法》第三条规定，学生伤害事故应当遵循依法、客观公正、合理适当的原则，及时、妥善地处理。

考点七 《国家中长期教育改革和发展规划纲要（2010年～2020年）》

1. **【答案】**A。**【解析】**题干所述内容是《国家中长期教育改革和发展规划纲要（2010年～2020年）》中的战略主题。

2. **【答案】**C。**【解析】**《国家中长期教育改革和发展规划纲要（2010年～2020年）》是国家层面的教育政策文件，是21世纪第2个十年指导全国教育改革和发展的纲领性文件。

3. **【答案】**C。**【解析】**《国家中长期教育改革和发展规划纲要（2010年～2020年）》的工作方针中提出，把提高质量作为教育改革发展的核心任务，树立科学的质量观，把促进人的全面发展，适应社会需要作为衡量教育质量的根本标准。

4. **【答案】**D。**【解析】**《国家中长期教育改革和发展规划纲要（2010年～2020年）》提出，到2020年，主要劳动年龄人口人均受教育年限从9.5年提高到11.2年。

5. **【答案】**D。**【解析】**《国家中长期教育改革和发展规划纲要（2010年～2020年）》提出要严格教师资质，提升教师素质，努力造就一支师德高尚、业务精湛、结构合理、充满活力的高素质、专业化教师队伍，造就一批教育家的目标任务。

考点八 学生的权利保护

1. **【答案】**A。**【解析】**本题中大磊偷看程程的日记侵犯了程程的隐私权，又把日记中程程被殴打的事情告诉别人损害了程程的名誉权。

2. **【答案】**A。**【解析】**我国法律规定，受教育权是公民的一项基本权利。张老师不让李林参加统考侵犯了李林的受教育。

3. **【答案】**D。**【解析】**本题中班主任毛老师扣押学生的私人信件并私自拆开查看的行为，侵犯了学生的隐私权。

4. **【答案】**C。**【解析】**学生的财产权是指具有物质财富内容，直接和经济利益相联系的民事权利。学校对违纪的学生进行罚款，侵犯了学生的财产权。

5. **【答案】**D。**【解析】**教师李某将小强单独反锁在办公室直至半夜，限制了小强的人身自由，侵犯了小强的人身自由权。

6. **【答案】**该案例中赵老师的做法侵犯了幼儿的受教育的权利。我国《宪法》第四十六条规定：“中华人民共和国公民有受教育的权利和义务。”《未成年人保护法》第十八条规定：“学校应当尊重未成年学生受教育的权利，关心、爱护学生，对品行有缺点、学习有困难的学生，应当耐心教育、帮助，不得歧视，不得违反法律和国家规定开除未成年学生。”本案例中，黄某虽然有缺点，对班级正常的教育教学活动造成了不良影响，但教师不应该歧视他，而是要耐心地引导，给予他足够的关心。另外，黄某还是一名幼儿，其自我控制能力差，教师不应该因为这样的原因而排斥他。

考点九　《儿童权利公约》

1. 【答案】D。【解析】按照《儿童权利公约》的规定，缔约国应在公约生效后6个月成立儿童权利委员会，以审查缔约国在履行根据公约所承担的义务方面取得的进展。

2. 【答案】A。【解析】《儿童权利公约》规定，公约的保管人为联合国秘书长。

3. 【答案】B。【解析】我国现行的主要教育法律法规有：《中华人民共和国教育法》《中华人民共和国义务教育法》《中华人民共和国未成年人保护法》《中华人民共和国预防未成年人犯罪法》《中华人民共和国教师法》《学生伤害事故处理办法》以及《国家中长期教育改革和发展规划纲要（2010年～2020年）》的相关内容。《儿童权利公约》不属于我国现行的主要的教育法律法规。

4. 【答案】A。【解析】《儿童权利公约》提出的儿童权利的基本原则有：无歧视原则、儿童最佳利益原则、尊重儿童意见原则、保证儿童参与权原则。

5. 【答案】B。【解析】《儿童权利公约》1989年11月20日第44届联合国大会第25号决议通过，1990年9月2日正式生效。

6. 【答案】B。【解析】《儿童权利公约》第二十四条规定，缔约国应采取措施保障儿童获得保健服务的权利，确认儿童有权享有可达到的最高标准的健康。

考点十　《幼儿园工作规程》

1. 【答案】D。【解析】《幼儿园工作规程（修订稿）》发布的时间是2013年3月22日。

2. 【答案】B。【解析】《幼儿园工作规程（修订稿）》第二条规定，幼儿园是对3周岁以上学龄前幼儿实施保育和教育的机构。

3. 【答案】B。【解析】《幼儿园工作规程（修订稿）》第二条规定，幼儿园教育是基础教育的重要组成部分，属于公益性事业，是学校教育制度的基础阶段。

4. 【答案】B。【解析】《幼儿园工作规程（修订稿）》第十一条规定，幼儿园每班幼儿人数一般为：小班（3周岁至4周岁）25人，中班（4周岁至5周岁）30人，大班（5周岁至6周岁）35人，混合班30人。寄宿制幼儿园每班幼儿人数酌减。

5. 【答案】C。【解析】《幼儿园工作规程（修订稿）》第十八条规定，幼儿户外活动时间在正常情况下，每天不得少于2小时；寄宿制幼儿园不得少于3小时；高寒、高温地区可酌情增减。

6. 【答案】B。【解析】根据《幼儿园工作规程》第三十一条：幼儿园的品德教育应当以情感教育和培养良好行为习惯为主，注重潜移默化的影响，并贯穿于幼儿生活以及各项活动之中，可知B选项正确。

模块 3

教师职业道德

知识结构思维导图

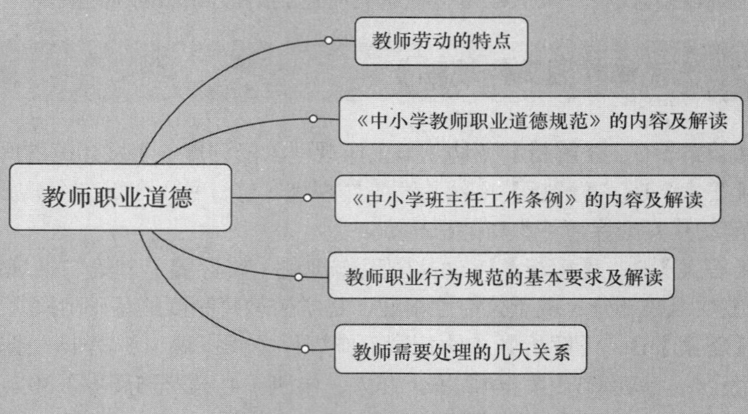

考点一　教师劳动的特点

单项选择题

1. 一般来说，教育的影响往往不能马上显露出来，教师的劳动效果最终要在学生参加独立的社会实践后才能得到检验，这体现了教师劳动的（　　）。
   A. 示范性　B. 长期性　C. 创造性　D. 复杂性
2. “以身立教”“为人师表”体现了教师职业的（　　）。
   A. 示范性　B. 复杂性　C. 长期性　D. 创造性
3. 教师在教育教学原则、内容、方法、手段的选择、运用和处理上，往往“教学有法，教无定法”，这说明教师职业的（　　）。
   A. 示范性　B. 复杂性　C. 长期性　D. 创造性
4. 著名教育家阿道尔夫・第斯多惠曾说，“教师本人是学校最重要的师表，是最直观的、最有教益的模范，是学生活生生的榜样。”这说明教师劳动具有（　　）。
   A. 创造性　B. 示范性　C. 复杂性　D. 专业性
5. “十年树木，百年树人”体现了教师职业的（　　）。
   A. 个体性　B. 示范性　C. 复杂性　D. 专业性
6. 幼儿的向师性和模仿性的心理特征决定了教师劳动具有（　　）。
   A. 复杂性　B. 示范性　C. 精神性　D. 主观能动性

考点二　《中小学教师职业道德规范》的内容及解读

单项选择题

1. 关先生的儿子成绩中等，常年在数学老师家补课。昂贵的补课费用给本就拮据的家庭带来了沉重的经济负担，但关先生却无可奈何。儿子班上的学生大多都去数学老师家补课，儿子说一些老师课上不讲的重要内容会在课外辅导时讲解。为了避免儿子落后于别人，他也只好让儿子参加补课。从教师职业道德角度看，数学老师的行为违反了（　　）。
   A. 爱岗敬业　B. 严谨治学　C. 廉洁从教　D. 依法执教
2. 教师的根本任务是（　　）。
   A. 教人做人　B. 教书育人　C. 教育研究　D. 教好功课
3. 马老师班级里的学生都知道，考得好就能挑个好位置，而考差了不仅要被罚站，而且只能坐后面。马老师的做法违反了《中小学教师职业道德规范》中的（　　）。
   A. 爱国守法　B. 教书育人　C. 关爱学生　D. 爱岗敬业
4. 朱老师的孩子生病住院了，朱老师既要负责两个班级的教学工作，还要往返于学校、医院和家之间，但她始终保持积极的工作态度，没有耽误教学进程，用微笑面对每一个学生，这体现了朱老师（　　）。
   A. 身体素质良好　B. 职业心理健康　C. 教学水平高超　D. 学科知识丰富
5. 下列选项中，符合教师与家长交往的道德规范的是（　　）。
   A. 当学生犯错误情节严重时，教师可以责备家长管教无方
   B. 当对学生进行纪律处分时，教师应事先与家长充分沟通

C. 在家长不为难的时候，教师可以要求家长提供财物支持

D. 对家庭经济困难的学生，教师应当尽可能避免登门家访

6. 要加强职业道德修养，教师第一要做到（　）。

A. 勤学　B. 慎独　C. 内省　D. 自律

考点三　《中小学班主任工作条例》的内容及解读

单项选择题

1. 《中小学班主任工作条例》明确指出，班主任应该把班主任工作（　）。

A. 当作“主业”　B. 看作教学工作以外必须完成的任务

C. 看作教学　D. 看作德育工作

2. 以下对班主任的表述正确的是（　）。

A. 所有任课教师都可以担任　B. 所有任课教师都必须担任

C. 学校选聘的专职人员可以担任　D. 学校根据聘任条件选聘的任课教师可以担任

3. 我国中小学教师职业道德规范的内容与要求主要包含在两个文件之中，它们是（　）。

A. 《中小学教师职业道德规范》和《中小学班主任工作条例》

B. 《中华人民共和国教师法》和《中小学班主任工作条例》

C. 《中小学教师职业道德规范》和《中华人民共和国教师法》

D. 《中小学教师职业道德规范》和《幼儿园工作规程（修订稿）》

4. 现行《中小学班主任工作条例》的颁布机构是（　）。

A. 教育部　B. 原国家教委　C. 国务院　D. 全国教育工会

5. 班主任由学校从班级任课教师中选聘。聘期由学校确定，担任一个班级的班主任时间一般应连续（　）。

A. 一学年以上　B. 一学期以上　C. 两学年以上　D. 三学年以上

6. 除了教师的任职条件外，班主任的选聘还有其他基本条件。下列不属于班主任选聘条件的是（　）。

A. 作风正派，心理健康，为人师表

B. 不断提高自身的教学技能和技巧

C. 热爱学生，善于与学生、学生家长及其他任课教师沟通

D. 爱岗敬业，具有较强的教育引导和组织管理能力

材料分析题

7. 材料：

小王在大学学习期间品学兼优，成绩一直名列前茅。毕业后，任教于某市一所重点中学。刚上班时，他总觉得自己的专业基础比较扎实，教学方法先进，备不备课都无所谓。任教前两学年还勉强适应教学要求，可是到后来就发现给学生传授知识时越来越吃力，教学效果也越来越差，于是整天苦闷彷徨，垂头丧气。

问题▸试从教师职业道德的角度对小王的想法和做法进行分析。

考点四　教师职业行为规范的基本要求及解读

单项选择题

1. 教师的风度仪表对学生具有（　）。
   A. 示范性　B. 熏陶性　C. 渲染性　D. 观赏性
2. 下列选项中不属于教师的思想行为规范的是（　）。
   A. 热爱祖国，热爱教育事业
   B. 遵循教育规律，教书育人
   C. 树立正确的价值观，发扬无私的精神
   D. 钻研业务，熟悉教材，认真备课
3. 对学生的不良行为视而不见、不问不管或对学生讽刺、挖苦、实施体罚或变相体罚，违反了教师职业行为规范中的（　）。
   A. 爱岗敬业　B. 关爱学生　C. 教书育人　D. 爱国守法
4. 张老师从教 30 年，一直都关爱学生、严谨从教、待人和善、人际关系良好，但有时却穿着奇装异服来到学校，不太注意自己的仪表仪容。对张老师的职业修养最恰当的评价是（　）。
   A. 值得肯定，师德修养重在内在品质，与仪表修饰无关
   B. 有待改善，师德修养是内在品质与仪表修饰的相结合
   C. 无可非议，穿衣打扮是个人的自由与个性的表现
   D. 无关紧要，能够热爱学生，教书育人才最重要
5. 王老师是某重点中学的一名数学教师，教学成果突出。他任课班级的学生学习积极性很高。学生们都说："王哥让我们爱上数学，更让我们明白人生的追求和真谛。"据此判断，王老师的行为体现了现行中小学教师职业行为规范中的（　）。
   A. 爱国守法　B. 为人师表　C. 教书育人　D. 关爱学生
6. 对于学习困难的学生，优秀教师总是能够耐心地进行个别辅导，支撑优秀教师这样的关键因素是其（　）。
   A. 教学风格　B. 敬业精神
   C. 教学水平　D. 知识水平
7. 教师职业道德区别于其他职业道德的显著标志是（　）。
   A. 为人师表　B. 清正廉洁
   C. 敬业爱业　D. 团结协作
8. 某教师一边要求幼儿安静地玩玩具，一边和同事聊天说笑。该教师的行为（　）。
   A. 正确，应该培养幼儿习惯
   B. 错误，应该小声聊天
   C. 正确，应该融洽同事关系
   D. 错误，应该以身作则

考点五　教师需要处理的几大关系

单项选择题

1. 徐老师是某中学的一名新教师，她希望走进学生内心深处，全面了解学生，与学生建立起良好的师生关系。下列关于师生关系的发展顺序正确的是（　）。

A. 接近、亲近、共鸣、信赖　　B. 接近、亲近、信赖、共鸣
C. 亲近、接近、共鸣、信赖　　D. 亲近、接近、信赖、共鸣

2. 随着时代的进步，新型的、民主的家庭气氛和父母子女关系正在形成，但随着孩子的自我意识逐渐增强，当前很多孩子对父母的教诲听不进去或当作“耳边风”，家长感到家庭教育力不从心。为此，教师应该（　）。

A. 降低或放弃对家长配合自己工作的期望
B. 尊重家长，树立家长的威信，与家长携手做好教育工作
C. 督促家长，让家长成为自己的“助教”
D. 在孩子面前嘲笑这些家长太无能

扫码观看视频

3. （　）是教师同事之间良好沟通的基础。

A. 少争多让，善于倾听　　B. 容忍异己，理解宽容
C. 坦诚相见，赞美欣赏　　D. 巧用语言，珍惜情谊

4. 教育从本质上来说，是通过（　）来构成的。

A. 情感关系　　B. 师幼关系　　C. 伦理关系　　D. 教学关系

5. 儿童中心论的代表是（　）。

A. 夸美纽斯　　B. 赞可夫　　C. 布鲁纳　　D. 杜威

6. “弟子不必不如师，师不必贤于弟子，闻道有先后，术业有专攻，如是而已”，这种观点给当今教育的启示是（　）。

A. 教学相长，相互尊重　　B. 乐教善教，讲究教法
C. 严于律己，为人师表　　D. 有教无类，教书育人

材料分析题

7. 材料：

军军是个有思想、有个性的小朋友，老师刚与他接触时觉得难以沟通，几乎无从下手，但是经过几天的观察，发现他其实很聪明，一遇到新鲜事就会发问，而且与小朋友也相处得不错。但他就是不愿意上课。有一天上第一节课时，他的兴趣不大，上第二节课时，老师课前与小朋友做了个游戏，吸引了他的注意力，于是他也加入到队伍中。之后老师表扬了他，还给他贴上了小星星，他非常高兴，老师又告诉他：“你以后好好上课，我每节课给你贴小星星。”现在他不仅愿意上课，在课堂上也积极提问了。

问题 ▸ 请谈谈教师与幼儿沟通时应注意的问题是什么？

8. 材料：

某幼儿园开家长会采用“分开模式”进行，即先开表现好的孩子的家长会，表现较差的孩子的家长会后开。曾经发生过这样一件事：有一个表现较差的孩子的家长推开正在开家长会的教室的门准备参加家长会，被老师拒绝了。老师说：“你们的会在下一拨，先出去吧。”这位家长很不好意思，脸红了大半。

问题 ▸ 本案例中教师的做法是否正确？

分章习题参考答案及解析（模块三）

考点一 教师劳动的特点

1. 【答案】B。【解析】教师劳动具有复杂性、创造性、示范性、长期性、群体性和个体性的统一性。长期性表现在教师的劳动不是一种短期见效的行为，而是一种具有长期性特点的特殊劳动过程。

2. 【答案】A。【解析】教师的言行是学生学习和模仿的榜样，教师的言论行为，为人处世的态度会对学生就有耳濡目染、潜移默化的作用，“以身立教”“为人师表”体现了教师职业的示范性特征。

3. 【答案】D。【解析】教师劳动的创造性表现在因材施教、教学方法的不断更新上。教育教学活动不是机械的重复和单纯的模仿，教师要针对每个学生的特点，按照一定社会的要求和实际情况的变化灵活地进行教育教学活动。

4. 【答案】B。【解析】“教师本人是学校最重要的师表，是最直观的、最有教益的模范，是学生最活生生的榜样。”说明教师劳动具有示范性。

5. 【答案】C。【解析】“十年树木，百年树人”正是体现了教师职业的长期性。

6. 【答案】B。【解析】幼儿的向师性和模仿性决定了教师的言行举止都会成为学生学习的对象，说明教师劳动具有示范性。

考点二 《中小学教师职业道德规范》的内容及解读

1. 【答案】C。【解析】《中小学教师职业道德规范》要求教师要为人师表，廉洁奉公，自觉抵制有偿家教，不得利用职务之便谋取私利。

2. 【答案】B。【解析】教书育人是教师的天职，是教师的根本任务。

3. 【答案】C。【解析】关爱学生包括：（1）关心爱护全体学生，尊重学生人格，平等公正对待学生；（2）对学生严慈相济，做学生的名师益友；（3）保护学生安全，关心学生健康，维护学生权益；（4）不讽刺、挖苦、歧视学生，不体罚或变相体罚学生。马老师的做法违背了关爱学生的要求。

4. 【答案】B。【解析】朱老师的孩子生病了而朱老师还是积极工作，不耽误教学进程，不仅体现了朱老师健康的职业心理，也体现了一个教师应该有的职业道德。

5. 【答案】B。【解析】当学生犯错误情节严重时，教师需要和家长沟通合作，共同探讨促进学生成长的方法，A选项错误；教师要依法执教、廉洁从教，C选项错误；教师应公平公正地对待每位学生，D选项错误。

6. 【答案】A。【解析】教师加强职业道德修养的途径和方法有：勤学、慎独、内省、兼听、自律。作为人民教师，要加强职业道德修养，第一要勤学，不但要学政治、文化，而且要学教育学、心理学、法律等，要不断用学习来充实自己，以适应新形势教育的需要。

考点三 《中小学班主任工作条例》的内容及解读

1. 【答案】A。【解析】《中小学班主任工作条例》第二条规定，班主任是中小学的重要岗位，从事班主任工作是中小学教师的重要职责。教师担任班主任期间应将班主任工作作为主业。

2. 【答案】D。【解析】《中小学班主任工作条例》第五条规定，班主任由学校从班级任课教师中选聘。

3. 【答案】A。【解析】我国中小学教师职业道德规范的内容与要求主要包含在《中小学教师职业道德规范》和《中小学班主任工作条例》两个文件中。

4. 【答案】A。【解析】2009年8月22日，教育部颁布了新的《中小学班主任工作条例》。

5. 【答案】A。【解析】《中小学班主任工作条例》第五条规定，班主任由学校从班级任课教师中选聘。聘期由学校确定，担任一个班级的班主任时间一般应连续1学年以上。

6. 【答案】B。【解析】《中小学班主任工作条例》第七条规定，选聘班主任应当在教师任职条件的基础上突出考查以下条件：（1）作风正派，心理健康，为人师表；（2）热爱学生，善于与学生、学生家长及其他任课教师沟通；（3）爱岗敬业，具有较强的教育引导和组织管理能力。B选项所述内容不属于选聘班主任的其他基本条件。

7. 【答案】小王违背了“爱岗敬业”和“终身学习”这两个教师职业的基本道德规范。

（1）爱岗敬业要求教师对工作高度负责，认真备课上课，认真批改作业，认真辅导作业。小王自认为基础扎实，没有认真进行备课，违背了教师爱岗敬业的要求。

（2）终身学习要求教师潜心钻研业务，勇于探索创新，拓宽知识视野。面临教学困难，小王没有积极主动地进行自我提升，及时解决教学问题，违背了教师终身学习的要求。

考点四　教师职业行为规范的基本要求及解读

1. 【答案】A。【解析】学生具有向师性，教师要为人师表，以身作则，做学生的榜样。

2. 【答案】D。【解析】D选项属于教师的教学行为规范，并非教师的思想行为规范。

3. 【答案】B。【解析】关爱学生就是关心爱护全体学生，尊重学生人格，平等公正对待学生，对学生严慈相济，做学生名师益友，保护学生安全，关心学生健康，维护学生权益。不讽刺、挖苦、歧视学生，不体罚或变相体罚学生。题干所述情形违反了教师职业行为规定的关爱学生的要求。

4. 【答案】B。【解析】教师职业行为规范要求教师要衣着整洁、朴实大方，服饰要符合职业的特点，体现教师为人师表的好形象。故张老师在仪表方面需要改善。

5. 【答案】C。【解析】教书育人包括：（1）遵循教育规律，实施素质教育；（2）循循善诱，诲人不倦，因材施教；（3）培养学生良好品行，激发学生创新精神，促进学生全面发展。王老师的做法体现了现行中小学教师职业行为规范中的教书育人要求。

6. 【答案】B。【解析】爱岗敬业是教师职业的本质要求。《规范》中规定，教师的爱岗敬业包括：（1）忠诚于人民教育事业，志存高远，勤恳敬业，甘为人梯，乐于奉献；（2）对工作高度负责，认真备课上课，认真批改作业，认真辅导学生；（3）不得敷衍塞责。

7. 【答案】A。【解析】为人师表是教师职业的内在要求，是教师职业道德区别于其他职业道德的显著标志。

8. 【答案】D。【解析】幼儿教师要热爱学前教育事业，履行《幼儿教师职业道德规范》，为人师表，教书育人，自尊自律，以身作则，做幼儿健康成长的启蒙者和引路人。该老师的做法言行不一，是错误的。

考点五 教师需要处理的几大关系

1. 【答案】A。【解析】师生关系的发展顺序依次是接近、亲近、共鸣、信赖。

2. 【答案】B。【解析】教师与家长的关系应该是相互尊重、沟通合作，共同探讨对孩子的最佳教育方法。

3. 【答案】C。【解析】教育工作的本质决定了教师之间必须是合作的关系，因此教师必须学会与同事进行良好的沟通。坦诚相见、赞美欣赏是教师同事之间良好沟通的基础。

4. 【答案】B。【解析】教育从本质上来说是通过师幼关系来构成的，师幼关系是对学生最具影响力的人际关系。

5. 【答案】D。【解析】杜威是儿童中心论的代表，“以儿童为中心”体现在教育过程中，要求教师应考虑儿童的个性特征，使每个学生都能发展他们的特长，尊重儿童在教育活动中的主体地位。

6. 【答案】A。【解析】题干中的句子出自《师说》，给当今教育的启示是教学相长、相互尊重。

7. 【答案】教师与幼儿进行沟通需注意的问题有：（1）注意倾听。教师要用语言和非语言的方式表示关注、接受和鼓励幼儿的谈话，在倾听时，教师要有耐心，还要细心揣摩和理解幼儿语言中潜在的意义。（2）注意身体姿势。一名具有良好沟通技巧的教师在与孩子谈话时，会注意自己的声音、姿势以及运用和强调的词语。（3）教师语言的表达要简明，易于理解。

8. 【答案】本案例中教师的做法欠妥。尊重家长是教师处理与幼儿家长之间关系的准则，是促进教育合力的形成、提高育人效果的重要环节。教师职业道德行为规范中明确要求教师要做到尊重家长，理解家长，而案例中教师的行为明显伤害了家长的感情，极不利于以后的顺畅沟通。作为教师，要清醒地认识到，教育是一项复杂的工程，它不是教师的独立活动，而是家长、学校及社会的相互活动，教师要做到尊重家长，认真听取意见和建议，取得支持与配合，不训斥、指责学生家长，和家长保持联系，共同育人。

模块 4

文化素养

知识结构思维导图

文化素养

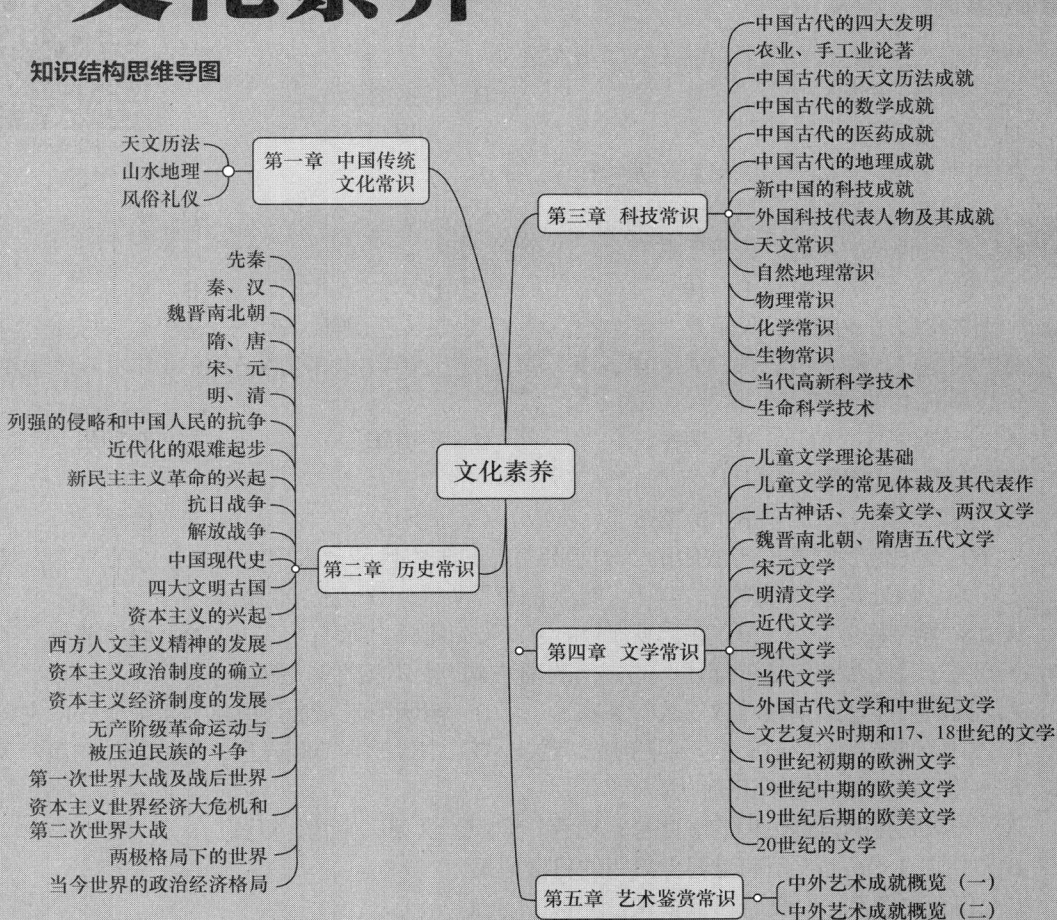

- 第一章 中国传统文化常识
  - 天文历法
  - 山水地理
  - 风俗礼仪
- 第二章 历史常识
  - 先秦
  - 秦、汉
  - 魏晋南北朝
  - 隋、唐
  - 宋、元
  - 明、清
  - 列强的侵略和中国人民的抗争
  - 近代化的艰难起步
  - 新民主主义革命的兴起
  - 抗日战争
  - 解放战争
  - 中国现代史
  - 四大文明古国
  - 资本主义的兴起
  - 西方人文主义精神的发展
  - 资本主义政治制度的确立
  - 资本主义经济制度的发展
  - 无产阶级革命运动与被压迫民族的斗争
  - 第一次世界大战及战后世界
  - 资本主义世界经济大危机和第二次世界大战
  - 两极格局下的世界
  - 当今世界的政治经济格局
- 第三章 科技常识
  - 中国古代的四大发明
  - 农业、手工业论著
  - 中国古代的天文历法成就
  - 中国古代的数学成就
  - 中国古代的医药成就
  - 中国古代的地理成就
  - 新中国的科技成就
  - 外国科技代表人物及其成就
  - 天文常识
  - 自然地理常识
  - 物理常识
  - 化学常识
  - 生物常识
  - 当代高新科学技术
  - 生命科学技术
- 第四章 文学常识
  - 儿童文学理论基础
  - 儿童文学的常见体裁及其代表作
  - 上古神话、先秦文学、西汉文学
  - 魏晋南北朝、隋唐五代文学
  - 宋元文学
  - 明清文学
  - 近代文学
  - 现代文学
  - 当代文学
  - 外国古代文学和中世纪文学
  - 文艺复兴时期和17、18世纪的文学
  - 19世纪初期的欧洲文学
  - 19世纪中期的欧美文学
  - 19世纪后期的欧美文学
  - 20世纪的文学
- 第五章 艺术鉴赏常识
  - 中外艺术成就概览（一）
  - 中外艺术成就概览（二）

第一章　中国传统文化常识

考点一　天文历法

扫码观看视频

单项选择题

1. 战国时期出现的世界上最早的天文学著作是（　）。
   A. 《甘石星经》　B. 《授时历》　C. 《大衍历》　D. 《夏小正》
2. 在中国农历中，每个月的最后一天叫作（　）。
   A. 晦日　B. 望日　C. 既望　D. 朔日
3. 我国传统表示次序的"天干"共有（　）个字。
   A. 8　B. 10　C. 12　D. 14
4. 中国古代以干支纪年，天干是"甲、乙、丙、丁、戊、己、庚、辛、壬、癸"，地支是"子、丑、寅、卯、辰、巳、午、未、申、酉、戌、亥"。甲午战争发生于 1894 年，八国联军侵华战争的 1900 年应是（　）。
   A. 己亥年　B. 庚子年　C. 壬寅年　D. 癸卯年
5. 下列节气不在春季的是（　）。
   A. 谷雨　B. 惊蛰　C. 清明　D. 白露
6. 为了方便记忆我国古时历法中的二十四节气，我国古代劳动人民编有二十四节气歌，其第三句为"秋处露秋寒霜降"，其中"处"的意思为（　）。
   A. 秋季结束　B. 正当秋季　C. 霜降之际　D. 夏季结束
7. 下列关于我国传统节日的描述，与古代的说法或传说不相符的是（　）。
   A. 元宵节挂灯最早跟佛教仪式有关联　B. 清明节吃寒食最早是为了纪念一位先皇
   C. 中秋节吃月饼曾与反抗元朝的统治有关　D. 古代的春节叫元旦，意为一年的第一天
8. 下列关于日食的表述不正确的是（　）。
   A. 一次完整的日食过程的顺序是：初亏、索既、食甚、生光、复圆
   B. 中国的《尚书》里有世界上最早的日食记录
   C. 日食主要有日全食、日偏食和日环食
   D. 日全食是因为地球挡住了太阳光线

考点二　山水地理

单项选择题

1. 下列不属于我国佛教四大名山的是（　）。
   A. 普陀山　B. 衡山　C. 峨眉山　D. 九华山
2. 五岳是古代道家修炼的名山，是中国五大名山的总称。五岳之首是（　）。
   A. 恒山　B. 泰山　C. 华山　D. 黄山
3. 中国古代地名中的"阴""阳"往往体现了该地与相邻山、水的关系。"阴"的方位是（　）。

A. 山之南、水之南　　B. 山之南、水之北
C. 山之北、水之北　　D. 山之北、水之南

4. 在我国辽阔土地上分布着众多历史文化名城。某城市襟江带河，依山傍水，素有“东南门户、南北咽喉”之称，曾是“六朝胜地、十代都会”，该城市是（　）。
A. 南京　　B. 北京　　C. 洛阳　　D. 开封

5. 有一句俗语叫作“你走你的阳关道，我过我的独木桥”。其中“阳关道”原指（　）。
A. 通往西域之路　　B. 通往东海之路　　C. 通往南国之路　　D. 通往中原之路

考点三　风俗礼仪

单项选择题

扫码观看视频

1. 三国时期魏文帝曹丕在《九日与钟繇书》中写道：“岁往月来，忽复九月九日。九为阳数，而日月并应，俗嘉其名，以为宜于长久，故以享宴高会。”从材料看，我国传统节日重阳节的主要寓意是人们（　）。
A. 祈祷姻缘美满　　B. 祭祀先祖先人
C. 期盼合家团圆　　D. 祝愿健康长寿

2. 在下列传统节日中，有吃粽子、赛龙舟习俗的是（　）。
A. 清明节　　B. 重阳节　　C. 端午节　　D. 元宵节

3. 下列选项中的民俗均与端午节有关的是（　）。
A. 剪窗花、踏青、燃放灯火、放风筝　　B. 饮菊花酒、赏月、佩茱萸、猜灯谜
C. 赏菊花、放孔明灯、插柳、贴春联　　D. 饮雄黄酒、吃粽子、赛龙舟、插菖蒲

4. 描写过年习俗的古诗“千门万户曈曈日，总把新桃换旧符”中，“新桃”指的是（　）。
A. 新鲜的桃子　　B. 桃色的新衣
C. 桃木制作的新门神　　D. 绘有寿桃的新年画

5. 下列节日中，“江边枫落菊花黄，少长登高一望乡”所描写的是（　）。
A. 清明节　　B. 端午节　　C. 中秋节　　D. 重阳节

6. 下列选项中，（　）不是端午节的别称。
A. 浴兰节　　B. 女儿节　　C. 地腊节　　D. 中天节

7. 曹操的“何以解忧，唯有杜康”诗句中的“杜康”是指（　）。
A. 益友　　B. 胜景　　C. 美酒　　D. 民歌

第二章　历史常识

考点一　先秦

单项选择题

1. 下列人物中不属于“春秋五霸”的是（　）。
A. 武灵王　　B. 齐桓公　　C. 晋文公　　D. 楚庄王

2. “战国七雄”不包括（　）。
A. 楚国　B. 齐国　C. 燕国　D. 越国
3. “退避三舍”“纸上谈兵”等成语故事均出自春秋战国时期各诸侯国间发生的著名战役。诸侯国的出现源于西周的（　）。
A. 世袭制　B. 奴隶制　C. 禅让制　D. 分封制
4. 我国有文字可考的历史开始于（　）。
A. 夏朝　B. 商朝　C. 西周　D. 春秋时期
5. 我国发现的最早的人类是（　）。
A. 蓝田人　B. 元谋人　C. 北京人　D. 山顶洞人

考点二　秦、汉

单项选择题

1. 秦代为了加强中央集权制采取了一系列的措施，其中不包括（　）。
A. 建立分封制　B. 设立三公九卿制　C. 统一货币　D. 车同轨，书同文
2. 秦统一后，全国统一使用的文字是（　）。
A. 楷书　B. 隶书　C. 小篆　D. 草书
3. 太学最早兴起于（　）。
A. 春秋　B. 秦朝　C. 西汉　D. 隋朝
4. 下列选项中，属于著名的“铜车马”的出土地点是（　）。
A. 开封　B. 洛阳　C. 西安　D. 南京

5. 秦始皇焚书坑儒的主要目的是（　）。
A. 打击主张实行分封制的保守派　B. 为了加强对思想的控制
C. 为了镇压儒家和道家学派　D. 为了巩固奴隶主专政的政权

考点三　魏晋南北朝

单项选择题

扫码观看视频

1. 三国时期，为曹操统一北方奠定基础的战役是（　）。
A. 官渡之战　B. 赤壁之战
C. 夷陵之战　D. 江陵之战
2. 古人“始生三月而加名”，“男子二十，冠而字”。如曹操，名操，字孟德；刘备，名备，字玄德。一般情况下，名供长辈称呼，用来自称则有谦恭之意。“卑

己尊人”是中华民族的传统美德。刘备与曹操会面时，他的自称和对曹操的称呼应是（ ）。

A. 备、操　　B. 玄德、操　　C. 备、孟德　　D. 玄德、孟德

3. 下列战役中，对三国鼎立局面的形成影响最大的是（ ）。

A. 赤壁之战　　B. 官渡之战　　C. 三顾茅庐　　D. 七擒孟获

4. 下列选项中，与典故“士别三日，当刮目相待”有关的一项是（ ）。

A. 吕布　　B. 张飞　　C. 吕蒙　　D. 司马懿

5. 下列历史事件中，与“胡人汉服”“汉人胡食”有关的是（ ）。

A. 齐桓公改革　　B. 商鞅变法　　C. 李悝变法　　D. 孝文帝改革

考点四 隋、唐

扫码观看视频

单项选择题

1. 我国古代的伟大工程蕴含着中华民族文化与精神的底蕴。隋朝时修筑的促进南北经济文化交流的重要工程是（ ）。

A. 大运河　　B. 赵州桥

C. 长城　　D. 故宫

2. 科举考试制度开创了以考试选拔人才的先河，在一定程度上体现了公开公平地选拔人才的原则。它正式创立于（ ）。

A. 汉武帝时期　　B. 隋炀帝时期　　C. 唐太宗时期　　D. 武则天时期

3. 隋朝统一整个中国是在（ ）。

A. 581年　　B. 589年　　C. 618年　　D. 907年

4. 虽然她留下了一块任后人评说的无字碑，但人们仍然称赞其统治是“政启开元，治宏贞观”。这里的她是（ ）。

A. 唐太宗　　B. 武则天　　C. 唐高宗　　D. 唐玄宗

5. 标志着唐朝由盛转衰的事件是（ ）。

A. 黄巢起义　　B. 朱温灭唐　　C. 安史之乱　　D. 牛李之争

考点五 宋、元

单项选择题

1. “杯酒释兵权”讲述的是某位历史人物为了加强中央集权，同时避免别人篡夺自己的政权，在一次酒宴中威逼利诱双管齐下，暗示高阶军官们交出兵权的故事。这位历史人物是（ ）。

A. 刘邦　　B. 曹操　　C. 杨广　　D. 赵匡胤

2. 书院是中国古代特有的教育组织形式，是相对独立于官学之外的民间性学术研究和教育机构。书院萌芽于唐朝，但作为一种教育制度形成并兴盛于宋朝。下列不属于宋朝著名书院的是（ ）。

A. 白鹿洞书院　　B. 茅山书院　　C. 东林书院　　D. 应天书院

3. 《资治通鉴》成书于（ ）。

A. 西汉　　B. 东汉　　C. 北宋　　D. 南宋

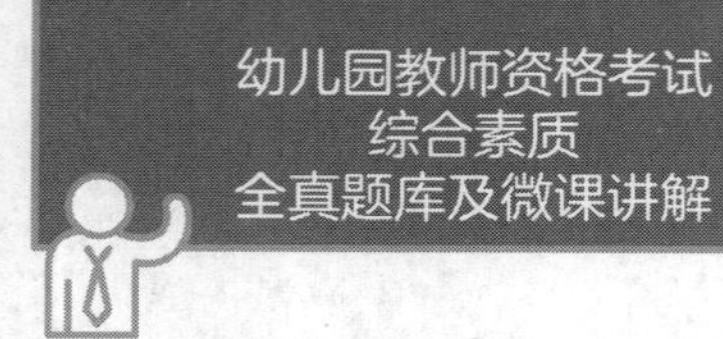

4. 下列成语中，源于赵匡胤“陈桥兵变”故事的是（ ）。

A. 黄袍加身　B. 祸起萧蔷　C. 破釜沉舟　D. 闻鸡起舞

5. 宋朝曾把与契丹族政权边境临界地区的一些地点改名，如威虏改为广信，静戎改为安肃，破虏改为永静等。这种现象出现的时间是（ ）。

A. 实现统一后　B. 澶渊之盟后　C. 东京保卫战后　D. 宋金和议后

考点六 明、清

单项选择题

扫码观看视频

1. 清朝大兴文字狱，受害的主要是（ ）。

A. 督抚大员　B. 王公贵族
C. 知识分子　D. 分裂势力

2. 下列历史事件中能体现我国对外友好交往传统的是（ ）。

A. 雅克萨之战　B. 戚继光抗倭　C. 郑和下西洋　D. 郑成功收复台湾

3. 率领蒙古土尔扈特部万里回归祖国的民族英雄是（ ）。

A. 伊桑阿　B. 渥巴锡　C. 尹湛纳希　D. 嘎达梅林

4. 明初加强专制统治的措施中，与后来宦官专权有直接联系的是（ ）。

A. 设立锦衣卫和东厂　B. 废除丞相
C. 八股取士　D. 设立军机处

5. 历史上，清政府为了加强对西藏的管理而设置了（ ）。

A. 宣政院　B. 达赖喇嘛　C. 驻藏大臣　D. 伊犁将军

考点七 列强的侵略和中国人民的抗争

单项选择题

1. 圆明园位于北京西北郊，是一座举世闻名的皇家园林。圆明园不但建筑宏伟，还收藏着珍贵的历史文物。上自先秦时代的青铜礼器，下至唐、宋、元、明、清历代的名人书画和各种奇珍异宝。因此，它又是当时世界上最大的博物馆、艺术馆。英法联军纵火焚烧了这座堪称世界皇家园林的瑰宝。该事件发生在（ ）。

A. 鸦片战争　B. 第二次鸦片战争
C. 甲午中日战争　D. 八国联军侵华战争

2. 一个日本人在杭州开设工厂，其时间可能在（ ）。

A. 签订《东京条约》之后　B. 签订《北京条约》之后
C. 签订《南京条约》之后　D. 签订《马关条约》之后

3. 中国半殖民地半封建社会开端于（ ）。

A. 鸦片战争　B. 《马关条约》的签订
C. 《辛丑条约》的签订　D. 百日维新

4. 有人认为，道光皇帝（1821 年～ 1850 年在位）应该愧对先祖，因为在他手上曾丢失了土地，这里的“土地”是指（ ）。

A. 钓鱼岛　　B. 香港岛　　C. 台湾岛　　D. 辽东半岛

5. 台湾人民发布广告声明：“惟台湾土地，非他人所能干预。设（日本）以干戈从事，台民惟集万众御之。愿人人战死而失台，决不愿拱手而让台。”这一文告发布的历史背景是（　）。

A. 《南京条约》的签订　　B. 《瑷珲条约》的签订

C. 《马关条约》的签订　　D. 《辛丑条约》的签订

考点八　近代化的艰难起步

单项选择题

1. 新文化运动是一次空前的思想解放运动，主要在于它提出了（　）。

A. “师夷长技”的主张　　B. “民主、科学”的口号

C. “民主、民权、民生”的主张　　D. “自强、求富”的口号

2. 中国近代洋务运动的关键人物是（　）。

A. 李鸿章、陈独秀　　B. 李鸿章、曾国藩　　C. 容闳、孙中山　　D. 光绪帝、袁世凯

3. 推翻了中国延续两千多年的封建君主专制制度的历史事件发生在（　）。

A. 1901年　　B. 1902年　　C. 1911年　　D. 1912年

4. “中国”作为我国国名的简称，开始于（　）。

A. 夏朝　　B. 秦朝　　C. 清朝　　D. 辛亥革命后

5. 1914年～1918年中国民族工业得到发展的原因有（　）。

①辛亥革命冲击封建制度　　②清政府允许民间办厂

③北洋军阀分裂　　④帝国主义忙于一战，暂时放松对华经济掠夺

A. ①②④　　B. ①③④　　C. ①②③④　　D. ①④

考点九　新民主主义革命的兴起

单项选择题

扫码观看视频

1. 我国旧民主主义革命到新民主主义革命的转折点是（　）。

A. 辛亥革命　　B. 新文化运动

C. 五四运动　　D. 中国共产党成立

2. 区别新民主主义革命与旧民主主义革命的根本标志是（　）。

A. 革命领导权不同　　B. 革命指导思想不同

C. 革命前途不同　　D. 革命对象不同

3. 五四运动以前的历次革命运动失败的根本原因是（　）。

A. 没有先进阶级的科学革命理论作指导

B. 没有充分发动群众，依靠群众

C. 没有分清谁是真正的敌人，谁是真正的朋友

D. 没有实行革命的统一战线

4. 1919年5月2日，北京《晨报》发表《外交警报，敬告国民》一文，指出“胶州亡矣！山东亡矣！国不国矣！”为了挽救民族危机，随后在北京爆发的一次爱国运动是（　）。

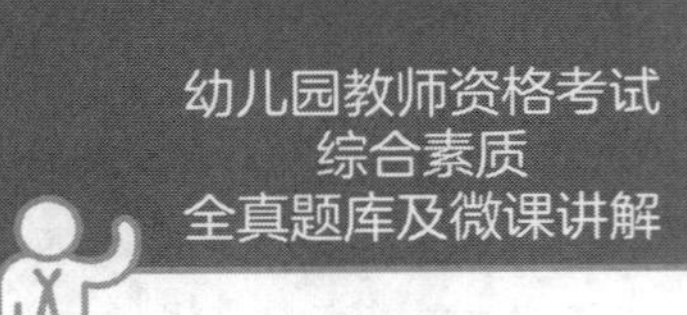

A. 新文化运动　B. 五四运动　C. 护国运动　D. 护法运动

5. 下列选项中，（　）不是北伐战争时期北伐军讨伐的目标。

A. 冯玉祥　B. 吴佩孚　C. 孙传芳　D. 张作霖

考点十　抗日战争

扫码观看视频

单项选择题

1. 下列历史事件中，揭开中国全面抗战序幕的是（　）

A. 九一八事件　B. 卢沟桥事变

C. 台儿庄战役　D. 平型关战役

2. 中国共产党领导的全国人民的抗日中心是（　）。

A. 晋察冀抗日根据地　B. 晋冀豫抗日根据地

C. 晋绥抗日根据地　D. 陕甘宁革命根据地

3. 1937 年 8 月至 11 月，中国军队与侵华日军之间的激烈交战是（　）。

A. 徐州会战　B. 台儿庄战役　C. 武汉会战　D. 淞沪会战

4. 下列战役按时间先后顺序排列正确的是（　）。

①武汉会战　②淞沪会战　③徐州会战　④太原会战　⑤枣庄会战

A. ②④③①⑤　B. ②③④①⑤　C. ③②①④⑤　D. ③②⑤④①

5. 在抗日战争的战略相持阶段，（　）是主要的抗日作战方式。

A. 运动战　B. 阵地战　C. 地雷战　D. 敌后游击战争

考点十一　解放战争

单项选择题

1. 三大战役是指 1948 年 9 月至 1949 年 1 月，中国人民解放军同国民革命军进行的战略决战，包括辽沈战役、淮海战役和平津战役。三大战役发生的先后顺序是（　）。

A. 辽沈战役——淮海战役——平津战役　B. 辽沈战役——平津战役——淮海战役

C. 淮海战役——辽沈战役——平津战役　D. 淮海战役——平津战役——辽沈战役

2. 抗日战争胜利以后，全国人民渴望和平、民主。为了尽力争取国内和平，中国共产党同国民党进行了（　）。

A. 重庆谈判　B. 三大战役　C. 渡江战役　D. 北平谈判

3. 在中国共产党的争取下，北平和平解放。这一事件发生在（　）战役中。

A. 辽沈战役　B. 淮海战役　C. 平津战役　D. 渡江战役

4. 毛泽东亲赴重庆谈判的首要目的是（　）。

A. 团结和教育广大人民　B. 揭露美蒋反动派假和平的阴谋

C. 尽量争取和平，避免内战　D. 争取人民军队和解放区的合法地位

5. 20 世纪 40 年代，朱自清总结了抗战胜利后人们的普遍心情为：“胜利到来的当时，我们喘一口气，情不自禁地在心头描画着三五年后可能实现的一个小康时代……但是胜利的欢呼闪电似地过去了，接着是一阵阵闷雷响着。这个变化太快了，幻灭得太快了。”这段话

反映出当时人们的普遍愿望是（　）。

A. 驱除鞑虏，恢复中华　　B. 要和平，争民主

C. 还我山河，守土抗战　　D. 打倒列强，除军阀

考点十二　中国现代史

扫码观看视频

单项选择题

1. 拿破仑曾说："中国是一只沉睡的雄狮，它一旦醒来，整个世界都会为之颤抖"。标志着"雄狮醒来""中国人民站起来了"的历史事件是（　）。

A. 中国抗日战争胜利

B. 中华人民共和国成立

C. 中华人民共和国恢复在联合国的合法席位

D. 北京奥运会召开

2. 改革开放使中国进入了经济高速发展时期，做出我国改革开放重要决策的会议是中共（　）。

A. 十四大　　B. 十二大　　C. 十三大　　D. 十一届三中全会

3. 2008 年在北京举行的夏季奥运会是（　）。

A. 第26届　　B. 第27届　　C. 第28届　　D. 第29届

4. 下列说法不正确的是（　）。

A. 我们所取得的成就，归根结底都是中国特色社会主义的胜利

B. 发展中国特色社会主义理论体系是一项长期历史任务

C. 发展中国特色社会主义理论体系必须随着中国特色社会主义实践的发展而发展

D. "中国特色社会主义"是邓小平在十一届三中全会上提出的

5. 标志着我国进入社会主义初级阶段的事件是（　）。

A. 新中国的成立　　B. 第一个五年计划的完成

C. 1954年《中华人民共和国宪法》的颁布　　D. 三大改造的基本完成

考点十三　四大文明古国

扫码观看视频

单项选择题

1. "四大文明古国"最早由梁启超先生于 1900 年的《二十世纪太平洋歌》中首次使用。梁启超的说法来源于当时世界学术界公认的"四大文明发源地"。四大文明古国不包括（　）。

A. 古中国　　B. 古巴比伦

C. 古印度　　D. 古希腊

2. 某历史兴趣小组要研究古代尼罗河流域的社会情况，你认为应选择的素材是（　）。

A. 金字塔　　B. 《汉谟拉比法典》　　C. 种姓制度　　D. 《论语》

3. 世界古代史上的"两河流域"是指（　）。

A. 幼发拉底河、底格里斯河流域　　B. 尼罗河、刚果河流域

C. 印度河、恒河流域　　D. 长江、黄河流域

4. 古代印度的种姓制度中第一等级是（　　）。

A. 首陀罗　　B. 刹帝利　　C. 吠舍　　D. 婆罗门

5. 胡夫和汉谟拉比结伴来到古代印度旅游，发现自己在种姓制度中属于（　　）。

A. 婆罗门　　B. 刹帝利　　C. 吠舍　　D. 首陀罗

考点十四　资本主义的兴起

单项选择题

1. 沟通了欧、亚、非、美四大洲，把世界连成一个整体并促进各国之间的经济文化交流的事件是（　　）。

A. 文艺复兴运动　　B. 新航路开辟　　C. 英国资产阶级革命　　D. 工业革命

2. 导致第一次工业革命发生的根本原因是（　　）。

A. 资本主义制度在英国的确立　　B. 英国人口流动自由

C. 经济发展无法满足日益扩大的市场需求　　D. 新航路的开辟

3. 在殖民地时期，有人形容英国"像海绵一样从恒河边上汲取财富，又挤出来倾倒在泰晤士河中。"这句话中受侵略的国家是（　　）。

A. 中国　　B. 印度　　C. 墨西哥　　D. 塞内加尔

4. 2014 年世界足球赛在巴西举行，广大球迷的目光不约而同地汇集到物产丰富的美洲大地。16 世纪～19 世纪中期在美洲、欧洲、非洲之间盛行一种贸易，它为美洲提供了大量劳动力，这种贸易在历史上被称为（　　）。

A. 商品贸易　　B. 军火贸易　　C. 三角贸易　　D. 鸦片贸易

5. 下列航海家的远航活动按时间顺序排列，正确的是（　　）。

①达·伽马到达印度　②迪亚士到过好望角　③哥伦布到达美洲　④麦哲伦环球航行

A. ①②③④　　B. ②①③④　　C. ③①②④　　D. ②③①④

考点十五　西方人文主义精神的发展

单项选择题

扫码观看视频

1. 下列人物中不属于文艺复兴时期"美术三杰"的是（　　）。

A. 米开朗琪罗　　B. 达·芬奇

C. 拉斐尔　　D. 贝尼尼

2. 下列人物中不属于文艺复兴时期"文坛三杰"的是（　　）。

A. 达·芬奇　　B. 薄伽丘　　C. 彼特拉克　　D. 但丁

3. 意大利文艺复兴的先驱是（　　）。

A. 但丁　　B. 莎士比亚　　C. 达·芬奇　　D. 薄伽丘

4. 文艺复兴运动的核心思想是（　　）。

A. 妇女解放　　B. 艺术解放　　C. 禁绝欲望　　D. 人文主义

5. 启蒙运动是继文艺复兴运动后欧洲近代第二次思想解放运动，涌现出了一大批著名的启蒙思想家。下列思想家中不属于这个时期的是（　　）。

A. 卢梭　　B. 彼特拉克　　C. 孟德斯鸠　　D. 伏尔泰

考点十六　资本主义政治制度的确立

扫码观看视频

单项选择题

1. 美国历史上被称为是“战争中的第一人，也是和平时代的第一人，也是他的同胞们心目中的第一人”的人是（　　）。
   A. 华盛顿　　B. 杰斐逊

   C. 富兰克林　　D. 林肯
2. 美国的自由女神像是法国在1876年赠送给美国独立100周年的礼物。神像位于美国纽约州纽约市哈德逊河口附近，神像是所在的美国自由岛的重要观光景点。自由女神的右手高举着火炬，左手拿着一部文献。这部文献的名称是（　　）。
   A. 《独立宣言》　　B. 《权利法案》　　C. 《人权宣言》　　D. 《宅地法》
3. 一百二十年前的甲午战争中，成功走上资本主义发展道路的日本，打败了仍固守封建统治的清政府。使日本逐步转变为资本主义国家的改革是（　　）。
   A. 大化改新　　B. 明治维新　　C. 1861年改革　　D. 百日维新
4. 结束了拿破仑帝国的著名战役是（　　）。
   A. 曼图亚战役　　B. 艾劳会战　　C. 滑铁卢战役　　D. 莱比锡战役
5. 奠定英国君主立宪制政体的重要法律文献是（　　）。
   A. 《权利法案》　　B. 《人权宣言》
   C. 《独立宣言》　　D. 《解放黑人奴隶宣言》

考点十七　资本主义经济制度的发展

单项选择题

1. 今天我们能坐飞机翱翔于天空，在短时间内来去世界的每个角落，这要归功于飞机的发明者（　　）。
   A. 瓦特　　B. 福特　　C. 莱特兄弟　　D. 卡尔·本茨
2. 引起交通领域革命性变化的发明是（　　）。
   A. 蒸汽机　　B. 电动机　　C. 飞机　　D. 内燃机
3. 在人类社会的发展史上，经历了三次科技革命，其标志为（　　）。
   A. 蒸汽机的发明、纺织机的发明、电子计算机的发明
   B. 蒸汽机的发明、电力的发明、电子计算机的发明
   C. 蒸汽机的发明、电力的发明、电子计算机的发明和原子能的发明和使用
   D. 蒸汽机的发明、纺织机的发明、原子能的发明和使用
4. 电话的发明者是（　　）。
   A. 摩尔　　B. 爱迪生　　C. 贝尔　　D. 莱特
5. 下列选项中，与第二次工业革命中的创造发明无关的是（　　）。
   A. 打电话拜年　　B. 乘公交车上班　　C. 用电脑办公　　D. 坐飞机旅游

考点十八 无产阶级革命运动与被压迫民族的斗争

单项选择题

1. 马克思主义哲学的产生是（　）。
   A. 哲学史上的伟大变革　　B. 人类哲学思想发展的顶峰
   C. 科学的哲学体系的最终完成　　D. 绝对真理的完美体现
2. 英国广播公司在全球范围举行了一次“千年思想家”的网上民意评选。结果，马克思的票数高居榜首，这表明马克思主义具有广泛的影响。马克思主义诞生的标志是（　）。
   A. 《权利法案》的发表　　B. 《解放黑人奴隶宣言》的发表
   C. 《共产党宣言》的发表　　D. 《人权宣言》的发表
3. 2011 年 3 月 18 日，军事史专家徐焰说：“今天是国际社会主义运动史上一个重要的纪念日——成立了人类历史上第一个工人阶级政权。”这一政权是（　）。
   A. 法兰西第一共和国　　B. 法兰西第一帝国
   C. 巴黎公社　　D. 工兵苏维埃政府
4. 由南美各国足球俱乐部冠亚军参加的足球联赛，冠军名为“解放杯”，这是为了纪念南美的解放者（　）。
   A. 伊达尔戈　　B. 玻利瓦尔　　C. 圣马丁　　D. 查巴塔
5. 巴黎公社是国际工人运动史上的伟大创举，主要表现在（　）。
   A. 废除了旧的军队、警察、法庭等，建立了新的国家机构
   B. 规定工作人员的年薪一律不得超过工人的最高工资
   C. 实行了一系列保护工人阶级利益的政策
   D. 接管逃亡资本家的工厂，交给工人合作社管理

扫码观看视频

考点十九 第一次世界大战及战后世界

扫码观看视频

单项选择题

1. 第一次世界大战的导火线是（　）。
   A. 萨拉热窝事件　　B. 彼得格勒武装起义
   C. 慕尼黑阴谋　　D. 德军突袭波兰
2. 人类历史中，社会主义由理论变为现实的标志是（　）。
   A. 《共产党宣言》的发表　　B. 巴黎公社成立
   C. 俄国十月革命胜利　　D. 苏联第二个五年计划胜利
3. 雅尔塔体系与凡尔赛—华盛顿体系的相同点是（　）。
   A. 都是由帝国主义国家控制的体系　　B. 都以欧洲为中心
   C. 都严惩了德国和日本　　D. 都是世界大战后产生的
4. 第一次世界大战中被称为“绞肉机”“屠场”的战役是（　）。
   A. 索姆河战役　　B. 马恩河战役　　C. 坦能堡战役　　D. 凡尔登战役
5. 1919 年巴黎和会的中心内容是（　）。

A. 成立国际联盟　　B. 签订《限制海军军备条约》
C. 签署《九国公约》　　D. 签订《凡尔赛和约》

考点二十　资本主义世界经济大危机和第二次世界大战

单项选择题

1. 有人说“罗斯福在一定程度上挽救了现代资本主义国家”，这是因为（　）。
   A. 实行了新政，使美国度过了经济危机　　B. 建立北约
   C. 实施新经济政策　　D. 采取冷战政策
2. 第二次世界大战的结果是同盟国战胜了轴心国。下列国家中不属于轴心国的是（　）。
   A. 德国　　B. 法国　　C. 日本　　D. 意大利
3. 第二次世界大战全面爆发的标志性事件是（　）。
   A. 1939年9月1日德国突袭波兰　　B. 1937年7月7日日本制造卢沟桥事变
   C. 1941年12月7日日本突袭珍珠港　　D. 1941年6月22日德国突袭苏联
4. 1929 年 10 月 24 日，美国纽约股市突然打了个喷嚏，这个喷嚏迅速蔓延全球，所有资本主义国家都感冒了。美国医治“感冒”的有效药方是（　）。
   A. 新经济政策　　B. 罗斯福新政　　C. 法西斯专政　　D. 杜鲁门主义
5. 世界反法西斯同盟形成的标志是（　）。
   A. 《联合国家宣言》的签署　　B. 太平洋战争的爆发
   C. 莫斯科保卫战的胜利　　D. 德黑兰会议的召开

考点二十一　两极格局下的世界

单项选择题

1. “冷战”全面开始的标志是（　）。
   A. 杜鲁门主义出台　　B. 丘吉尔发表“铁幕”演说
   C. 马歇尔计划实施　　D. 北约组织建立
2. 美苏两极格局正式形成的标志是（　）。
   A. 德国分裂　　B. 杜鲁门主义的提出
   C. 北约组织建立　　D. 华沙条约组织成立
3. “战时要保持团结并不太难，因为有一个打败共同敌人的共同目标，这一点谁都清楚。艰难的工作在战后，那时，各种不同的利害关系往往会使同盟国分裂。”上述材料中的描述比较符合“二战”后初期（　）两个国家的关系。
   A. 美英　　B. 英法　　C. 中苏　　D. 美苏
4. 2005 年 2 月 20 日，中国外交部发言人孔泉针对美日涉台声明一事发表演说指出：“美日军事同盟是在‘冷战’特殊历史条件下形成的一种双边安排”。推行“冷战”政策的第一位美国总统是（　）。
   A. 马歇尔　　B. 丘吉尔　　C. 杜鲁门　　D. 威尔逊

5. 下列有关“两极格局”的评价中，揭示出本质特征的是（　）。
   A. 出现了两大军事政治集团的对峙
   B. 成立了国际协调机构——联合国
   C. 重新划分了世界版图和势力范围
   D. 意识形态不同的超级大国在全球的对抗和争霸

考点二十二　当今世界的政治经济格局

单项选择题

1. 与两级格局瓦解直接相关的事件是（　）。
   A. 杜鲁门主义的提出　B. 欧共体的成立　C. 马歇尔计划　D. 苏联的解体
2. 从欧洲共同体发展而来，目前为世界上最大经济体的是（　）。
   A. 三国同盟　B. 三国协约　C. 联合国　D. 欧洲联盟
3. “世界上有大大小小200多个国家，可是如果没有人管它们，这个世界就是个无政府的世界，肯定会一团糟。所以要有个东西来管，这个东西就是最强大的国家。这个最强大的国家有霸权，但是这个霸权是符合世界稳定的要求的。”该言论属于（　）。
   A. 和平共处论　B. 独立自主论　C. 霸权稳定论　D. 联合国决定论
4. 1956 年 12 月 18 日，日本正式加入联合国组织，成为联合国第 80 个成员国。加入联合国使日本“国际上的地位迎来了战后外交史上最大的转机”，对此分析不正确的是（　）。
   A. 日本的行动表明了其正在谋求国际地位的上升
   B. 日本国际地位提高以经济发展为基础
   C. 日本正在成为国际秩序的受益国
   D. 日本该行动表明了政治上不再追随美国
5. “医生赶到病人那里，可病人已经死亡。于是在别洛韦日森林（位于白俄罗斯）开具了死亡证明。当时面临的一个主要问题是，核手提箱留给谁？这可不是儿戏，于是商定：由俄罗斯来控制。”材料中“病人已经死亡”是指（　）。
   A. 苏联成立　B. 苏联取得卫国战争胜利
   C. 美苏争霸　D. 苏联解体

第三章　科技常识

考点一　中国古代的四大发明

单项选择题

1. 总结劳动人民的经验，用廉价易得的树皮、破布等作为原料，改进了造纸术的人是（　）。
   A. 华佗　B. 毕昇
   C. 蔡伦　D. 董仲舒

2. 中国古代发现磁石指南这一特性是在（　）。

A. 东汉　B. 战国　C. 唐代　D. 宋代

3. 火药被引入军事战争始于（　）。

A. 唐末　B. 元末　C. 明末　D. 宋末

4. 北宋发明活字印刷术的是（　）。

A. 蔡伦　B. 鲁班　C. 毕昇　D. 僧一行

5. 司南发明于（　）。

A. 南朝　B. 战国　C. 宋朝　D. 清朝

考点二　农业、手工业论著

单项选择题

1. 中国现存最早的最完整的农书是（　）。

A. 《农政全书》　B. 《天工开物》　C. 《齐民要术》　D. 《茶经》

2. 下列著作中，由中国古代科学家宋应星所著的是（　）。

A. 《梦溪笔谈》　B. 《本草纲目》　C. 《天工开物》　D. 《九章算术》

3. 《天工开物》被誉为“中国17世纪工艺百科全书”，它的作者是明代的（　）。

A. 沈括　B. 贾思勰　C. 徐光启　D. 宋应星

4. 总结明代农业、手工业生产技术的著作是（　）。

A. 《农政全书》　B. 《天工开物》　C. 《梦溪笔谈》　D. 《本草纲目》

5. 下列科技著作中，总结了明代农业和手工业的生产技术，强调人类要和自然相协调的是（　）。

A. 《齐民要术》　B. 《天工开物》　C. 《农政全书》　D. 《本草纲目》

考点三　中国古代的天文历法成就

单项选择题

1. 下列人物中，发明地动仪的是（　）。

A. 哥白尼　B. 毕昇　C. 张衡　D. 布鲁诺

2. 关于天文历法，下列说法中正确的是（　）。

A. 中国农历纪年的闰年一般为383天、384天或385天

B. 根据小孔成像的原理，日偏食的时候树荫下光斑也会缺一块

C. 黑洞巨大的引力场使得包括光子在内的任何物质只能逃离而无法进入

D. 北斗七星的勺柄一年四季都指向北方，可据此在夜间辨明方向

3. 下面关于我国古代天文历法的成就，不正确的是（　）。

A. 我国古书上曾经记载过夏朝发生的日食

B. 商朝记载的很多日食、月食都很可靠

C. 我们今天使用的农历，据说来源于商朝

D. 商朝的历法中规定了闰月

扫码观看视频

4. 东周时期的天文历法成就中，直接有利于农业生产发展的是（　）。

A. 观测日食的可靠性　　B. 哈雷彗星的最早记录
C. 《甘石星经》问世　　D. 测定一年中的季节

5. 既通天文，又擅文学，其发明创造保持世界纪录长达 1700 多年的我国科学家是（　）。
A. 张衡　　B. 祖冲之　　C. 僧一行　　D. 郭守敬

考点四　中国古代的数学成就

单项选择题

1. 我国现有文献中最早引用勾股定理的是（　）。
A. 《九章算术》　　B. 《周髀算经》　　C. 《纵横图》　　D. 《孙子算经》

2. “今有共买物，人出八，盈三；人出七，不足四。问人数。物价格几何？”出自对我国秦汉时期数学成就总结的一本书。它是（　）。
A. 《缀术》　　B. 《九章算术》　　C. 《几何原本》　　D. 《周髀算经》

3. 世界上第一个把圆周率的数值计算到小数点以后第七位的人是（　）。
A. 华佗　　B. 王羲之　　C. 顾恺之　　D. 祖冲之

4. 1964 年 11 月 9 日，由紫金山天文台发现的国际永久编号为 1888 的小行星命名为“祖冲之小行星”。祖冲之最杰出的贡献是在（　）。
A. 数学领域　　B. 建筑领域　　C. 医学领域　　D. 文学领域

5. 下列中国古代数学成就取得的先后顺序是（　）。
①九九乘法表　②珠算法　③算筹计算法　④将圆周率精确到小数点后第七位
A. ①②③④　　B. ①③②④　　C. ①③④②　　D. ④①③②

考点五　中国古代的医药成就

单项选择题

1. 中医四大医学经典著作是（　）。
A. 《黄帝内经》《神农本草经》《伤寒杂病论》《金匮要略》
B. 《黄帝内经》《伤寒杂病论》《本草纲目》《脉经》
C. 《素问》《本草纲目》《神农本草经》《伤寒杂病论》
D. 《黄帝内经》《类经》《难经》《脉经》

2. 首创“望、闻、问、切”四诊法的名医是（　）。
A. 扁鹊　　B. 华佗　　C. 张仲景　　D. 王叔和

3. 中国现存最早的药物学专著是（　）。
A. 《黄帝内经》　　B. 《神农本草经》
C. 《伤寒杂病论》　　D. 《本草纲目》

4. 被誉为“东方医药巨典”的医学著作是（　）。
A. 《黄帝内经》　　B. 《神农本草经》
C. 《千金方》　　D. 《本草纲目》

考点六　中国古代的地理成就

扫码观看视频

单项选择题

1. 世界上最早介绍喀斯特地貌的书籍是明代的（　　）。
   A. 《禹贡地域图》　　B. 《水经注》
   C. 《汉书·地理志》　　D. 《徐霞客游记》
2. 下列选项中，（　　）是我国古代的地理学巨著。
   A. 《太平广记》　　B. 《梦溪笔谈》　　C. 《天工开物》　　D. 《水经注》
3. 中国古代文献中最古老和最有系统性地理观念的著作是（　　）。
   A. 《山海经》　　B. 《水经注》　　C. 《禹贡地域图》　　D. 《周易》
4. 《水经注》的作者是（　　）。
   A. 杨守敬　　B. 郦道元　　C. 徐霞客　　D. 裴秀

考点七　新中国的科技成就

扫码观看视频

单项选择题

1. 被称为“两弹元勋”的科学家是（　　）。
   A. 邓稼先　　B. 钱学森
   C. 杨振宁　　D. 李政道
2. “两弹一星”最初是指（　　）。
   A. 原子弹、导弹和人造卫星　　B. 原子弹、核弹和人造卫星
   C. 氢弹、导弹和人造卫星　　D. 核弹、导弹和人造卫星
3. 2003 年 10 月 15 日，我国“神州五号”飞船载着中国第一位宇航员进入太空。这位宇航员是（　　）。
   A. 费俊龙　　B. 杨利伟　　C. 景海鹏　　D. 聂海胜
4. 2005 年 10 月 12 日至 17 日，费俊龙、聂海胜乘坐（　　）载人飞船圆满完成航天飞行，标志着我国在发展载人航天技术方面取得了又一个具有里程碑意义的重大胜利。
   A. 神舟五号　　B. 神舟六号　　C. 神舟七号　　D. 神舟九号
5. 我国第一座核电站是（　　）。
   A. 泰山核电站　　B. 大亚湾核电站　　C. 秦山核电站　　D. 秦皇岛核电站
6. 1970 年 4 月 24 日，中国自行设计制造的第一颗人造地球卫星由“长征一号”火箭成功发射。1988 年 9 月 27 日，中国核潜艇水下发射运载火箭获得成功，中国空间技术进入新的时代。我国第一颗人造地球卫星的名字是（　　）。
   A. 神舟一号　　B. 东方红一号　　C. 银河一号　　D. 黄河一号

考点八　外国科技代表人物及其成就

单项选择题

1. 创制了天文望远镜观测天体，并发现了月球表面的凹凸不平的是（　　）。

A. 伽利略　　B. 阿基米德　　C. 哥白尼　　D. 布鲁诺

2. 19 世纪 80 年代，第一辆由内燃机驱动的汽车诞生。其发明者是德国发明家（　）。

A. 鲁道夫·狄塞尔　　B. 卡尔·本茨　　C. 西门子　　D. 齐柏林

3. 阿基米德说过：“如果能给我一个支点，我就能撬起整个地球”，这句话阐明了他在物理学方面的一大贡献，即提出（　）。

A. 阿基米德定律　　B. 力的相互作用规律

C. 万有引力定律　　D. 杠杆原理

扫码观看视频

4. 下列选项中，是由美国科学家富兰克林发明的是（　）。

A. 望远镜　　B. 温度计

C. 避雷针　　D. 内燃机

5. 1938 年，德国人（　）在用慢中子轰击铀核时，首次发现了原子核的裂变现象，并放出新的中子。

A. 哈恩　　B. 查德威克　　C. 卢瑟福　　D. 麦克斯韦

考点九　天文常识

单项选择题

1. 在下列太阳系行星中，距太阳最近的是（　）。

A. 水星　　B. 地球　　C. 火星　　D. 土星

2. 太阳活动有多种类型，其中最主要的是（　）。

A. 磁暴　　B. 电离层扰动　　C. 黑子和耀斑　　D. 极光和太阳风

3. 下列关于太阳风的说法不正确的是（　）。

A. 太阳风会促进大气中臭氧的产生，影响地球的空间环境

B. 由于太阳风的作用，彗星周围的尘埃和气体会形成彗尾

C. 太阳风是太阳黑子活动高峰阶段射出的超音速等离子体流

D. 两极的高层大气受到太阳风的轰击后会发出光芒，形成极光

4. 下列对“日食”发生原因的解释中，正确的是（　）。

A. 月亮挡在地球与太阳之间　　B. 太阳挡在月亮与地球之间

C. 地球挡在太阳与月亮之间　　D. 金星挡在地球与太阳之间

5. 下列天文知识的表述不正确的是（　）。

A. 星星的发光能力不同，距离地球远近也不同，所以看上去有的暗有的亮

B. 因为冬天时地球转到了和夏天不同的位置，所以冬夜的天空星星稀少

C. 天空中星座的形状不会改变

D. 天空的星星之所以看起来会眨眼，是因为我们在透过云层看它

6. 地球南北极上空，经常出现极光，下列关于极光成因的说法正确的是（　）。

A. 在地球南北两极，磁场活动异常活跃，磁场与大气层中的气体发生作用，形成了色彩艳丽的极光

B. 地球南北两极气流活跃，气流与太阳光交互作用，摩擦放电，形成了极光

C. 来自太阳的高能粒子，在地磁作用下，聚集到南北两极，并且与大气层中的粒子冲撞产生了极光

D. 南北两极的大气层比其他地区厚，折射太阳光线的能力很强，照射到南北极区的光线大部分被折射回去，形成了极光

考点十　自然地理常识

单项选择题

1. 世界上被誉为“风车之国”的国家是（　）。
   A. 法国　B. 阿根廷　C. 芬兰　D. 荷兰
2. 我国最大的内陆盆地是（　）。
   A. 四川盆地　B. 塔里木盆地　C. 柴达木盆地　D. 准噶尔盆地
3. 北回归线是太阳在北半球能够直射到的离赤道最远的位置，其纬度值为黄赤交角，是一条纬线，大约在北纬 23° 26′ 的地方。我国被北回归线穿过的省份不包括（　）。
   A. 云南　B. 广西　C. 海南　D. 台湾
4. 下列我国淡水湖中与其所在地不相对应的是（　）。
   A. 巢湖（安徽）　B. 洞庭湖（湖南）　C. 太湖（浙江）　D. 洪泽湖（江苏）
5. 民谚有“础润而雨”的说法，这是劳动人民千百年来宝贵劳作经验的总结，它的主要科学依据体现在（　）的变化通过“础润”的形式表现出来，从而预示着天气的变化。
   A. 温度　B. 湿度　C. 气压　D. 风向

考点十一　物理常识

单项选择题

扫码观看视频

1. 发现磁铁在线圈中运动能产生电流的科学家是（　）。
   A. 西门子　B. 法拉第
   C. 爱迪生　D. 麦克斯韦
2. 海市蜃楼是光的一种（　）。
   A. 反射现象　B. 散射现象　C. 折射现象　D. 衍射现象
3. 牛顿的科学研究对人类历史和人们日常生活产生了重大影响，主要原因是他（　）。
   A. 发现了浮力定律　B. 建立了完整的力学理论体系
   C. 推翻了物种不变论　D. 创立了相对论
4. 爱因斯坦在世界科技史上的最大贡献是（　）。
   A. 量子力学理论　B. 相对论　C. 量子统计理论　D. 宇宙黑洞说
5. “苹果为什么垂直落地？为什么不向旁边、不向上而总是向着地面落下呢？我想这一定是地球吸引它的缘故。”牛顿的这一思考促使了下列哪一成果的产生？（　）
   A. 微积分　B. 力学三大定律　C. 万有引力定律　D. 自由落体定律

考点十二　化学常识

单项选择题

1. 发现元素周期律的科学家是（　）。

A. 门捷列夫　B. 道尔顿　C. 阿伏伽德罗　D. 拉瓦锡

2. 下列选项中，属于碳酸饮料所释放出来的气体是（　）。

A. 氢气　B. 二氧化碳　C. 一氧化碳　D. 氧气

3. 推翻了统治化学理论长达百年之久的燃素说，建立了以氧为中心的燃烧理论的是（　）。

A. 新西兰的卢瑟福　B. 法国的拉瓦锡　C. 俄国的门捷列夫　D. 英国的波义耳

4. 我国世界闻名的制碱专家侯德榜先生，在1942年发明了侯氏制碱法。所制得的碱除用在工业上以外，日常生活中的油条、馒头里也加入一定量的这种碱。这种碱的化学名称是（　）。

A. 碳酸钠　B. 碳酸钙　C. 硫酸镁　D. 硫化汞

5. 煤气中毒是由（　）引起的。

A. 二氧化碳　B. 一氧化碳　C. 一氧化氮　D. 二氧化氮

考点十三　生物常识

单项选择题

1. 细胞学说是19世纪自然科学三大发现之一。创立细胞学说的科学家是（　）。

A. 哈维　B. 林奈　C. 达尔文　D. 施莱登

2. DNA双螺旋结构的发现时间是（　）。

A. 1935年　B. 1937年　C. 1943年　D. 1953年

3. 营养素中，热量大且食后在胃肠道停留时间最长（有饱腹性）的是（　）。

A. 蛋白质　B. 脂肪　C. 维生素　D. 葡萄糖

4. 1914年，美国生物学家（　）创立了染色体——遗传基因理论，由此，细胞遗传学有了坚实的基础。

A. 孟德尔　B. 摩尔根　C. 德弗里斯　D. 萨顿

5. 下列关于蛋白质化学特性叙述错误的是（　）。

A. 蛋白质的组成单位是氨基酸

B. 蛋白质可以水解为脱氧核糖核酸

C. 蛋白质变性凝固过程是不可逆的

D. 组成蛋白质的基本化学元素是碳、氢、氧、氮

6. 19世纪生物学领域的两项最重大的成就是（　）。

A. 细胞学说和进化论　B. 细胞学说和血液循环理论

C. 血液循环理论和进化论　D. 进化论与微生物学说

考点十四　当代高新科学技术

单项选择题

1. 我国正在发展的全球卫星定位系统为（　）。

A. GPS系统　B. 北斗卫星导航系统

C. 伽利略卫星定位系统　D. 蓝牙技术

2. 小华的父母都因公在国外。他的班主任张老师非常想跟他的父母就像家长会那样实时交流

小华的学习情况，张老师知道可以借助网络来实现，又可避免昂贵的电话费用。您认为下列哪种工具不适合他们在线实时交流？（　）

A. 腾讯QQ　B. 网易泡泡　C. 电子邮件（E-mail）　D. MSN

3. 计算机病毒是一种（　）。

A. 特殊的计算机部件　B. 游戏软件　C. 人为编制的特殊程序　D. 生物病毒

4. 通常所称的“信息高速公路”指的是（　）。

A. 通过高速公路邮递信息　B. 特快专递

C. 局域网　D. 国家信息基础设施

5. 计算机根据运算速度、存储能力、功能强弱、配套设备等因素可划分为（　）。

A. 台式计算机、便携式计算机、膝上型计算机

B. 电子管计算机、晶体管计算机、集成电路计算机

C. 巨型机、大型机、中型机、小型机和微型机

D. 8位机、16位机、32位机、64位机

考点十五　生命科学技术

单项选择题

1. “种瓜得瓜，种豆得豆”说明生物界普遍存在着（　）。

A. 生长现象　B. 繁殖现象　C. 变异现象　D. 遗传现象

2. 下列属于 21 世纪取得的科学成就的是（　）。

A. 炎黄一号项目的成功　B. 器官移植成为常规疗法

C. 克隆羊多莉的诞生　D. 试管婴儿路易斯·布朗的诞生

3. 人类基因组草图完成的年份是（　）。

A. 1999年　B. 2000年　C. 2001年　D. 2002年

4. 遗传变异与特种演化是生物界中存在的普遍现象，这种现象产生的原因是（　）。

A. 有不同的“父母”的原因　B. 基因的重组或突变

C. 不同的生物之间的融合　D. 现在还没有确切的答案

5. 白化病是一种由常染色体上隐性基因控制的遗传病，下列关于白化病遗传规律的叙述，正确的是（　）。

A. 父母都患病，子女可能是正常人　B. 子女患病，父母可能都是正常人

C. 父母都无病，子女必定是正常人　D. 子女无病，父母必定都是正常人

第四章　文学常识

考点一　儿童文学理论基础

单项选择题

1. 西方儿童文学产生的标志是（　）。

A. 法国作家佩罗的《鹅妈妈的故事》

B. 德国格林兄弟的《格林童话》

C. 丹麦安徒生的《安徒生童话》

D. 俄罗斯克雷洛夫的《克雷洛夫寓言》

扫码观看视频

2. 中国现代儿童文学产生于（　）。

A. 17世纪～18世纪　　B. 19世纪

C. 20世纪初期　　D. 21世纪

3. 儿童文学可以分为（　）层次。

A. 2个　　B. 3个　　C. 4个　　D. 5个

4. 我国第一部创作的童话集，被鲁迅评价为“给中国的童话开了一条自己创作的路”的是（　）。

A. 《阿丽思小姐》　　B. 《南南和胡子伯伯》

C. 《皮皮鲁总动员》　　D. 《稻草人》

考点二　儿童文学的常见体裁及其代表作

单项选择题

1. “野牵牛，爬高楼；高楼高，爬树梢；树梢长，爬东墙；东墙滑，爬篱笆；篱笆细，不敢爬；躺在地上吹喇叭：嘀嘀嗒！嘀嘀嗒！”从艺术形式看，这首儿歌属于（　）。

A. 游戏歌　　B. 颠倒歌　　C. 绕口令　　D. 连锁调

2. 叶永烈是中国当代儿童科学文艺领域卓有成就的一位作家，他所创作的《圆圆和方方》是一部（　）。

A. 科学幻想小说　　B. 科学诗　　C. 科学童话　　D. 科学小品

3. 体现成人对于儿童的眼光，充满“亲切温馨”或“端庄深邃”的艺术氛围的儿童文学作品，呈示的是儿童文学的（　）。

A. 自然母题　　B. 成长母题　　C. 爱的母题　　D. 顽童母题

4. 中国第一个获得国际安徒生儿童文学作家奖提名奖的儿童文学作家是（　）。

A. 金波　　B. 洪汛涛　　C. 孙幼军　　D. 郑渊洁

5. 《阿丽思中国游记》的作者是（　）。

A. 叶圣陶　　B. 沈从文　　C. 陈伯吹　　D. 张天翼

6. 普希金在小说和童话诗等各种体裁的文学创作方面都赢得了世界性的声誉，为俄国文学和世界文学的发展做出了巨大的贡献。在普希金的诗歌创作中，童话诗占有重要的地位。下列作品不是普希金创作的童话诗的是（　）。

A. 《驴皮公主》　　B. 《渔夫和金鱼的故事》

C. 《死公主和七勇士的故事》　　D. 《鲁斯兰和柳德米拉》

考点三　上古神话、先秦文学、两汉文学

单项选择题

1. 孔子是春秋末期著名的思想家、政治家、教育家，为儒家学派的创始人，是当时社会上最

博学的学者之一，被后世统治者尊为孔圣人、至圣、万世师表等。孔子去世后，其弟子及其再传弟子把孔子及其弟子的言行语录和思想记录下来，整理编成著名的儒家学派经典《论语》。下列属于孔子言语的是（ ）。

①得道者多助，失道者寡助　②学而时习之，不亦说乎

③己所不欲，勿施于人　④不以规矩，不成方圆

A. ①②　B. ①④

C. ②③　D. ②④

扫码观看视频

2. 《汉书》是我国第一部断代史，它的编纂体例是（ ）。

A. 国别体　B. 编年体　C. 纪传体　D. 纪事本末体

3. “博士”作为官名最早出现在（ ）朝。

A. 秦　B. 汉　C. 唐　D. 宋

4. 下面选项中，不是“四书”的是（ ）。

A. 《大学》　B. 《春秋》　C. 《孟子》　D. 《中庸》

5. 下列有关文学常识的表述错误的是（ ）。

A. 我国第一部诗歌总集《诗经》，原名《诗》或《诗三百》，直到汉代以后，儒家把它奉为经典，才称为《诗经》。它开创了我国古代诗歌创作的现实主义的优秀传统

B. 《楚辞》是我国继《诗经》之后的又一部诗歌总集，是我国浪漫主义诗歌创作的源头。它是东汉刘向搜集屈原及其弟子宋玉等作家的作品编写而成的

C. 被刘知几称为“著述罕闻，古今卓绝”的《左传》是我国第一部叙事详备的编年史，也是一部杰出的历史散文著作

D. 《左传》是我国第一部叙事详备的编年体史书、历史散文，记载春秋时期的史实，富有文学性，相传作者是鲁国史官左丘明

考点四　魏晋南北朝、隋唐五代文学

单项选择题

扫码观看视频

1. 下列选项中，不是“初唐四杰”的是（ ）。

A. 孟浩然　B. 杨炯

C. 骆宾王　D. 王勃

2. 王维是盛唐时期的著名诗人，擅长的诗体是（ ）。

A. 叙事诗　B. 咏景诗　C. 山水田园诗　D. 咏物诗

3. 下列诗歌中不是李白的诗作的是（ ）。

A. 《鸟鸣涧》　B. 《秋浦歌》　C. 《望庐山瀑布》　D. 《蜀道难》

4. 唐代诗人中，有“七绝圣手”称号的是（ ）。

A. 王维　B. 刘长卿　C. 王昌龄　D. 王粲

5. 魏晋时期，第一个写五言诗的是（ ）

A. 曹植　B. 曹丕　C. 曹操　D. 陶渊明

6. 现存最早的由文人创作的完整的七言诗《燕歌行》（秋风萧瑟天气凉）的作者是（ ）。

A. 曹操　B. 曹丕　C. 曹植　D. 班固

7. 现实主义的杰作“三吏三别”的作者是诗人（ ）。
A. 李白　　B. 白居易　　C. 杜甫　　D. 岑参

8. 下列选项中，不属于东晋文学家陶渊明的作品的是（ ）。
A.《岳阳楼记》　　B.《桃花源记》　　C.《归去来兮辞》　　D.《归园田居》

考点五　宋元文学

扫码观看视频

单项选择题

1. 我国文学史上流传的佳句“但愿人长久，千里共婵娟。”出自北宋诗人（ ）。
A. 苏轼　　B. 欧阳修
C. 李商隐　　D. 柳永

2. “元曲四大家”不包括（ ）。
A. 马致远　　B. 关汉卿　　C. 郑光祖　　D. 王实甫

3. 中国古代作品《墙头马上》的作者是（ ）。
A. 王实甫　　B. 关汉卿　　C. 白朴　　D. 马致远

4. 元杂剧中的“四大爱情剧”不包括（ ）。
A.《西厢记》　　B.《窦娥冤》　　C.《倩女离魂》　　D.《墙头马上》

5. 元杂剧的“四大悲剧”不包括（ ）。
A.《倩女离魂》　　B.《汉宫秋》　　C.《梧桐雨》　　D.《赵氏孤儿》

6. 元代元贞书会的中坚人物，有“曲状元”之称的作家是（ ）。
A. 关汉卿　　B. 马致远　　C. 王实甫　　D. 张可久

考点六　明清文学

扫码观看视频

单项选择题

1. 中国古代小说的四大奇书不包括（ ）。
A.《三国演义》　　B.《红楼梦》
C.《西游记》　　D.《金瓶梅》

2. 我国第一部长篇历史章回体小说是（ ）。
A.《水浒传》　　B.《红楼梦》　　C.《西游记》　　D.《三国演义》

3. 下列有关文学常识的表述中，不正确的是（ ）。
A. 作为中国古典小说之一的演义小说，它主要以通俗的语言，依正史记载结合野史杂记及民间传说，加以深化铺陈而成，如《三国演义》
B. 神怪小说大多是写神仙怪诞之事，但其中亦蕴含着作者对现实的态度，吴承恩的《西游记》就是神怪小说的鸿篇巨作
C. 产生于明代，以描述世俗生活为主的世情小说流传下来的作品以《金瓶梅》为代表
D. 谴责小说是以暴露社会，指责政治腐败为主的批判现实主义小说，李伯元的《二十年目睹之怪现状》就是一部谴责小说的上乘之作

4. 被称为“借离合之情，写兴亡之感”的作品是（ ）。

A. 《牡丹亭》　B. 《桃花扇》　C. 《长生殿》　D. 《儒林外史》

5. 虽是描写鬼神故事，但却寄托了对现实生活的认识和评价的清代著名作家蒲松龄的作品是（　）。

A. 《聊斋志异》　B. 《神仙传》　C. 《搜神记》　D. 《官场现形记》

6. “字字写来都是血，十年辛苦不寻常”和“文不甚深，言不甚俗”分别讲的是中国古典文学中的（　）。

A. 《水浒传》和《聊斋志异》　B. 《西游记》和《聊斋志异》

C. 《儒林外史》和《三国演义》　D. 《红楼梦》和《三国演义》

考点七　近代文学

单项选择题

1. 1898年戊戌变法前后，提出了“诗界革命”“文界革命”“小说界革命”主张的是（　）。

A. 胡适　B. 王国维　C. 鲁迅　D. 梁启超

2. 王国维的“词以境界为最上，有境界则自称高格，自成名句”之言，出自他的（　）。

A. 《蕙风诗话》　B. 《艺概词典概》　C. 《人间词话》　D. 《宋元戏曲考》

3. 梁启超实践其政治理论的小说创作是（　）。

A. 《夏威夷游记》　B. 《新中国未来记》　C. 《维新梦》　D. 《新罗马》

4. 林纾运用（　）文体来翻译外国文学作品，这是他译述风格的典型特征。

A. 白话　B. 方言　C. 报章体　D. 文言

5. 曾国藩为适应新的历史变化，在桐城派所主张的“义理”“辞章”“考据”之外再加上（　），以改革散文创作。

A. “经济”　B. “文化”　C. “军事”　D. “教育”

考点八　现代文学

单项选择题

1. “为什么我的眼里常含泪水，因为我对这土地爱得深沉。”此诗句的作者是（　）。

A. 艾青　B. 郭沫若

C. 席慕容　D. 叶芝

2. 巴金的“激流三部曲”不包括（　）。

A. 《家》　B. 《春》　C. 《春蚕》　D. 《秋》

3. 下列作品中，不是鲁迅创作的是（　）。

A. 《狂人日记》　B. 《林家铺子》　C. 《阿Q正传》　D. 《祝福》

4. 《朝花夕拾》《子夜》《激流》三部曲、《白洋淀纪事》这些作品与其作者对应正确的一项是（　）。

A. 鲁迅、曹禺、茅盾、李健吾　B. 鲁迅、茅盾、巴金、孙犁

C. 郭沫若、曹禺、巴金、李健吾　D. 郭沫若、茅盾、巴金、孙犁

5. 下列选项中，不属于鲁迅作品人物形象的是（　）。

A. 鸣凤　　B. 涓生　　C. 祥林嫂　　D. 孔乙己

6. 被称为中国现代儿童文学的开拓者和创建者的是（　），他在 1923 年发表的童话集《稻草人》是我国有史以来作家创作的第一部童话集，被誉为中国儿童文学觉醒的一个标志。

A. 张天翼　　B. 叶圣陶　　C. 茅盾　　D. 严文井

考点九　当代文学

单项选择题

扫码观看视频

1. 中国首位获国际安徒生儿童文学提名奖的童话作家是（　）。

A. 陈伯吹　　B. 周锐

C. 孙幼军　　D. 金波

2. 1951 年荣获“人民艺术家”称号的作家是（　）。

A. 巴金　　B. 茅盾　　C. 老舍　　D. 鲁迅

3. 创造了“长袜子皮皮”形象的儿童文学作家是（　）。

A. 郑渊洁　　B. 洪汛涛　　C. 罗大里　　D. 林格伦

4. 2008 年在第七届“茅盾文学奖”的四部获奖作品中，只有一部作品不是以乡村的现状和历史为主题的，这部作品是（　）。

A. 贾平凹的《秦腔》　　B. 周大新的《湖光山色》

C. 麦家的《暗算》　　D. 迟子建的《额尔古纳河右岸》

5. 莫言的成名作是（　）。

A. 《透明的红萝卜》　B. 《红高粱》　　C. 《白狗秋千架》　　D. 《檀香刑》

考点十　外国古代文学和中世纪文学

单项选择题

扫码观看视频

1. 古代希腊是西方文明发源地。下列著作中可以用来研究早期希腊社会的是（　）。

A. 《汉谟拉比法典》　　B. 《马可·波罗游记》

C. 《天方夜谭》　　D. 《荷马史诗》

2. 《神曲》的主要内容取材于（　）。

A. 历史　　B. 神话传说　　C. 《圣经》　　D. 意大利现实生活

3. 被称为“古希腊悲剧之父”的是（　）。

A. 埃斯库罗斯　　B. 索福克勒斯　　C. 欧里庇得斯　　D. 赫拉克勒斯

4. 柏拉图的代表作品是（　）。

A. 《理想国》　　B. 《伊安篇》　　C. 《诗学》　　D. 《诗艺》

5. 王华同学的电脑中了“木马”病毒，经常无故黑屏。这里的木马和下列著作中提到的“特洛伊木马”有关联的是（　）。

A. 《伊利亚特》　　B. 《奥德赛》

C. 《俄狄浦斯王》　D. 《被缚的普罗米修斯》

6. 下列的（　）是阿拉伯的民间故事集。

A. 《格林童话》　B. 《伊索寓言》　C. 《一千零一夜》　D. 《五卷书》

考点十一　文艺复兴时期和17、18世纪的文学

单项选择题

扫码观看视频

1. 莫里哀是法国17世纪伟大的剧作家，下面关于莫里哀的叙述中，不正确的是（　）。

A. 在法国，莫里哀代表着“法兰西精神”

B. 莫里哀是法国芭蕾舞喜剧的创始人

C. 莫里哀是法国享誉世界的著名悲剧作家

D. 《伪君子》是莫里哀杰出的代表作之一

2. 莎士比亚四大悲剧不包括（　）。

A. 《李尔王》　B. 《罗密欧与朱丽叶》

C. 《哈姆雷特》　D. 《奥赛罗》

3. 莎士比亚四大喜剧不包括（　）。

A. 《仲夏夜之梦》　B. 《第十二夜》　C. 《亨利八世》　D. 《皆大欢喜》

4. 下列不属于法国启蒙时期的作家的是（　）。

A. 伏尔泰　B. 卢梭　C. 孟德斯鸠　D. 歌德

5. 哥特式小说是18世纪末在英国出现的一种凶杀小说，其代表作是（　）。

A. 贺瑞斯·华尔波尔的《奥特朗图堡》和拉德克里芙的《渥多尔弗的秘密》

B. 布莱克的《经济之歌》和《天真之歌》

C. 瓦尔蒲的《奥特朗图堡》

D. 布莱克的《经济之歌》

6. 普希金被高尔基称为“伟大的俄国文学之始祖”，以下作品中属于普希金诗体小说的是（　）。

A. 《上尉的女儿》　B. 《希腊孩子》

C. 《驿站长》　D. 《叶甫盖尼·奥涅金》

7. 下列著作在1986年均被法国的《读书》杂志推荐为理想藏书。关于这三部书相对应的表述完全正确的一组是（　）。

A. 诗歌、剧本、散文

B. 彼特拉克、曹雪芹、达尔文

C. 倡导人文主义、反对封建礼教、阐述自然选择

D. 抨击世俗王权、叙述爱情悲剧、挑战教会神学

考点十二　19世纪初期的欧洲文学

单项选择题

1. 雨果晚年描写法国资产阶级大革命的最重要的长篇小说是（　）。

A. 《悲惨世界》
B. 《海上劳工》
C. 《九三年》
D. 《笑面人》

扫码观看视频

2. 著名诗句“如果冬天来了，春天还会远吗？”的作者是（　）。
A. 叶芝
B. 拜伦
C. 雪莱
D. 济慈

3. 下列不属于19世纪欧洲浪漫主义文学的作家是（　）。
A. 拜伦　B. 雨果　C. 缪塞　D. 司汤达

4. 下列属于亚历山大·大仲马的作品是（　）。
A. 《私生子》　B. 《金钱问题》　C. 《基督山伯爵》　D. 《半上流社会》

5. 曾说过“拿破仑用剑没有办到的，我要用笔来完成”的法国批判现实主义大师是（　）。
A. 巴尔扎克　B. 雨果　C. 托尔斯泰　D. 司汤达

考点十三　19世纪中期的欧美文学

单项选择题

1. 夏洛蒂·勃朗特的代表作是（　）。
A. 《玛丽·巴顿》　B. 《双城记》　C. 《简·爱》　D. 《呼啸山庄》

2. 《呼啸山庄》的作者是（　）。
A. 简·奥斯汀　B. 夏洛蒂·勃朗特　C. 艾米莉·勃朗特　D. 盖斯凯尔夫人

3. 下列选项中不属于法国批判现实主义作家的是（　）。
A. 萨克雷　B. 福楼拜　C. 司汤达　D. 巴尔扎克

4. 普希金是俄国浪漫主义文学的重要代表。他的作品中被誉为“俄罗斯生活的百科全书”的是（　）。
A. 《叶甫盖尼·奥涅金》
B. 《彼得大帝的黑奴》
C. 《黑桃皇后》
D. 《茨冈人》

5. 下列说法正确的是（　）。
A. 莫泊桑是英国批判现实主义作家
B. 《人间喜剧》是巴尔扎克的短篇小说
C. 小仲马的代表作有《茶花女》
D. 亚里士多德是古希腊著名的剧作家

6. 被英国《不列颠百科全书》称为“把荒诞文学提高到了最高的水平”的是英国童话作家卡罗尔创作的（　）。
A. 《爱丽丝漫游奇境记》
B. 《夏洛的网》
C. 《骑鹅旅行记》
D. 《木偶奇遇记》

考点十四　19世纪后期的欧美文学

单项选择题

1. 以短篇小说创作著称的是（　）。
A. 巴尔扎克　B. 普希金　C. 托尔斯泰　D. 莫泊桑

2. 欧洲现代戏剧的创始人，有“现代戏剧之父”之称的是（　）。

A. 海明威　B. 歌德　C. 易卜生　D. 卢梭

3. 下列长篇小说不是列夫·托尔斯泰创作的是（　）。

A. 《父与子》　B. 《复活》

C. 《战争与和平》　D. 《安娜·卡列尼娜》

4. 美国建国后第一位获得国际声誉的作家，有“美国文学之父”之称的是（　）。

A. 欧·亨利　B. 华盛顿·欧文　C. 惠特曼　D. 库柏

5. 《玩偶之家》的基本主题是（　）。

A. 妇女解放

B. 解释小资产阶级人物的不幸

C. 批判小资产阶级的庸俗习气

D. 追求幸福美满的家庭生活

考点十五　20世纪的文学

单项选择题

扫码观看视频

1. 苏联作家奥斯特洛夫斯基描写的一部革命战争长篇小说在 20 世纪影响了许多中国人。这部作品是（　）。

A. 《童年》　B. 《钢铁是怎样炼成的》

C. 《战争与和平》　D. 《列宁》

2. 高尔基的自传三部曲不包括（　）。

A. 《童年》　B. 《在人间》　C. 《少年》　D. 《我的大学》

3. 下列选项中不属于欧·亨利的作品是（　）。

A. 《最后一片藤叶》　B. 《麦琪的礼物》

C. 《小公务员之死》　D. 《警察与赞美诗》

4. 在《老人与海》中，海明威着力刻画的“硬汉”形象是（　）。

A. 杰克　B. 亨利　C. 曼诺林　D. 圣地亚哥

5. 文学史上第一个“多余人”的形象出自（　）作品？

A. 普希金的《叶甫盖尼·奥涅金》　B. 莱蒙托夫的《当代英雄》

C. 莫里哀的《悭吝人》　D. 雨果的《巴黎圣母院》

6. 海勒的《第二十二条军规》是（　）。

A. 19世纪中期在法、英等国流行的唯美化流派的代表作

B. 黑色幽默文学的代表作

C. 20世纪中叶魔幻现实主义的代表作

D. 存在主义的代表作

7. 以下选项中，作品全部出自美国作家之手的是（　）。

A. 《悲惨世界》《了不起的盖茨比》《百年孤独》

B. 《飞鸟集》《草叶集》《静静的顿河》

C. 《飘》《红字》《汤姆叔叔的小屋》

D. 《瓦尔登湖》《海底两万里》《堂·吉诃德》

第五章　艺术鉴赏常识

考点一　中外艺术成就概览（一）

单项选择题

1. 被称为“书圣”的是（　）。
   A. 王羲之　　B. 欧阳询　　C. 苏轼　　D. 颜真卿
2. 世界著名雕塑《思想者》的作者是（　）。
   A. 米开朗琪罗　　B. 罗丹　　C. 毕加索　　D. 米隆
3. 钟楼是（　）的标志性建筑。
   A. 美国　　B. 法国　　C. 英国　　D. 德国
4. 下列有关中国山水画的表述不正确的是（　）。
   A. 山水画是以自然风景为主要表现对象的中国传统画类
   B. 山水画只呈现自然景观而不表现人物形象
   C. 山水画不仅表现了自然美，也体现了中国人的审美观
   D. 山水画的特点是创作出形神一致、情景交融的意境

扫码观看视频

5. 下列选项中，作者与其代表作的对应关系不正确的是（　）。
   A. 黄公望——《富春山居图》　　B. 拉斐尔——《西斯廷圣母》
   C. 高更——《亚威农少女》　　D. 张择端——《清明上河图》

考点二　中外艺术成就概览（二）

单项选择题

1. 《天仙配》中“董永与七仙女”的故事流传久远，也是最生动感人的民间神话传说之一。《天仙配》在戏曲类型上原属于（　）。
   A. 京剧　　B. 黄梅戏　　C. 昆曲　　D. 川剧
2. 下列音乐家跟作品搭配正确的是（　）。
   A. 巴赫——《魔笛》　　B. 贝多芬——《田园》
   C. 莫扎特——《马太受难曲》　　D. 肖邦——《魔王》
3. 被称为巴西的国舞的是（　）。
   A. 探戈　　B. 桑巴　　C. 芭蕾　　D. 恰恰
4. 中国内地第一部获得柏林国际电影节“金熊奖”的电影是（　）。
   A. 《本命年》　　B. 《霸王别姬》　　C. 《一个都不能少》　　D. 《红高粱》
5. 下列关于文化艺术的表述不正确的是（　）。
   A. 芭蕾舞起源于意大利，兴盛于法国
   B. 印象派绘画的代表人物有莫奈、马奈、梵高等
   C. 北宋时期的文人画多以山水、花鸟为主要内容
   D. 中国传统的弹拨乐器有古筝、扬琴、琵琶、马头琴等

扫码观看视频

分章习题参考答案及解析（模块四）

第一章　中国传统文化常识

考点一　天文历法

1. 【答案】A。【解析】《甘石星经》是世界上最早的天文学著作。在长期观测天象的基础上，战国时期的楚人甘德、魏人石申各写出一部天文学著作，后人把这两部著作合起来，称为《甘石星经》。

2. 【答案】A。【解析】在中国的农历历法中，每个月的第一天为朔日，第十五天为望日，第十六天为既望，最后一天为晦日。

3. 【答案】B。【解析】天干地支，简称“干支”。在中国古代的历法中，甲、乙、丙、丁、戊、己、庚、辛、壬、癸被称为“十天干”，子、丑、寅、卯、辰、巳、午、未、申、酉、戌、亥被称为“十二地支”。

4. 【答案】B。【解析】第一步：先将天干进行编码：甲、乙、丙、丁、戊、己、庚、辛、壬、癸，分别对应4、5、6、7、8、9、0、1、2、3。凡是公元后某年的最后一位数字（个位数）是“4”，那么该年的天干就是“甲”；“5”就是“乙”；以此类推。第二步：将地支进行编码：子、丑、寅、卯、辰、巳、午、未、申、酉、戌、亥，分别对应4、5、6、7、8、9、10、11、0、1、2、3。把公元某年的数字除以12，余数为“4”，那么该年的地支就是“子”；余数为“5”就是“丑”；以此类推。第三步：将天干、地支合在一起，就是公元某年的干支纪年。如1900年，最后一位数字是“0”，天干为“庚”，将1900除以12，余数为“4”，地支为“子”，那么公元1900年就是庚子年。

5. 【答案】D。【解析】白露节气是在秋季。

6. 【答案】D。【解析】“处”为“结束”的意思，“处”即二十四节气中的“处暑”，意为夏天即将结束。

7. 【答案】B。【解析】寒食是晋文公为了纪念其救命恩人介子推而专门设置的节日，所以B选项说法与历史不符。

8. 【答案】D。【解析】日食指月球运动到太阳和地球中间，如果三者正好处在一条直线，月球就会挡住太阳射向地球的光，月球身后的黑影正好落到地球上，这时发生日食现象，而非地球挡住了太阳的光线。

考点二　山水地理

1. 【答案】B。【解析】中国佛教四大名山有山西五台山、浙江普陀山、四川峨眉山、安徽九华山，分别供奉文殊菩萨、观音菩萨、普贤菩萨、地藏菩萨。

2. 【答案】B。【解析】五岳分为东岳泰山，南岳衡山，西岳华山，北岳恒山，中岳嵩山。泰山以五岳独尊名扬天下，为中国十大名山之首。

3. 【答案】D。【解析】古代以山南、水北为阳，以山北、水南为阴。

4. 【答案】A。【解析】“六朝胜地、十代都会”指的是南京。

5. 【答案】A。【解析】阳关：在今甘肃敦煌西南方向，原指古代经过阳关通向西域的大道，古代通往西域的必经关口。

考点三 风俗礼仪

1. 【答案】D。【解析】人们把重阳节登高的风俗看作是免灾避祸的活动。另外，在中原人的传统观念中，双九还是生命长久、健康长寿的意思，所以后来重阳节被称为老人节。

2. 【答案】C。【解析】端午节有吃粽子，喝雄黄酒，挂菖蒲、蒿草、艾叶，薰苍术、白芷，赛龙舟的习俗。

3. 【答案】D。【解析】端午节有吃粽子，喝雄黄酒，挂菖蒲、蒿草、艾叶，薰苍术、白芷，赛龙舟的习俗。

4. 【答案】C。【解析】桃符，指旧时门旁所设的两块桃木板，画着神荼、郁垒二神，据说有镇邪的效用。新桃换旧符的意思就是更换桃符。

5. 【答案】D。【解析】这两句诗出自唐代诗人崔国辅的《九月九日》，描写重阳节人们赏菊饮酒的景象。

6. 【答案】D。【解析】端午节的名称在我国所有传统节日中叫法最多，达二十多种，堪称节日别名之最。如有端五节、端阳节、重五节、重午节、天中节、夏节、五月节、菖节、蒲节、龙舟节、屈原日、浴兰节、午日节、女儿节、地腊节、诗人节、龙日、午日、灯节、五蛋节等。

7. 【答案】C。【解析】杜康，相传是古代最初造酒的人。这里是酒的代称。

第二章 历史常识

考点一 先秦

1. 【答案】A。【解析】春秋五霸，指齐桓公、宋襄公、晋文公、秦穆公和楚庄王。

2. 【答案】D。【解析】秦、齐、楚、燕、韩、赵、魏，这七个国家被历史学家称作“战国七雄”。

3. 【答案】D。【解析】诸侯源自分封制，最迟可以追溯到西周时期。周朝在保证周王室强大的前提下，将宗族姻亲功臣及殷商降族分派到各地，广建封国，以达到“封建亲戚，以藩屏周”的目的。

4. 【答案】B。【解析】在我国的河南安阳县内曾发现大量的殷商时期的甲骨文，使我国有文字记载的历史可以向前推到商代中后期。

5. 【答案】B。【解析】我国境内发现最早的人类是元谋人。发现地址在云南省元谋县，据测定元谋人生活在约170万年前。他们的发现揭开了中国历史的第一页。

考点二 秦、汉

1. 【答案】A。【解析】秦代为了加强中央集权制而采取的措施有：在中央设立三公九卿制，统一文字，统一度量衡、货币，统一国轨，修驰道，焚书坑儒，销毁兵器等。

2. 【答案】C。【解析】秦始皇统一六国后，推行“书同文，车同轨”的政策，由宰相李斯负责。在秦国原来使用的大篆的基础上进行简化，取消其他六国的异体字，创造了一种统一的文字汉字书写形式，这种汉字书写形式叫作小篆，也称“秦篆”。

3. 【答案】C。【解析】大学是汉代出现的设在京师的全国最高教育机构，始设于西汉时期汉武帝元朔五年。

4. 【答案】C。【解析】“铜车马”是秦始皇陵的大型陪葬铜车马模型，于1980年出土于我国陕西省西安市临潼区秦始皇陵坟丘西侧。

5. 【答案】B。【解析】“焚书坑儒”实质是大兴文字狱，镇压一批思想文化上的反对派，主要目的是在思想上控制整个社会，同时在原东方六国的士人面前树立秦始皇至高无上的权威，铲除思想文化上的反秦根源。

考点三　魏晋南北朝

1. 【答案】A。【解析】官渡之战，是东汉末年“三大战役”之一，在此战役中，曹操打败了北方最强大的袁绍势力，奠定了统一北方的基础。

2. 【答案】C。【解析】根据“卑己尊人”的传统美德，刘备称呼自己时应称呼“名”，即“备”，排除B、D选项；“操”应当属于曹操的自称，排除A选项。故本题应选择C选项。

3. 【答案】A。【解析】官渡之战是曹操统一中原的战役，三顾茅庐是三分天下的开端，七擒孟获是三分天下之后发生的事。

4. 【答案】C。【解析】三国时期，东吴能武不能文的武将吕蒙听从孙权的劝告，发奋读书，一段时间后，都督鲁肃来视察吕蒙的防地，吕蒙就对蜀防备的事情讲得有条有理，还写了份建议书给鲁肃，鲁肃很惊讶，于是，吕蒙对鲁肃道：“士别三日，当刮目相待”。

5. 【答案】D。【解析】“胡人汉服”“汉人胡食”反映了汉族与少数民族在生活习惯上的互相影响，主要是因为北魏孝文帝改革促进了北方的民族融合。

考点四　隋、唐

1. 【答案】A。【解析】隋朝建造的大运河，促进了南北经济文化交流。赵州桥也建于隋朝，但并没有促进南北经济文化交流，排除 B 选项，长城建于秦朝，排除 C 选项，故宫建于明朝，排除 D 选项。

2. 【答案】B。【解析】科举考试制度正式创建于隋炀帝时期。

3. 【答案】B。581 年隋朝建立，定都长安，589 年隋朝吞并南朝最后一个朝代“陈”，统一了整个天下。

4. 【答案】B。【解析】“政启开元，治宏贞观”的含义是赞扬武则天不仅发展了唐太宗的贞观之治，又为唐玄宗的开元盛世奠定了基础。

5. 【答案】C。【解析】黄巢起义是导致唐朝最终灭亡的原因，安史之乱是唐朝由盛转衰的标志。

考点五 宋、元

1. 【答案】D。【解析】题干所述的“杯酒释兵权”讲的是宋太祖赵匡胤的故事。

2. 【答案】C。【解析】宋朝著名书院有：岳麓书院、白鹿洞书院、嵩阳书院、应天书院、茅山书院等。

3. 【答案】C。【解析】《资治通鉴》是我国历史上第一部编年体通史，由北宋名臣、史学家司马光编纂而成。

4. 【答案】A。【解析】陈桥兵变，是赵匡胤发动的取代后周、建立宋朝的兵变事件，此典故又称黄袍加身。

5. 【答案】B。【解析】契丹族建立的政权是辽，澶渊之盟是北宋与辽经过多次战争后所缔结的一次盟约。此后，宋、辽在百余年间不再有大规模的战事，礼尚往来，通使殷勤。

考点六 明、清

1. 【答案】C。【解析】清朝大兴文字狱，是为了加强对文人思想上的控制，巩固封建君主专制统治，是中国封建社会衰落的标志之一。

2. 【答案】C。【解析】郑和下西洋体现了明朝对外相互尊重、和平共处、平等互利、以德服人的友好作风。

3. 【答案】B。【解析】渥巴锡，是清代卫拉特蒙古的土尔扈特部首领，他因不堪忍受沙俄的统治，率部东归，于1771年归顺清朝。

4. 【答案】A。【解析】设立厂卫特务机构（锦衣卫、东厂、西厂）是明朝君主专制加强的重要体现，皇帝通过宦官直接控制这些机构。明朝后期，厂卫特务机构成为宦官弄权的重要工具。

5. 【答案】C。【解析】1727年，清政府设置驻藏大臣，与达赖班禅共同管理西藏事务。A选项，市政院是清朝时期掌管全国佛教事宜和藏族地区军政事务的中央机关；B选项，达赖喇嘛是西藏佛教的宗教领袖之一，不是清政府为管理西藏事务而设立的，D选项，伊犁将军是清朝乾隆皇帝平定准部、回部之后设立的新疆地区最高军政长官。

考点七 列强的侵略和中国人民的抗争

1. 【答案】D。【解析】圆明园焚毁于1860年的八国联军侵华战争。

2. 【答案】D。【解析】1895年，清政府与日本政府签订的《马关条约》规定，开放杭州、苏州、重庆、沙市为商埠，并允许日本在通商口岸开设工厂。题干所述的“日本人在杭州开设工厂”即为该条约签订之后。

3. 【答案】A。【解析】1840年6月到1842年8月，英国政府以保护鸦片贸易为借口，发动了对华侵略战争——鸦片战争。鸦片战争和战后一系列不平等条约的签订是中国半殖民地半封建社会的开端。

4. 【答案】B。【解析】道光二十年（1840年），中英鸦片战争爆发，中国战败，被迫签订《南京条约》。《南京条约》中规定，将香港岛割让给英国。即本题中所指的“土地”为香港岛。

5. 【答案】C。【解析】1895 年日本强迫清政府签订中日《马关条约》，条约规定割辽东半岛、台湾、澎湖列岛给日本。《马关条约》签订的消息传来，台湾人民集会示威，发誓“愿人人战死而失台，决不愿拱手而让台”。

考点八　近代化的艰难起步

1. 【答案】B。【解析】新文化运动是一次空前的思想解放运动，它宣扬的核心内容是民主与科学。

2. 【答案】B。【解析】中国近代洋务运动的代表人物是李鸿章、曾国藩。洋务运动中，李鸿章与曾国藩二人分别创办了当时最大的军事工业和最早的现代军事工业。

3. 【答案】C。【解析】1911年，辛亥革命结束了中国长达两千年之久的君主专制制度。

4. 【答案】D。【解析】“中华民国”成立后，“中国”才作为我国国名第一次出现。

5. 【答案】D。【解析】1914年～1918年中国民族工业得到发展的原因有：辛亥革命对封建制度的冲击；第一次世界大战，西方几个主要帝国主义国家忙于交战，暂时放松了对中国的侵略。

考点九　新民主主义革命的兴起

1. 【答案】C。【解析】五四运动是中国由旧民主主义革命向新民主主义革命过渡的转折点。

2. 【答案】A。【解析】新民主主义革命的对象与旧民主主义革命的对象都是反帝反封建，而指导思想与革命前途的不同源于领导者的不同，旧民主主义革命的领导者是以孙中山为代表的国民党人，新民主主义革命的领导者是以毛泽东为代表的共产党人。故区别新民主主义革命与旧民主主义革命的根本标准是革命领导权不同。

3. 【答案】A。【解析】太平天国运动、维新运动、辛亥革命等革命运动失败的根本原因是没有先进阶级的科学革命理论作指导。

4. 【答案】B。【解析】1919年，巴黎和会决定将德国在山东的权益转让给日本的消息传来后，中国爆发了爱国救亡的五四运动。

5. 【答案】A。【解析】北伐战争时期，吴佩孚、孙传芳、张作霖是当时三股最大的军阀势力，是被北伐的对象。而冯玉祥是当时北伐战争的支持者。

考点十　抗日战争

1. 【答案】B。【解析】揭开中国全面抗战序幕的是 1937 年的卢沟桥事变，“九一八”事变是日本帝国主义侵华战争的开端，台儿庄战役与平型关战役是抗日战争全面爆发之后发生的战役。

2. 【答案】D。【解析】中国共产党领导全国人民抗战的中心是陕甘宁边区，那里是抗战中建立的第一块敌后抗日根据地，也是中共中央和八路军总部的所在地。

3. 【答案】D。【解析】淞沪会战，是 1937 年 8 月 13 日至 11 月 12 日中国军队抗击侵华日军进攻上海的战役，又称作“‘八一三’淞沪战役”。

4. 【答案】A。【解析】武汉会战发生于 1938 年 6 月至 10 月；淞沪会战发生于 1937 年 8 月 13 日；徐州会战发生于 1938 年 1 月至 5 月；太原会战发生于 1937 年 9 月至 11 月；枣庄会战发生于 1940 年 5 月。时间先后顺序依次为：淞沪会战、太原会战、徐州会战、枣庄会战，即②④③①⑤。

5. 【答案】D。【解析】在抗日战争的初期和中期，游击战被提到了战略地位，具有全局性的意义。在战略相持阶段，敌后游击战则成为主要的抗日作战形式，游击战还为人民军队进行战略反攻创造了条件。

考点十一　解放战争

1. 【答案】A。【解析】辽沈战役于 1948 年 9 月 12 日发生，淮海战役是 1948 年 11 月 6 日发生，平津战役于 1948 年 11 月 29 日发生。故“三大战役”发生的先后顺序是：辽沈战役——淮海战役——平津战役。

2. 【答案】A。【解析】抗日战争胜利以后，为了尽力争取国内和平，中国共产党和国民党举行了重庆谈判，签署了《双十协定》。

3. 【答案】C。【解析】平津战役中，通过谈判，傅作义接受了毛泽东提出的“八项和平条件”，率部接受和平改编。1949 年 1 月 31 日，平津战役胜利结束，人民解放军进驻北平城，北平宣告完全解放。

4. 【答案】C。【解析】联系当时背景，蒋介石为了给发动内战争取时间，三次电邀毛泽东去重庆。当时的毛泽东参加重庆谈判首要目的就是争取和平，避免内战。

5. 【答案】B。【解析】抗战胜利后，经过将近百年之久被奴役和战乱折磨的广大民众，强烈要求国共携手，实现和平、民主。

考点十二　中国现代史

1. 【答案】B。【解析】中华人民共和国的成立开辟中国历史新纪元，使中国结束 100 多年来被侵略、被奴役的屈辱历史，真正成为独立自主的国家。

2. 【答案】D。【解析】中国共产党第十一届三中全会做出了实行改革开发的新决策，开启了农村改革的新进程。

3. 【答案】D。【解析】2008 年在北京举办了第 29 届夏季奥运会。

4. 【答案】D。【解析】“中国特色社会主义”是邓小平在中国共产党第十二次全国人民代表大会上提出的。

5. 【答案】D。【解析】1956 年年底，三大改造的基本完成，标志着我国社会主义制度的建立，我国从此进入社会主义初级阶段。

考点十三　四大文明古国

1. 【答案】D。【解析】四大文明古国分别为：古埃及、古巴比伦、古印度和中国。

2. 【答案】A。【解析】金字塔分布在尼罗河两岸，古埃及分为上埃及和下埃及，今苏丹和埃及境内。

3. 【答案】A。【解析】世界古代史上的“两河流域”是指幼发拉底河流域和底格里斯河流域。

4. 【答案】D。【解析】印度的种姓制度将社会分为四个不同等级，分别为：婆罗门、刹帝利、吠舍和首陀罗。

5. 【答案】B。【解析】古印度的种姓制度把社会分为婆罗门、刹帝利、吠舍、首陀罗四个等级，婆罗门代表掌管宗教的祭司，刹帝利代表军事贵族和行政贵族，吠舍代表雅利安人的自由平民阶层，首陀罗代表从事最低贱的职业的人。胡天和汉谟拉比是国王，掌管军事和行政大权，所以属于第二等级——刹帝利。

考点十四　资本主义的兴起

1. 【答案】B。【解析】新航路的开辟沟通了欧、亚、非、美四大洲，把世界连成一个整体并促进各国之间的经济文化交流。

2. 【答案】C。【解析】新航路开辟以后，欧洲的经济中心转移到大西洋沿岸，促进了经济的发展，而经济的发展无法满足日益扩大的市场需求，由此便引发了第一次工业革命。

3. 【答案】B。【解析】恒河是印度的主干河流，而泰晤士河为流经英国伦敦的主要河流。从印度汲取财富，转移到英国，描述了英国在印度进行的殖民掠夺。

4. 【答案】C。【解析】16世纪～19世纪中期，因为欧洲的殖民统治，美洲的劳动力锐减，为了补充劳动力，美洲人民以金银和工业原料从欧洲殖民者手中买入黑人奴隶，因为这种贸易的路线是三角，故称为三角贸易。

5. 【答案】D。【解析】达·伽马到达印度是1498年，迪亚士到达好望角是1487年，哥伦布首航美洲是1492年，麦哲伦环球航行开始于1521年。故按时间顺序依次为：迪亚士到达好望角、哥伦布首航美洲、达·伽马达到印度、麦哲伦环球航行，即②③①④。

考点十五　西方人文主义精神的发展

1. 【答案】D。【解析】15世纪后期至16世纪前半期，意大利文艺复兴运动达到鼎盛，出现了“美术三杰”：达·芬奇、米开朗琪罗和拉斐尔。

2. 【答案】A。【解析】但丁、彼特拉克、薄伽丘，被称为“文艺复兴三颗巨星”，也称为“文坛三杰”（文艺复兴前三杰）。

3. 【答案】A。【解析】但丁（公元1265年～公元1321年）是意大利文艺复兴的先驱。

4. 【答案】D。【解析】文艺复兴运动的核心思想是人文主义，提出以人为中心而不是以神为中心，肯定人的价值和尊严。

5. 【答案】B。【解析】彼特拉克是文艺复兴时期第一个人文主义者，被称为“文艺复兴之父”。

考点十六　资本主义政治制度的确立

1. 【答案】A。【解析】华盛顿成功领导北美独立战争，促成了1787年宪法的制定和实施，开创了总统主动让权的先例，在他去世后，他昔日的革命战争伙伴、国会议员哈瑞·李称赞说：“他是一个公民，他是战争中的第一人，也是和平时代的第一人，也是他的同胞们心目中的第一人。”

2. 【答案】A。【解析】《独立宣言》于1776年7月4日，由第二次大陆会议批准，宣布美利坚合众国独立的宣言，这一天后来成为美国独立纪念日。

3. 【答案】B。【解析】日本的明治维新改变了其封建落后状况，使日本走上了发展资本主义的道路。

4. 【答案】C。【解析】1815年6月18日发生的滑铁卢战役是拿破仑一世的最后一战，拿破仑战败后被放逐，拿破仑帝国也走向了结束。

5. 【答案】A。【解析】《权利法案》是英国资产阶级革命中的重要法律文件，奠定了英国君主立宪政体的理论和法律基础，标志着君主立宪制开始在英国建立，为英国资本主义的迅速发展扫清了道路。

考点十七　资本主义经济制度的发展

1. 【答案】C。【解析】美国的莱特兄弟是人类历史上第一架动力飞机的设计师，他们为开创现代航空事业做出了不巧的贡献。

2. 【答案】D。【解析】内燃机的发明是第二次工业革命中应用技术的又一项重大成果。它促进了交通工具的改进、发展和革新，解决了交通工具发动机的问题。

3. 【答案】C。【解析】第一次技术革命的标志——蒸汽机的发明与使用；第二次工业技术革命的标志——电力的发明与应用；第三次科学技术革命的标志是——以信息、生物、材料、空间、海洋、能源为主导的高科技发展与应用。

4. 【答案】C。【解析】电话的发明者是英国人亚历山大·贝尔。

5. 【答案】C。【解析】电脑是第三次工业革命的发明成果。

考点十八　无产阶级革命运动与被压迫民族的斗争

1. 【答案】A。【解析】马克思主义哲学的产生是哲学史上的伟大变革。

2. 【答案】C。【解析】《共产党宣言》的发表标志着马克思主义的诞生。

3. 【答案】C。【解析】巴黎公社是世界上第一个工人阶级政权，是工人阶级建立政权的一次伟大尝试。

4. 【答案】B。【解析】玻利瓦尔领导了南美解放运动，被誉为“南美的解放者”。

5. 【答案】A。【解析】巴黎公社是世界上第一个工人阶段政权，其创举主要表现在废除了旧的军队，警察、法庭等，建立了新的国家机构。

考点十九　第一次世界大战及战后世界

1. 【答案】A。【解析】1914年6月28日的萨拉热窝事件是第一次世界大战的导火线。

2. 【答案】C。【解析】俄国十月革命胜利是人类历史上第一次获得胜利的社会主义革命；它把社会主义理论变为现实，世界上第一个社会主义国家也由此诞生。

3. 【答案】D。【解析】雅尔塔体系与凡尔赛—华盛顿体系的相同点是二者都是在世界大战后产生的。凡尔赛—华盛顿体系产生于第一次世界大战之后，雅尔塔体系产生于第二次世界大战之后。

4. 【答案】D。【解析】凡尔登战役是一战时期德国在西线发动的历史最长、规模最大、伤亡人数最多的战役。该战役共造成100多万人伤亡，此役又被称作“凡尔登绞肉机”。

5. 【答案】D。【解析】巴黎和会上协约国先后同德国、奥地利、保加利亚、匈牙利、土耳其签订一系列和约，这些和约构成了所谓的“凡尔赛体系”。其中最主要的是“对德和约”，即《凡尔赛和约》。

考点二十　资本主义世界经济大危机和第二次世界大战

1. 【答案】A。【解析】罗斯福新政，是指1933年富兰克林·罗斯福就任美国总统后所实行的一系列经济政策，新政以增加政府对经济直接或间接干预的方式大大缓解了经济大萧条所带来的经济危机与社会矛盾。

2. 【答案】B。【解析】法国属于同盟国。

3. 【答案】A。【解析】1939年9月1日德国入侵波兰，第二次世界大战全面爆发。

4. 【答案】B。【解析】本题中所说的“感冒”是指1929年～1933年发生的资本主义世界经济危机，美国应对此“感冒”的方式是采取“罗斯福新政”。

5. 【答案】A。【解析】1942年1月1日，26个国家在华盛顿签署了《联合国家宣言》，标志着国际反法西斯同盟正式建立。

考点二十一　两极格局下的世界

1. 【答案】A。【解析】1947年3月，杜鲁门提出要以“遏制共产主义”作为国家政治意识形态和对外政策的指导思想，后被称为“杜鲁门主义”，它的出台标志着美苏“冷战”的开始。

2. 【答案】D。【解析】1955年5月八国在华沙缔结了《华沙条约》，规定了集体防御的原则。随即又根据这一条约，建立了华沙条约组织。这样，战后以美苏为首的两大军事政治集团相对峙的两极格局便形成了。

3. 【答案】D。【解析】战争过程中，美苏是盟国，可战后两国同盟关系破裂。其他选项不存在“分裂”现象。

4. 【答案】C。【解析】“二战”后以美国为首的资本主义国家对以苏联为首的社会主义国家实行“冷战”，最先出笼的是“杜鲁门主义”，即推行“冷战”政策的第一位美国总统是杜鲁门。

5. 【答案】D。【解析】“二战”后，在雅尔塔体系基础上，出现了以美苏两国为主导的两极格局，他们重新划分势力范围只是表面现象，实际上这体现了两种社会制度的对抗和在世界范围内的争霸。

考点二十二　当今世界的政治经济格局

1. 【答案】D。【解析】A选项，杜鲁门主义的提出标志两极格局下“冷战”正式开始；B选项，欧共体的成立表明两极格局下欧洲走向联合；C选项，马歇尔计划的提出表明两极格局下美国冷战政策经济上的措施；D选项，苏联的解体标志着两极中的一极坍塌，世界格局向多极化方向发展。

2. 【答案】D。【解析】欧盟是世界上最有力的国际组织和世界上第一大经济实体，在贸易、农业、金融等方面趋近于一个统一的联邦国家，而在内政、国防、外交等其他方面则类似是多个独立国家所组成的同盟。

3. 【答案】C。【解析】题干所述内容属于美国经济学家查尔斯·金德尔伯格提出的《霸权稳定论》中的内容。

4. 【答案】D。【解析】日本在政治上不再追随美国是20世纪80年代以后的事情。

5. 【答案】D。【解析】题干中的“病人已经死亡”是指苏联解体；“在别洛韦日森林开具了死亡证明”是指独联体成立；“核手提箱由俄罗斯控制”说明俄罗斯继承了前苏联的国际位置。

第三章　科技常识

考点一　中国古代的四大发明

1. 【答案】C。【解析】蔡伦总结以往人们的造纸经验革新造纸工艺，用廉价易得的树皮、破布等作为原材料，制成了“蔡侯纸”。

2. 【答案】B。【解析】春秋战国时期，人们发现了磁石能吸引铁的性质。

3. 【答案】A。【解析】唐朝末年，火药开始用于军事上，宋元时期，火药武器广泛用于战争。故选A。

4. 【答案】C。【解析】北宋时期的毕昇发明了胶泥活字印刷术，被认为是世界上最早的活字印刷技术。

5. 【答案】B。【解析】司南是我国春秋战国时期发明的一种最早的指示南北方向的指南器。

考点二　农业、手工业论著

1. 【答案】C。【解析】《齐民要术》是中国杰出农学家贾思勰所著的一部综合性农学著作，是世界农学史上最早的专著之一，也是中国现存最完整的农书。

2. 【答案】C。【解析】《天工开物》是明朝科学家宋应星编写的中国古代综合性的科学技术著作。

3. 【答案】D。【解析】《天工开物》由明朝科学家宋应星编写而成，该书被外国学者称为中国17世纪的工艺百科全书。

4. 【答案】B。【解析】《天工开物》是世界第一部关于农业和手工生产的综合性著作。

5. 【答案】B。【解析】《齐民要术》是北魏时期的中国杰出农学家贾思勰所著的一部综合性农业著作，A选项不符合题意；明朝科学家宋应星编写的《天工开物》是世界上第一部关于农业和手工业生产的综合性著作，强调人类要和自然相协调、要与自然力相配合，B选项符合题意；《农政全书》是明朝徐光启编写的一本农业著作，该书强调生产技术和知识，C选项不符合题意；《本草纲目》是医学巨著，D选项不符合题意。

考点三　中国古代的天文历法成就

1. 【答案】C。【解析】张衡为中国天文学、机械技术、地震学的发展做出了杰出的贡献，他发明了浑天仪、地动仪，是东汉中期浑天说的代表人物之一。

2. 【答案】B。【解析】中国旧历农历纪年中，有闰月的一年称为闰年，一般情况下，1年12个月有354天或355天；闰年则为384天或385天，A选项错误；黑洞巨大的引力下，光子无法逃离黑洞，C选项错误；北斗星相对于北极星，位置基本不变，但地球的自转会让人感觉北斗星绕着北极星转，它的勺头两颗星叫作北极星，可以帮助我们在夜间辨明方向，D选项错误。

3. 【答案】C。【解析】我们今天使用的农历，源自夏朝。

4. 【答案】D。【解析】东周时期，人们测定出一年有24个节气，根据这24个节气人们可以更好地安排农业生产。

5. 【答案】A。【解析】张衡是东汉时期伟大的天文学家、数学家、发明家、地理学家、文学家，他既通天文，又懂文学，其发现的地动仪比欧洲人制作的地动仪早1700年。

考点四　中国古代的数学成就

1. 【答案】B。【解析】我国历代数学家关于勾股定理的论证方法有多种，为勾股定理作的图注也不少，其中较早的是赵爽（即赵君卿）在他附于《周髀算经》之中的论文《勾股圆方图注》中的证明，他采用的是割补法。

2. 【答案】B。【解析】《缀术》是南北朝祖冲之所著，现已失传；《九章算术》成书于1世纪左右，系统总结了战国、秦汉的数学成就；《几何原本》是古希腊数学家欧几里得所著的一部数学著作，是欧洲数学的基础；《周髀算经》成书于公元前1世纪，在数学上的主要成就是介绍了勾股定理，以及勾股定理在测量上的应用和怎样将勾股定理应用到天文计算中。

3. 【答案】D。【解析】祖冲之精确地算出圆周率的范围为3.1415926～3.1415927，这一成果比欧洲早1000年。

4. 【答案】A。【解析】祖冲之是南北朝时期杰出的数学家、天文学家，其主要贡献在数学、天文历法和机械制造方面。

5. 【答案】C。【解析】春秋战国时期就已经出现乘法口诀，即九九乘法歌诀。珠算法的前身是算筹计算法，人们在春秋战国普遍使用算筹法进行计算，明朝程大位编著的《算法统宗》详述了传统的珠算法则，确立了算盘用法，开创了珠算技术的新纪元。圆周率精确到小数点后七位是在南北朝时期。

考点五　中国古代的医药成就

1. 【答案】A。【解析】中国传统医学四大经典著作是指《黄帝内经》《神农本草经》《伤寒杂病论》《金匮要略》。

2. 【答案】A。【解析】“望、闻、问、切”四诊法，是中国古代战国时期的名医扁鹊根据民间流传的经验和他自己多年的医疗实践，总结出来的诊断疾病的4种基本方法。

3. 【答案】B。【解析】《神农本草经》简称《本草经》或《本经》，是中国现存最早的药物学专著。

4. 【答案】B。【解析】扁鹊，又名秦越人，被后代医学家奉为“脉学之宗”。

5. 【答案】D。【解析】明朝李时珍用了27年的时间，写成的医学著作《本草纲目》，被誉为“东方药物巨典”。

考点六　中国古代的地理成就

1. 【答案】D。【解析】《徐霞客游记》是中国最早的一部比较详细记录所经地理环境的游记，也是世界上最早记述喀斯特地貌并详细考证其成因的书籍。

2. 【答案】D。【解析】《太平广记》是宋代人编撰的一部书籍，取材于汉代至宋初的野史小说及释藏、道经等为主的杂著，属于类书。《梦溪笔谈》是北宋沈括所著的笔记体著作，收录了沈括一生的所见所闻和见解，属于笔记类。《天工开物》是世界上第一部关于农业和手工业生产的综合性著作，是中国古代一部综合性的科技著作，作者是明朝科学家宋应星。《水经注》为6世纪北魏郦道元所著，是我国古代较完整的一部以记载河道水系为主的综合性地理著作，全面而系统地介绍了水道所流经地区的自然地理和经济地理等诸方面内容，是一部历史、地理、文学价值都很高的综合性地理著作。

3. 【答案】C。【解析】《禹贡地域图》是《尚书》中的一篇，是我国古代文献中最古老、拥有最系统性地理观念的著作。

4. 【答案】B。【解析】《水经注》的作者是北魏晚期的地理学家郦道元。

考点七　新中国的科技成就

1. 【答案】A。【解析】邓稼先是我国著名核物理学家，中国科学院院士，被称为“两弹元勋”。

2. 【答案】A。【解析】“两弹一星”最初是指原子弹、导弹和人造卫星。

3. 【答案】B。【解析】2003年10月15日，我国自行研制的“神舟五号”飞船载着宇航员杨利伟顺利地升入太空，实现了中国几代人的航天梦。

4. 【答案】B。【解析】2005年10月12日，中国航天员费俊龙、聂海胜乘坐“神舟六号”飞船，开始中国第二次载人航天飞行。

5. 【答案】C。【解析】我国第一座核电站是秦山核电站，位于浙江省海盐县。大亚湾核电站是我国第二座核电站，也是我国目前最大的核电站，位于广东省深圳市。

6. 【答案】B。【解析】“东方红一号”卫星是中国的第一颗人造地球卫星，由中国空间技术研究院研制，于1970年4月24日21时35分用“长征一号”运载火箭从中国西北酒泉卫星发射中心发射升空。

考点八　外国科技代表人物及其成就

1. 【答案】A。【解析】伽利略创制了天文望远镜（后被称为伽利略望远镜），并用来观测天体，他发现了月球表面的凹凸不平，并亲手绘制了第一幅月面图。

2. 【答案】B。【解析】1885年，德国工程师卡尔·本茨在曼海姆制成了第一辆汽车。

3. 【答案】D。【解析】古希腊科学家阿基米德有这样一句流传很久的名言："给我一个支点，我就能撬起整个地球！"这话便是说杠杆原理。

4. 【答案】C。【解析】富兰克林最先提出了避雷针的设想，并制造使用了避雷针，使人们在避免了雷击灾难的同时，也消除了对雷电的迷信。

5. 【答案】A。【解析】德国人奥托·哈恩首次发现了核裂变。詹姆斯·查德威克、欧内斯特·卢瑟福和麦克斯韦都是英国物理学家。

考点九　天文常识

1. 【答案】A。【解析】太阳系目前已知的八大行星按与太阳的距离由近及远依次是：水星、金星、地球、火星、木星、土星、天王星、海王星。

2. 【答案】C。【解析】太阳活动包括黑子、光斑、耀斑，黑子是太阳活动的主要标志。

3. 【答案】A。【解析】太阳风爆发时，将影响通信、威胁卫星、破坏臭氧层。

4. 【答案】A。【解析】当太阳、地球、月亮运行约成一直线时，如半月球阴影掠过地球，就会形成日食。

5. 【答案】C。【解析】星星按照自己的轨道在不停地运动，因此星座的形状也会随着星星的运动而变化。故C选项错误。

6. 【答案】C。【解析】现代科学认为，极光是常常出现在高纬度靠近地磁极地区上空大气中的彩色发光现象，是由太阳的高能粒子流使高层大气分子或原子激发或电离而产生的。极光产生的条件有3个：大气、磁场、太阳风。这三者缺一不可。只有C选项正确解释了极光的成因。

考点十　自然地理常识

1. 【答案】D。【解析】人们常把荷兰称为"风车之国"。

2. 【答案】B。【解析】塔里木盆地位于中国新疆的西北部，是中国面积最大的内陆盆地。

3. 【答案】C。【解析】北回归线从东向西，依次穿过我国台湾、广东（汕头）、广西（南宁在线以南）、云南（昆明在线以北）。

4. 【答案】C。【解析】太湖古称震泽，又名"笠泽"，是古代滨海湖的遗迹，位于江苏和浙江两省的交界处。

5. 【答案】B。【解析】础润而雨：柱子的基石湿润了，就是要下雨的征兆。础润即地面反潮，大雨来临之前，空气湿度较大，地面温度较低，靠近地面的水汽遇冷凝聚为小水珠，故地面反潮预示大雨将至。

考点十一　物理常识

1. 【答案】B。【解析】英国物理学家法拉第于 1821 年～ 1831 年通过大量实验发现了磁铁在线圈中能产生电流的现象，即电磁感应现象。

2. 【答案】C。【解析】海市蜃楼是一种因光的折射和全反射而形成的自然现象。它也简称蜃景，是地球上物体反射的光经大气折射而形成的虚像。

3. 【答案】B。【解析】1687 年，牛顿出版了力学经典著作《自然哲学的数学原理》，书中总结了他的力学体系以及在数学、天文学方面的研究成果，建立起一个完整的力学理论体系。

4. 【答案】B。【解析】爱因斯坦是人类历史上最具创造性才智的人物之一。他一生中开创了物理学的 4 个领域：狭义相对论、广义相对论、宇宙学和统一场论，其中对世界科技的最大贡献是提出了相对论。

5. 【答案】C。【解析】万有引力定律是解释物体之间相互作用的引力的定律，是物体间由于它们的引力质量而引起相互吸引力所遵循的规律。

考点十二　化学常识

1. 【答案】A。【解析】拉瓦锡验证并总结了质量守恒定律，阿伏加德罗提出了分子学说，道尔顿提出了原子学说，俄国化学家门捷列夫发现了元素周期律。

2. 【答案】B。【解析】碳酸很不稳定，受热或振动都会生成水和二氧化碳。

3. 【答案】B。【解析】拉瓦锡以雄辩的实验事实为依据，推翻了统治化学理论达百年之久的燃素说，建立了以氧为中心的燃烧理论。他进行的化学革命被公认为18世纪科学发展史上最辉煌的成就之一。

4. 【答案】A。【解析】碱的化学名称是碳酸钠。

5. 【答案】B。【解析】煤气的主要成分是一氧化碳，一氧化碳极易与血液中的血红蛋白结合，使之失去携氧能力，从而引起肌体缺氧，进而煤气中毒。

考点十三　生物常识

1. 【答案】D。【解析】提阿斯·施莱登于1838年宣布，细胞是一切植物结构基本的活动单位和一切植物借以发展的根本实体的学说。

2. 【答案】D。【解析】1953年4月25日，克里克和沃森在英国杂志《自然》上公开了他们的DNA双螺旋结构模型。

3. 【答案】B。【解析】脂肪是热量大且食后在胃肠道停留时间最长的营养素。

4. 【答案】B。【解析】1910年，摩尔根对他饲养的一群野种红眼果蝇进行了放射线照射，在子一代中获得了一只白眼雄果蝇，创立了染色体——遗传基因理论，由此，细胞遗传学有了坚实的基础。

5. 【答案】B。【解析】蛋白质是不同氨基酸以肽键相连所组成的具有一定空间结构的生物大分子。蛋白质变性后，就失去了原有的可溶性，也就失去了它们生理上的作用，因此蛋白质的变性凝固是个不可逆过程。蛋白质由C（碳）、H（氢）、O（氧）、N（氮）组成，一般蛋白质可能还会含有P（磷）、S（琉）、Fe（铁）、Zn（锌）、Cu（铜）、B（硼）、Mn（锰）、I（碘）、Mo（钼）等。

6. 【答案】A。【解析】在18世纪下半叶至19世纪生物学领域中，细胞学说和进化论是其中两项最重大的成就。

考点十四　当代高新科学技术

1. 【答案】B。【解析】北斗卫星导航系统是我国正在实施的自主发展、独立运行的全球卫星导航系统，最终建设目标是2020年建成独立自主、开放兼容、技术先进、稳定可靠的覆盖全球的卫星导航系统。

2. 【答案】C。【解析】腾讯QQ、网易泡泡、MSN都是即时聊天软件，可以实现用户间的在线实时交流。电子邮件也是一种信息交换的通信方式，但是不具有即时性。

3. 【答案】C。【解析】计算机病毒是人为编制的特殊程序，是在计算机程序中插入的破坏计算机功能或者破坏数据，影响计算机使用并且能够自我复制的一组计算机指令或者程序代码，具有破坏性、复制性和传染性。

4. 【答案】D。【解析】1993年9月，美国总统克林顿宣布了“国家信息基础结构的行动计划”，这个计划俗称“信息高速公路”。信息高速公路，简单地说，就是以多媒体为车，以光纤为路，把全国的政府机关、企事业单位、学校、图书馆、医院、家庭等用户连接起来，应用ATIM传输模式，以交互方式快速传递数据、声音和图像的高信息流量的信息网络。

5. 【答案】C。【解析】根据计算机的运算速度、存储能力、功能强弱、配套设备等方面，可划分为巨型机、大型机、中型机、小型机和微型机；根据所采用的电子元器件的不同，可分为电子管计算机、晶体管计算机和集成电路计算机。微型计算机按字长划分，可分为8位机、16位机、32位机、64位机；微型计算机按体积大小划分，又可分为台式计算机、便携式计算机、膝上型计算机。

考点十五　生命科学技术

1. 【答案】D。【解析】俗语说“种瓜得瓜，种豆得豆”，生物体通过生殖产生子代，使子代和亲代，子代和子代之间的形状都很相似，这种现象称为遗传。

2. 【答案】A。【解析】“炎黄一号”是全球第一例中国人标准基因组序列图谱，也是全球20亿黄种人的第一个个人基因序列图。该项目完成于2007年10月11日。器官移植在20世纪就已成为常规疗法。克隆羊“多莉”生于1996年7月5日，于1997年2月23日被介绍给公众。试管婴儿路易斯·布朗出生于1978年7月25日。B、C、D选项都是20世纪的科学成就，故选择A选项。

3. 【答案】B。【解析】1990年10月，被誉为生命科学“阿波罗登月计划”的国际人类基因组计划启动，2000年6月26日，科学家公布人类基因组工作草图，标志着人类在解读自身“生命之书”的路上迈出了重要一步。

4. 【答案】B。【解析】基因的重组与突变导致变异和物种演化。

5. 【答案】B。【解析】A选项，父母只能是aa这种基因型，后代必患病；B选项，子女患病，父母可能都是Aa这种基因型；C选项，父母无病，但可能都是携带者Aa，后代可能患病；D选项，子女无病，父母一方患病，另一方不患病，也可能出现子女无病的情况，如父母的基因型一方是AA，另一方是aa。

第四章 文学常识

考点一 儿童文学理论基础

1. 【答案】A。【解析】儿童文学这一学科，是伴随着儿童“被发现”而确立起来的。儿童文学在欧洲出现较早，“儿童”作为与成人全然不同的独立存在也是在17、18世纪才确立的。关于西方儿童文学的产生，一般认为，法国童话作家夏尔·佩罗于1697年发表的童话集《鹅妈妈的故事》标志着西方儿童文学的诞生。

2. 【答案】C。【解析】我国儿童文学成为一个独立的文学门类始于20世纪初、五四新文化运动之后。

3. 【答案】B。【解析】儿童文学包括幼儿文学（3岁～6/7岁）、童年（儿童）文学（6/7岁～11/12岁）、少年文学（12/13岁～16/17岁）三个层次。

4. 【答案】D。【解析】A、B、D选项都是外国著作。鲁迅评价叶圣陶的《稻草人》为“给中国的童话开了一条自己创作的路的”。

考点二 儿童文学的常见体裁及其代表作

1. 【答案】D。【解析】连锁调又称连珠体、连环体、连句、衔尾式，是一种运用特殊修辞、结构、用韵手法构建诗文体式的传统儿歌形式。其修辞特征是“顶针续麻”，即前一句尾词作为后一句的首词。

2. 【答案】C。【解析】《圆圆和方方》是叶永烈《中国原创科学童话大系》丛书之一，还收录了《小雨点》《狐狸夫妇历险记》《小多利找妈妈》《一桩不公正的案件》《莲子宝宝》《机器人出诊》等科学童话经典作品。

3. 【答案】C。【解析】体现成人对于儿童的眼光，充满“亲切温馨”或“端庄深邃”的艺术氛围的儿童文学作品，呈现的是儿童文学中爱的母题。

4. 【答案】C。【解析】孙幼军（译者）是中国第一位荣获安徒生儿童文学作家奖提名的儿童文学作家。

5. 【答案】B。【解析】《阿丽思中国游记》是文学大师沈从文创作的第一部也是唯一的一部长篇小说，被认为是世界文学名著《阿丽思漫游奇境记》的中国版续书。

6. 【答案】A。【解析】《驴皮公主》的作者是安德鲁·朗恩。

考点三 上古神话、先秦文学、两汉文学

1. 【答案】C。【解析】“得道者多助，失道者寡助”是孟子的言论；“不以规矩，不成方圆”出于战国孟轲的《孟子·离娄上》。

2. 【答案】C。【解析】《史记》《汉书》等二十四史的编纂体例都是纪传体；《国语》《战国策》的编纂体例是国别体；《资治通鉴》《春秋》的编纂体例是编年体；纪事本末体是以事件为主线，将有关专题材料集中在一起，首创者是南宋的袁枢，他的《通鉴纪事本末》就采用这种体例。

3. 【答案】A。【解析】"博士"最早是一种官名，始见于两千多年前战国时代的秦国。"博士"负责保管文献档案、编撰著述、掌通古今、传授学问、培养人才。

4. 【答案】B。【解析】"四书"是指《大学》《中庸》《论语》《孟子》。

5. 【答案】B。【解析】《楚辞》是屈原创作的一种新诗体。西汉末年，刘向将屈原、宋玉的作品以及汉代淮南小山、东方朔、王褒、刘向等人承袭模仿屈原、宋玉的作品辑录成集。

考点四　魏晋南北朝、隋唐五代文学

1. 【答案】A。【解析】"初唐四杰"是中国唐代初期的四位文学家，即王勃、杨炯、卢照邻、骆宾王的合称，简称"王杨卢骆"。

2. 【答案】C。【解析】王维擅长山水田园诗，他的诗常表现了一种清新的画面，就是诗中有画、画中有诗。

3. 【答案】A。【解析】《鸟鸣涧》是王维题友人皇甫岳所居诗《皇甫岳云溪杂题五首》中的第一首。

4. 【答案】C。【解析】"七绝圣手"是对唐代诗人王昌龄的称誉。

5. 【答案】A。【解析】曹植是诗歌史第一位大力写作五言诗的人，完成了乐府民歌到文人诗的转变，推动了文人五言诗的发展。

6. 【答案】B。【解析】《燕歌行》（秋风萧索天气凉）的作者是曹丕。

7. 【答案】C。【解析】"三吏"（《新安吏》《石壕吏》《潼关吏》）和"三别"（《新婚别》《垂老别》《无家别》）是杜甫的代表作品。

8. 【答案】A。【解析】《岳阳楼记》是北宋范仲淹的作品。

考点五　宋元文学

1. 【答案】A。【解析】"但愿人长久，千里共婵娟"出自北宋诗人苏轼的《水调歌头》，用以表达对亲人朋友的思念之情以及美好祝愿。

2. 【答案】D。【解析】元曲四大家指关汉卿、白朴、郑光祖、马致远四位元代杂剧作家。

3. 【答案】C。【解析】《墙头马上》是元代著名戏曲家白朴的作品。

4. 【答案】B。【解析】王实甫的《西厢记》、关汉卿的《拜月亭》、白朴的《墙头马上》、郑光祖的《倩女离魂》，合称为元杂剧的四大爱情剧。

5. 【答案】A。【解析】元杂剧的四大悲剧包括关汉卿的《窦娥冤》、马致远的《汉宫秋》、白朴的《梧桐雨》以及纪君祥的《赵氏孤儿》。

6. 【答案】B。【解析】马致远被誉为"曲状元"，他的散曲在艺术上取得了很高的成就。

考点六　明清文学

1. 【答案】B。【解析】从清代开始，人们通常把《三国演义》《水浒传》《西游记》和《金瓶梅》称为中国古代小说的"四大奇书"。

2. 【答案】D。【解析】《三国演义》是中国第一部长篇章回体历史演义小说，以描写战争为主，反映了吴、蜀、魏 3 个政治集团之间的政治和军事斗争。

3. 【答案】D。【解析】李伯元的著作为《官场现形记》，《二十年目睹之怪现状》是吴趼人的著作。

4. 【答案】B。【解析】《桃花扇》是中国清代著名的传奇剧本，作者是孔尚任。此剧表现了明末时，以夏社名士侯方域、吴次尾、陈定生为代表的清流，同以阮大铖和马士英为代表的权奸之间的斗争，揭露了南明王朝政治的腐败和衰亡原因，反映了当时的社会面貌。正如作者自己所说："借离合之情，写兴亡之感，实事实人，有凭有据。"

5. 【答案】A。【解析】《聊斋志异》是中国清代著名小说家蒲松龄创作的文学短篇小说集，其虽以描写鬼神故事为主，却表现了作者对现实生活的认识和评价。

6. 【答案】D。【解析】这两句话分别讲的是明清小说《红楼梦》和《三国演义》。

考点七 近代文学

1. 【答案】D。【解析】梁启超于 1898 年戊戌变法前后，提出了"诗界革命""文界革命""小说界革命"的"三界"革命的口号。

2. 【答案】C。【解析】王国维的《人间词话》开篇言："词以境界为最上，有境界则自成高格，自有名句"。

3. 【答案】B。【解析】梁启超以政治小说《新中国未来记》为例，对文学实践中的国家主义诉求予以剖析和释读，并在此基础上进一步探讨其国家主义思想对后世创作的影响。

4. 【答案】D。【解析】林纾的作品大多是从外文翻译为文言文，而不是当时新文化运动倡导的白话文。

5. 【答案】A。【解析】后世学人将曾国藩列为理学名臣，主要在于他将"义理、考据、经济、辞章"划归理学。

考点八 现代文学

1. 【答案】A。【解析】"为什么我的眼里常含泪水，因为我对这土地爱得深沉。"出自艾青的《我爱这土地》。

2. 【答案】C。【解析】《激流三部曲》包括《家》《春》《秋》，是中国现代著名的小说家、散文家、翻译家巴金的早期代表作。

3. 【答案】B。【解析】《林家铺子》原名《倒闭》，是短篇小说，由茅盾著。

4. 【答案】B。【解析】《朝花夕拾》是鲁迅的散文集；《子夜》是茅盾的长篇小说；《激流》三部曲是巴金的小说；《白洋淀纪事》是孙犁的代表作。

5. 【答案】A。【解析】鸣凤出自巴金的作品《家》；涓生出自鲁迅的作品《伤逝》；祥林嫂出自鲁迅的作品《祝福》；孔乙己出自鲁迅的作品《孔乙己》。

6. 【答案】B。【解析】叶圣陶是现代作家、儿童文学作家、教育家，被称为中国现代儿童文学的开拓者和创建者。

考点九 当代文学

1. 【答案】C。【解析】孙幼军，当代著名童话作家，著有童话《小布头奇遇记》《怪老头儿》《小贝流浪记》等，是中国首位获国际安徒生文学奖提名奖的童话作家。

2. 【答案】C。【解析】老舍的《龙须沟》通过对新旧社会人们生活和命运的对比来歌颂新生的人民政权，老舍先生也因此获得了“人民艺术家”的称号。

3. 【答案】D。【解析】《长袜子皮皮》是瑞典儿童文学作家阿斯特里德·林格伦的童话代表作之一。1945 年她步入儿童文坛标志着世纪儿童——皮皮的诞生。

4. 【答案】C。【解析】第七届茅盾文学奖（2008 年）获奖作品为四部长篇小说，分别是贾平凹的《秦腔》、迟子建的《额尔古纳河右岸》、麦家的《暗算》、周大新的《湖光山色》，其中《暗算》是长篇悬疑谍战小说。

5. 【答案】A。【解析】《透明的红萝卜》是莫言的成名作，是 1985 年在《中国作家》第二期发表的中篇小说。

考点十 外国古代文学和中世纪文学

1. 【答案】D。【解析】《荷马史诗》相传是由古希腊盲诗人荷马创作的两部长篇史诗——《伊利亚特》和《奥德赛》的统称。《荷马史诗》以“扬抑格六音部”写成，集古希腊口述文学之大成，是古希腊最伟大的作品，也是西方文学中最伟大的作品。

2. 【答案】D。【解析】《神曲》是由意大利诗人阿利盖里·但丁取材于当时腐化的政治和宗教的历史现实，通过糅合基督教、罗马神话等思想而创作的长诗。

3. 【答案】A。【解析】埃斯库罗斯，古希腊悲剧诗人，与索福克勒斯和欧里庇得斯一起被称为是古希腊最伟大的悲剧作家，有“悲剧之父”的美誉。

4. 【答案】A。【解析】柏拉图的代表作品是《理想国》，其共分十卷，以“理想”为定义，主要涉及国家专政问题、独裁问题、正义非正义问题、善与恶问题、教育问题以及男女平等等诸多问题。

5. 【答案】A。【解析】《伊利亚特》也是古希腊重要的文学作品，主要叙述希腊人远征特洛伊城的故事。“特洛伊木马”讲的是在古希腊传说中，希腊联军围困特洛伊且久攻不下，于是假装撤退，留下一具巨大的中空木马，特洛伊守军不知是计，把木马运进城中作为战利品。夜深人静之际，木马腹中躲藏的希腊士兵打开城门，特洛伊沦陷。后人常用“特洛伊木马”这一典故，用来比喻在敌方营垒里埋下伏兵进行里应外合的活动。特洛伊木马也是著名电脑木马程序的名字。

6. 【答案】C。【解析】《一千零一夜》是古代阿拉伯的民间故事集，又名《天方夜谭》。

考点十一 文艺复兴时期和17、18世纪的文学

1. 【答案】C。【解析】莫里哀是法国 17 世纪古典主义文学最重要的作家，是古典主义喜剧的创建者。

2. 【答案】B。【解析】莎士比亚四大悲剧包括《哈姆雷特》《奥赛罗》《李尔王》《麦克白》。

3. 【答案】C。【解析】莎士比亚四大喜剧包括《威尼斯商人》《仲夏夜之梦》《皆大欢喜》《第十二夜》。

4. 【答案】D。【解析】歌德是德国著名思想家、作家、科学家。

5. 【答案】A。哥特小说，属于英语文学派别，是西方通俗文学中惊险神秘小说的一种。贺瑞斯·华尔波尔的《奥特朗图堡》宣告了西方第一部哥特式小说的诞生，同时也意味着

这类小说创作模式的问世。哥特式小说的代表作还有拉德克力芙《渥多尔弗的秘密》。

6. 【答案】D。【解析】《上尉的女儿》和《驿站长》是普希金小说创作的代表作品；《叶甫盖尼·奥涅金》是普希金的长篇诗体小说；《希腊孩子》是法国作家雨果的诗作。

7. 【答案】C。【解析】《神曲》成书于文艺复兴时代，其核心是倡导人文主义；《红楼梦》成书于封建专制空前强化的清朝时期，其核心是反对封建礼教；达尔文的《物种起源》则用生物进化的观点阐释了自然选择。

考点十二　19世纪初期的欧洲文学

1. 【答案】C。【解析】本题根据题干中"晚年"和"法国资产阶级大革命"来判断，只有C选项符合题意。《九三年》是雨果的最后一部长篇小说，讲述了法国大革命1793年这个充满急风暴雨的年代，于1874年2月出版。《悲惨世界》是雨果在1862年所发表的长篇小说，涵盖了拿破仑战争之后的十几年时间；《海上劳工》是雨果在1866年出版的长篇小说，讲述了一个集普罗米修斯于一身的海上劳工代表的故事；《笑面人》是雨果在1869年写成的长篇小说，讲述了在十七世纪末和十八世纪初的英国社会。综上所述，只有C选项最符合题意。

2. 【答案】C。【解析】这句话出自英国著名浪漫主义诗人雪莱的《西风颂》。

3. 【答案】D。【解析】司汤达（1783年～1842年），19世纪法国杰出的批判现实主义作家。

4. 【答案】C。【解析】《私生子》《金钱问题》《半上流社会》都是小仲马的作品。

5. 【答案】A。【解析】题干中"拿破仑用剑没有办到的，我要用笔完成"这句话出自法国批判现实主义作家巴尔扎克。

考点十三　19世纪中期的欧美文学

1. 【答案】C。【解析】《玛丽·巴顿》是英国盖斯凯尔夫人的长篇小说，这也是她的代表作；《双城记》（A Tale of Two Cities）由英国作家查尔斯·狄更斯所著；《呼啸山庄》是英国女作家勃朗特姐妹之一艾米莉·勃朗特的作品。

2. 【答案】C。【解析】《呼啸山庄》是英国女作家勃朗特姐妹之一艾米莉·勃朗特的作品。

3. 【答案】A。【解析】萨克雷是一位英国小说家。

4. 【答案】A。【解析】诗体小说《叶甫盖尼·奥涅金》是俄国文学中第一部描写当代社会的重要作品，是普希金对俄国社会长期观察分析的产物。《叶甫盖尼·奥涅金》的发表是俄国批判现实主义文学确立的标志，别林斯基称这部诗体小说是"俄国生活的百科全书和最富有人民性的作品。"

5. 【答案】C。【解析】A选项，莫泊桑是法国批判现实主义作家；B选项，《人间喜剧》是巴尔扎克的小说集；D选项，亚里士多德是古希腊著名哲学家、科学家和文艺理论家。

6. 【答案】A。【解析】《爱丽丝漫游奇境记》是英国作家查尔斯·路德维希.道奇森以笔名刘易斯·卡罗尔在1865年出版的儿童文学作品，这被英国《不列颠百科全书》称为"把荒诞文学提高到了最高的水平"的创作。

考点十四　19世纪后期的欧美文学

1. 【答案】D。【解析】居伊·德·莫泊桑是19世纪后半叶法国优秀的批判现实主义作家。人称“短篇小说巨匠”，与契诃夫和欧・亨利并称为“世界三大短篇小说家”，对后世产生极大影响，被誉为“短篇小说之王”。

2. 【答案】C。【解析】“现代戏剧之父”是挪威著名作家、戏剧家、诗人易卜生。

3. 【答案】A。【解析】《父与子》是一部德国幽默大师埃・奥.卜劳恩创作的连环漫画，作品中一个个生动幽默的小故事都来自于漫画家在生活中的真实感受，《父与子》实际上就是卜劳恩与儿子克里斯蒂安的真实写照。

4. 【答案】B。【解析】华盛顿・欧文是19世纪美国最著名的作家，号称“美国文学之父”。

5. 【答案】A。【解析】《玩偶之家》戳穿了资产阶级在道德、法律、宗教、教育和家庭关系上的假象，揭露了在“幸福”“美满”等表面现象掩盖下的资本主义社会的虚伪本质，并提出了“妇女解放”这样一个尖锐的社会问题。它是一篇抨击资产阶级男权中心思想的控诉书，是一篇妇女解放的宣言书。

考点十五　20世纪的文学

1. 【答案】B。【解析】《童年》是高尔基以自身经历为原型创作的自传体小说；《战争与和平》是俄国作家托尔斯泰的著作。

2. 【答案】C。【解析】高尔基的自传三部曲包括《童年》《在人间》《我的大学》。

3. 【答案】C。【解析】《小公务员之死》是俄国作家契诃夫的代表作品之一。

4. 【答案】D。【解析】在《老人与海》中，老人桑地亚哥象征着一种哲理化的“硬汉”精神，一种永恒的、超时空的存在，超越了人生中的磨难、辉煌、成功或失败。

5. 【答案】A。【解析】《叶甫盖尼・奥涅金》是普希金的小说代表作，其中奥涅金是俄国文学史上第一个“多余人”的形象。莱蒙托夫的《当代英雄》塑造了俄国文学史上第二个“多余人”形象——彼巧林。

6. 【答案】B。【解析】海勒的《第二十二条军规》是美国黑色幽默文学的代表作，被誉为当代美国文学的经典作品。

7. 【答案】C。【解析】《悲惨世界》是法国著名作家雨果的作品，《了不起的盖茨比》是美国作家弗・司各特・菲茨杰拉德的作品，《百年孤独》是拉美作家马尔克斯的重要作品，故A选项不符合题意。《飞鸟集》是印度诗人泰戈尔的作品，《草叶集》是19世界美国作家惠特曼的浪漫主义诗集，《静静的顿河》是苏联作家肖洛霍夫的作品，故B选项不符合题意。《飘》是美国女作家玛格丽特・果切尔的作品，《红字》是美国浪漫主义作家霍桑的作品，《汤姆叔叔的小屋》是美国作家斯托夫人的作品，故C选项符合题意。《瓦尔登湖》是美国作家梭罗的作品，《海底两万里》是法国科幻小说家凡尔纳的作品，《堂・吉诃德》是西班牙文艺复兴时期作家塞万提斯的代表作品，故D选项不符合题意。

第五章　艺术鉴赏常识

考点一　中外艺术成就概览（一）

1. 【答案】A。【解析】王羲之，字逸少，号澹斋，汉人，生于琅琊临沂（今属山东），

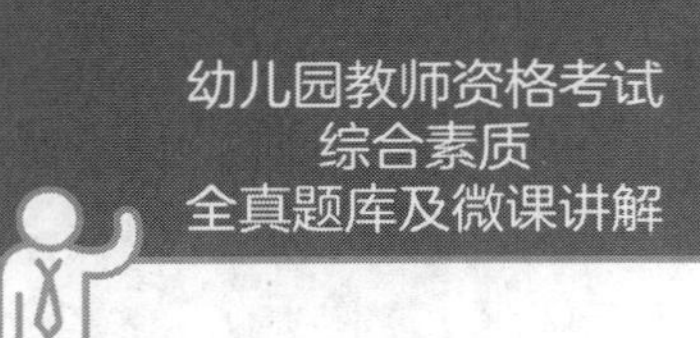

后迁会稽（今浙江绍兴），晚年隐居剡县金庭，中国东晋书法家，有“书圣”之称。

2. **【答案】**B。**【解析】**“思想者”的作者是法国雕塑艺术大师罗丹。

3. **【答案】**C。**【解析】**大本钟被视为伦敦的象征、英国的标志。

4. **【答案】**B。**【解析】**中国山水画简称“山水”，是以山川自然景观为主要描写对象的中国画。中国山水画是中国人情思中最为厚重的沉淀。

5. **【答案】**C。**【解析】**《亚威农少女》由西班牙著名画家毕加索创作于1907年，是第一张被认为有立体主义倾向的作品。

考点二　中外艺术成就概览（二）

1. **【答案】**B。**【解析】**《天仙配》属于我国的黄梅戏。

2. **【答案】**B。**【解析】**《魔笛》是由莫扎特创作的；《马太受难曲》是由巴赫创作的；《魔王》由奥地利作曲家舒伯特根据歌德同名诗创作。

3. **【答案】**B。**【解析】**桑巴舞被称为巴西的国舞。

4. **【答案】**D。**【解析】**1988年，由张艺谋执导，巩俐和姜文主演的中国影片《红高粱》在第38届西柏林国际电影节上获得最高奖——“金熊奖”。这是第一部在国际A类电影节上获得最高奖的中国电影。

5. **【答案】**D。**【解析】**中国传统的弹拨乐器有筝（古筝）、（曲颈）琵琶、扬琴、柳琴、中阮、大阮、三弦、月琴、古琴，以及新疆维吾尔族的地方特色弹拨乐器，如冬不拉、都达尔、热瓦浦等。

模块 5

基本能力

知识结构思维导图

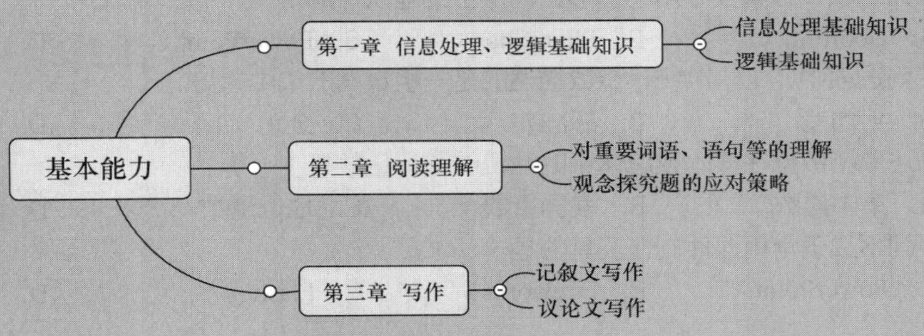

第一章 信息处理、逻辑基础知识

考点一 信息处理基础知识

单项选择题

1. 信息整合能力的核心是（　　）。
   A. 信息筛选　　B. 信息分类　　C. 信息运用　　D. 信息交流
2. 《太平御览》是北宋李昉、李穆、徐铉等学者奉敕编纂，属于工具书中的（　　）。
   A. 词典　　B. 索引　　C. 类书　　D. 百科全书
3. 利用选定的检索工具由近及远地逐年查找，直到查到所需文献为止的检索方法是（　　）。
   A. 倒查法　　B. 顺查法　　C. 追溯法　　D. 抽查法
4. 网络信息资源检索中最常规、最普遍的方式是（　　）。
   A. 浏览　　B. 利用目录型检索工具
   C. 利用搜索引擎　　D. 电子邮件预定
5. 下列选项中，属于专用的图形图像加工处理软件的是（　　）。
   A. CoolEdit　　B. PhotoShop　　C. PowerPoint　　D. Mindmanager
6. 下列选项中，（　　）统计量数描述的是一组数据的集中趋势。
   A. 平均差　　B. 标准差　　C. 全距　　D. 算术平均数
7. 描述单个数据在样本或总体中的地位的统计量数是（　　）。
   A. 集中量数　　B. 差异量数　　C. 地位量数　　D. 相关系数
8. 下列不属于常用课件制作工具的是（　　）。
   A. PowerPoint　　B. Fireworks　　C. Flash　　D. Authorware

材料分析题

9. 材料：

检索2011年至2016年主题为“教师专业发展”的学位论文。检索页面已给出，如下图所示。

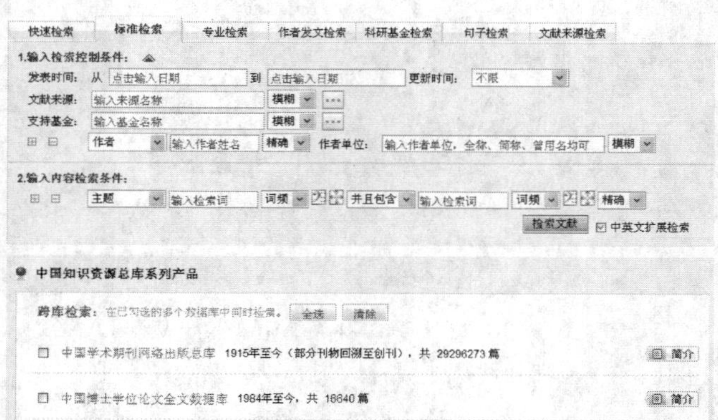

问题▸请根据题目要求和图片将操作步骤补充完整。

考点二　逻辑基础知识

单项选择题

1. 印记学习是指发生在动物生活的早期阶段，由直接印象形成的学习行为。印记学习行为虽发生在早期，但对晚期行为也具有一定的影响。根据上述定义，下列不属于印记学习行为的是（　）。
   A. 绵羊走近并试图留在喂养过它的主人的身边
   B. 由人喂养大的斑马雀会向主人的手指求偶
   C. 绵羊用舌头舔小羊的方式来标记自己的后代
   D. 刚出生的绿头鸭跟随着一个移动的物体走
2. 美国著名学者伊顿曾预言：“我们深信，在不久的将来，我们国家的最高经济利益，将主要取决于我们同胞的创造才智，而不取决于自然资源。”伊顿的预言在今天已经变为现实。金融危机、能源和矿产资源价格急剧上涨，世界经济滞胀风险苗头显现，国民的创新能力得到许多国家前所未有的重视。这段文字意在强调（　）。
   A. 人力资源将在经济增长中发挥越来越多的作用
   B. 自然资源在国家发展中的重要性将逐步降低
   C. 国家要发展必须充分发挥国民的创造能力
   D. 国民素质的高低将决定国家未来发展的方向
3. 通过研究宋、元、明、清等不同历史时期教育同生产劳动之间的关系，从而说明我国封建社会教育与生产劳动是相脱离的。该研究中运用的逻辑思维方法是（　）。
   A. 类比　　B. 归纳　　C. 调查　　D. 综合
4. “一桌子苹果，别人通常挑一两个，挑三四个。毕加索最可气，每个都咬上一口，每个苹果上都有他的牙印儿。”一位中国画家如此评价毕加索。毕加索一生搞过素描、油画、雕塑、版画，担任过舞台设计，还写过小说、剧本和无标点散文诗。从这段文字中我们可以推论（　）。
   A. 毕加索吃苹果，每个都只咬一口，中国作家对这种做法不以为然
   B. 很多人都像毕加索一样参与过许多艺术类型的创作
   C. 毕加索在艺术领域的许多方面进行过创作的尝试
   D. 毕加索是个天才式的人物，没有他不涉及的艺术领域

5. 李娜心中对白马王子的要求是高个子、相貌英俊、博士。她认识王、吴、李、刘四位男士，其中只有一位符合她所要求的全部条件。

（1）四位男士中，仅有三人是高个子，仅有两人是博士，仅有一人相貌英俊。

（2）王和吴都是博士。

（3）刘和李身高相同。

（4）每位男士都至少符合一个条件。

（5）李和王并非都是高个子。

请问符合李娜所要求的全部条件的是（　）。

A. 刘　　B. 李　　C. 吴　　D. 王

6. 下列选项中，对“小李并非既懂英语又懂俄语”理解正确的一项是（　）。

A. 小李懂英语，但不懂俄语

B. 小李懂俄语，但不懂英语

C. 小李不懂英语，或不懂俄语

D. 小李不懂英语，也不懂俄语

扫码观看视频

7. 在毕业考试结束后，班长想从老师那里打听成绩。班长说：“老师，这次考试不太难，估计我们班同学的成绩都在70分以上吧。”老师说：“你的前半句话不错，后半句话不对。”根据老师的意思，下列哪项必为事实？（　）

A. 少数同学的成绩在70分以上，多数同学的成绩在70分以下

B. 多数同学的成绩在70分以上，少数同学的成绩在70分以下

C. 有的同学的成绩在70分以上，有的同学的成绩在70分以下

D. 如果以70分为及格，肯定有的同学的成绩不及格

8. “大学生在大学里要学习很多知识，小王是一名大学生，所以他学习了很多的知识。”以下哪项论证展示的推理错误与上述论证中的最相似？（　）

A. 水果中含有各种丰富的维生素，苹果是一种水果，所以苹果中含有丰富的维生素

B. 所有的老员工都是优秀的，李刚是新来的员工，所以李刚不是优秀员工

C. 某高校学报的编辑不但要组织和编辑稿件，自己也写了许多学术方面的文章，老郑是该学报的一名编辑，所以他也写过许多学术方面的文章

D. 这所大学的有些学生学习成绩很好，小赵是这所大学的一名学生，所以她的学习成绩很好

9. 所有的天气预报不可能都是准确无误的。下列哪项判断与上述判断的含义最为相近？（　）

A. 有的天气预报不必然不是准确无误的　　B. 有的天气预报必然不是准确无误的

C. 有的天气预报不可能不是准确无误的　　D. 所有的天气预报必然是准确无误的

10. 关于确定一项突击性任务的人选，甲、乙、丙三位推荐人的意见分别如下：

甲：不是选派小张，就是选派小王

乙：如果不选派小张，就不选派小王

丙：只要不选派小王，就不选派小张

以下几项中，同时满足甲、乙、丙三人意见的方案是（　）。

A. 两人都选派　　B. 两人都不选派

C. 选小张，不选小王　　D. 选小王，不选小张

11. 某刑事人类学家在对260名杀人犯的外貌进行考察后，发现他们具有一些共同的生理特征，

于是得出“杀人犯具有广颚、颧骨突出、头发黑而短的特征”的结论。以下哪项与上述推理方式相同？(　　)

A. 24～28没有质数
B. 八月十五云遮月，正月十五雪打灯
C. 植物种子经超声波处理后可增产，所以玉米种子经超声波处理后也可以增产
D. 某高校在对全校学生进行调查后，得出“我校同学学习态度普遍较好”的结论

第二章　阅读理解

考点一　对重要词语、语句等的理解

单项选择题

1. 有人说，凡是知识都是科学的，凡是科学都是无颜色的，并且在追求知识时，应当保持没有颜色的态度。假使这种说法不随意扩大，我也认同。但我们要知道，只要是一个活生生的人，便必然有颜色。对无颜色的知识的追求，必定潜伏着一种有颜色的力量，在后面或底层加以推动。这一推动力量不仅决定一个人追求知识的方向与成果，也决定一个人对知识是否真诚。这段文字中“有颜色的力量”指的是(　　)。

A. 研究态度　　B. 价值取向　　C. 道德水准　　D. 兴趣爱好

2. 中央电视台2005年举办的“年度感动中国十大人物评选活动”的颁奖辞中，对刘翔的评价有这样一句话：“这个风一样的年轻人，他不断超越，永不言败，代表着一个正在加速的民族。他身披国旗，一跃站在世界面前。”这段文字中“风一样的年轻人”是一个极致的比喻，它主要用于说明(　　)。

A. 颁奖辞有不同于其他文体的语言特色
B. 刘翔旨在一跃的神韵恰到好处地展现了出来
C. 用最小的语言体积，可以容纳最多的语言精华
D. 跨栏王子不仅是纪录，也是记忆，一种挥之不去的强烈记忆

材料分析题

3. 材料：

我们的天性是自由的，但我们却会因为一些僵硬知识的束缚而失去自由。

十二岁那年春天，我在田野上发现了一株很瘦弱的小树苗，便将它挖回来栽在菜园里。它一天一天地长大了，两年后就蹿成一米多高。春天来临，它的树干是亮灿灿的紫铜色。它长得结实而漂亮。再过两年，它就能结果——我想。然而，两年后，它并没有如我所期盼的那样。我的小桃树再也没有长高，而且还显出奄奄一息的样子。记得那时我很难过。

后来我终于找到了原因：我的老祖母借它为瓜架，在它的根下种了丝瓜，那些刁钻的丝瓜藤就沿着它的树干攀缘而上，并像锁链那样一道道地把树干箍扎起来，对它千缠百绕。我把它们全扯掉了。第二年，桃树又生机勃勃地成长起来。那年，春寒料峭，它开花

了。夏天，桃子成熟了，十分可爱。

如果我们也像这株桃树一样，被藤蔓所缠绕，我们就会失去生命的光彩。

一位从事诗歌研究的朋友曾介绍过两首台湾小孩写的诗。其中一首诗说一个无拘无束的小孩光着脚丫在地板上跑起来，留下的脚印就像游动的鱼。妈妈来了，却用拖把将这些“鱼”一网打尽。这首诗简直妙极了。我想，它们只能出自未被僵硬的知识束缚的心灵。（选自曹文轩《不可缠绕的心灵》）

问题▸（1）结合全文说说“生命的光彩”的含义。

（2）文中画线的句子运用了哪些修辞手法？表现了作者怎样的情感态度？

（3）“妈妈来了，却用拖把将这些‘鱼’一网打尽。”请说说你对这句话的理解。

4. 材料：

如果说枕头是花托的话，那么书籍就是花瓣。花托只有一个，花瓣却是层层叠叠的。每一本看过的书，都是一片谢了的花瓣。有的花瓣可以当作标本，作为永久的珍藏；有的则因着庸常，随着风雨化作泥了。

这二十多年来，不管我的读书趣味发生了怎样的变化，有一类书始终横在我的枕畔，就像一个永不破碎的梦，那就是古诗词。夜晚，读几首喜欢的诗词，就像吃了可口的夜宵，入睡时心里暖暖的。

我最喜欢的词人，是辛弃疾。一句“青山遮不住，毕竟东流去”，让我对他的词永生爱意，《稼轩集》便是百读不厌的了。屈原、李白、杜甫、白居易、李商隐、陆游、苏轼、李清照、李煜、纳兰性德、温庭筠、黄庭坚、范仲淹，也都令我喜爱。有的时候，读到动心处，我会忍不住低声吟诵出来，好像不经过如此“咀嚼”，就愧对了这甘美至极的“食粮”似的。

中国的古典诗词，意境优美，禅意深厚，能够开启心智。当你愤慨于生活中种种的不公，却又无可奈何时，读一读黄庭坚的“贤愚千载知谁是？满眼蓬蒿共一丘”，你就会获得解脱。而当你意志消沉、黯然神伤时，读一读张若虚的《春江花月夜》和陶渊明的《桃花源记》，你就会觉得所有的不快都是过眼云烟。从这个意义上说，那些古诗词就是我枕畔的《圣经》。

这些伟大的诗人，之所以能写出流传千古的词句，在于他们有着对黑暗永不妥协的精神。他们高洁的灵魂，使个人的不幸得到了升华。杜甫评价李白时，曾满怀怜惜和愤懑地写道：“敏捷诗千首，飘零酒一杯”，而这是那个时代大多数诗人坎坷命运的真实写照！个人的生死，在他们眼里，不过草芥，所以他们的诗词才有着大悲悯、大哀愁，这也是我深深喜爱他们的原因。

无论是读书还是写作，我们都在经历着一个前所未有的喧嚣时刻。能够保持一份清醒和独立，在读书中去伪求真，去芜存精，并不是一件容易的事。我的枕畔，也曾有过名声显赫却难以卒读的书，但它们很快就从我的记忆中消失了。能够留下的，是鲁迅，是《红楼梦》，是《牡丹亭》《聊斋志异》，是雨果和陀思妥耶夫斯基，这些人的书和作品可以一读再读。它们不会随着时光的流逝而变旧，它们是日出，每一次出现都是夺目的。

我常想，我枕边的一册册古诗词，就是一只只夜莺，它们栖息在书林中，婉转地歌唱。它们清新、湿润，宛如上天撒向尘世的一场宜人的夜露。（选自迟子建《枕边的夜莺》）

问题▸（1）整体感知全文，说说你对“枕边的夜莺”的理解。

（2）在作者看来，伟大的诗人之所以能写出流传千古的名句，其原因是什么？

（3）品读全文，说说本文表达了作者怎样的思想感情。

5. 材料 1：

下面是某省教育厅公布的该省学生体质状况最新监测结果。（↑代表升，↓代表降）

监测项目	升降幅度
身高	↑
体重	↑
胸围	↑
肺活量	↓
视力	↓
男子1000米	↓
女子800米	↓

材料 2：

据《中国青年报》报道，某军区新兵训练，55%的新兵怕跑步，跑不动，跑不远，一累就虚脱。新兵一连进行站军姿训练，不到20分钟，全连117名新兵中，竟有9人晕倒。

材料 3：

据报道，为在全国亿万青少年学生中广泛开展群众性体育活动，引导学生们到阳光下、到操场上、到大自然中积极参加体育锻炼，成长为国家的体魄强健、意志坚强、充满活力的建设者，“全国亿万青少年学生阳光体育运动”于2007年4月29日全面启动。

问题▸（1）根据材料分析青少年的体质状况呈现出什么特点。

（2）“阳光体育运动”中“阳光”有哪两层含义？

6. 材料：

《语文学习》杂志刊登了1993年～1999年中学“优秀教师名录”，对此分别按出生年代和教龄进行统计，见下表。

中学教师按出生年代进行统计

出生年代	20世纪50年代	20世纪60年代	20世纪70年代以后
比例	23.33%	64.29%	12.38%

中学教师按教龄进行统计

教龄	20年以上	11～20年	10年以内
比例	4.76%	73.81%	21.43%

问题▸如果要否定“论资排辈，评价教师优秀与否的做法已成为历史”这一结论，请简要阐述所使用的论据和推理结果。

7. 材料：

那是小学一年级的暑假里，我去北京外婆家做客。正是“七岁八岁讨人嫌”的年龄，加之隔壁院子一个名叫世香的女孩子跑来和我做朋友，我们两个人的种种游戏更使外婆家不得安宁了。

表姑在外婆家养病，她被闹得坐不住了。一天，她对我们说：“你们知不知道什么叫累呀?”我和世香互相看看，没有名堂地笑起来。是啊，什么叫累呀?我们从来没有思考过累的问题。有时候听见大人说一声：“喔，累死我了！”我们会觉得那是因为他们是大人呀，“累”距离我们是多么遥远啊。当我们终于笑得不笑了，表姑又说：“世香呀，你不是有一些糖纸吗，为什么不再多找一些漂亮的糖纸呢，多好玩呀?”我想起世香的确让我参观过她攒的一些糖纸，那是几十张美丽的玻璃糖纸，被夹在一本薄薄的书里。可我既没有对她的糖纸产生过兴趣，也不觉得糖纸有什么好玩，世香却来了兴致，她问表姑：“你为什么让我们攒糖纸呀?”“攒够一千张糖纸，表姑就能换给你一只电动狗，会汪汪叫的那一种。”

我和世香惊呆了。电动狗也许不会让今天的孩子稀奇，但在二十多年前我童年的那个时代，表姑的许诺足以使我们激动很久。那该是怎样一笔财富，那该是怎样一份快乐？更何况，这财富和快乐将由我们自己的劳动换来呢。

从此我和世香再也不吵吵闹闹了。外婆的四合院安静如初了。我们走街串巷，寻找被人遗弃在犄角旮旯的糖纸。那时候糖纸并不是随处可见的，我们会追逐着一张随风飘舞的糖纸在胡同里一跑半天的；我和世香的零花钱都买了糖——我们的钱也仅够买几十颗，然后我们突击吃糖，也不顾糖把嗓子粕得生疼；我们还守候在食品店的糖果柜台前，耐心等待那些领着孩子前来买糖的大人，等待他们买糖之后剥开一块放进孩子的嘴，那时我们会飞速捡起落在地上的糖纸，一张糖纸就是一点希望呀！

我们把那些皱皱巴巴的糖纸带回家，泡在脸盆里把它们洗干净，使它们舒展开来，然后一张一张贴在玻璃窗上，等待着它们干了后再轻轻揭下来，糖纸平整如新。暑假就要结束了，我和世香终于每人都攒够了一千张糖纸。

一个下午，我们跑到表姑跟前，献上了两千张糖纸。表姑不解地问："你们这是干什么呀？"我们说："狗呢，欠我们的电动狗呢？"表姑愣了一下，接着就笑起来，笑得没完没了，上气不接下气。待她笑得不笑了，才擦着笑出的泪花说："表姑逗着你们玩哪，嫌你们老在院子里闹，不得清净。"世香看了我一眼，眼里满是悲愤和绝望，我觉得还有对我的藐视。毕竟，这个逗我们玩的大人是我的表姑啊！

这时，我忽然有一种很累的感觉，我初次体味到大人们常说的累，原本就是胸膛里那颗心的突然加重吧！

我和世香走出院子，我们俩不约而同地把精心"打扮"过的那一千张糖纸扔向天空，任它们像彩蝶一样随风飘去。

我长大了，每逢看见"欺骗"这个词，总是马上联想起那一千张糖纸。孩子是可以批评的，孩子是可以责怪的，但孩子是不可以欺骗的。欺骗是最深重的伤害。

我们已经长大成人，可所有的大人不都是从孩童时代走来的么？（节选自铁凝《一千张糖纸》）

问题 ▸（1）文中的"我"为什么"忽然有一种很累的感觉"？

（2）请解释画线的句子的深层含义。

单项选择题

8. 人类要谦虚一些、慎重一些、节制一些……而倡导生态文明的关键是我们要尊重历史，尊重自然，尊重现实，摆正"人"在大自然中的正确位置。"人"字原本多大就写多大。现在是写得太大了，应该写小些，小些，更小些，把"人"写在原来应有的位置上。"人字现在是写得太大了"的意思是（　）。

A. 面对现实，人类太自大　　B. 面对历史，人类太自大
C. 面对大自然，人类太自大　　D. 面对同类，人人都很自大

9. 中国彩电行业正在山坡上，每一个奋力往上攀登的企业，都是身经百战，在激烈的竞争中杀出了血路才得以生存的，然而，再向高峰行进的时候，稀薄的氧气会使企业的生存更加艰难，对于彩电行业来说，只有身体强壮，才能一览众山小。如果一直缺钙，就只能坠落山脚，深陷整个行业亏损的泥潭。对“中国彩电行业正在山坡上”这一比喻理解正确的是（　）。
A. 中国彩电行业正奋力发展　　B. 中国彩电行业前行不易
C. 中国彩电行业竞争激烈　　D. 中国彩电行业面临生存困难

考点二　观念探究题的应对策略

材料分析题

1. 材料：

你接收了春的绚烂和夏的繁荣，你也接收了春的张狂和夏的任性；你接收了生命从开始萌生，到逐渐成熟，这期间的种种苦恼、挣扎、失望、焦虑、怨愤和哀伤；你也容纳了它们的欢乐、得意、胜利、收获和颂赞。你告诉我：生命的过程注定是由激越到安详，由绚烂到平淡，一切情绪上的激荡终会过去，一切彩色喧哗终会消隐。如果你爱生命，你该不怕去体尝。因为到了这一天，树高千尺，叶落归根，一切终要回返大地，消失于那一片邈远深沉的棕土。到了沉埋在秋的泥土中，去安享生命最后的胜利，去吟唱生命真实的凯歌！

生命不是虚空，它如厚重的大地一般真实而具体。因此，你应在执着的时候执着，沉迷的时候沉迷，清醒的时候清醒。

如今，在这亚热带的蓝天白云间，我仍读到你智慧的低语。我不但以爱和礼赞的心情来记住生命的欢乐，也同样以爱和礼赞的心情去纪念——生命中难得出现的那几年的刻骨的悲哀与伤痛。

而今后，我更要以较为平淡的心情去了解，了解那属于你的冷然的清醒、超逸的豁达、不变的安闲和永恒的宁静！（节选自罗兰《写给秋天》）

问题▸（1）文中画线句子“你应在执着的时候执着，沉迷的时候沉迷，清醒的时候清醒。”有什么深层的含义？

（2）根据你对上面句子的理解，请结合实例说明你是如何做的。

2. 材料：

纯美之极的事物是没有的，因而我还是热爱雪。爱它的美丽、单纯，也爱它的脆弱和被迫的消失。当然，更热爱它们消融时给这大地制造的空前的泥泞。小巷里泥水遍布；排水沟因为融雪后污水的加入而增大流量，哗哗地响；燕子在潮湿的空气里衔着湿泥在檐下筑巢；鸡、鸭、鹅、狗将它们游荡小巷的爪印带回主人家的小院，使院子里印满无数爪形的泥印章，宛如月下松树庞大的投影；老人在走路时不小心失了手杖，那手杖被拾起时就成了泥手杖；孩子在小巷奔跑嬉闹时不慎将嘴里含着的糖掉到泥水中了，他便失神地望着那泥水呜呜地哭，而窥视到这一幕的孩子的母亲却快意地笑起来……这是我童年时常常经历的情景，它的背景是北方的一个小山村，时间当然是泥泞不堪的早春时光了。

我热爱这种浑然天成的泥泞。

泥泞常常使我联想到俄罗斯这个伟大的民族，罗蒙诺索夫、柴可夫斯基、陀思妥耶夫斯基、托尔斯泰、蒲宁、普希金就是踏着泥泞一步步朝我们走来的。俄罗斯的艺术洋溢着一股高贵、博大、阴郁、不屈不挠的精神气息，不能不说与这种春日的泥泞有关。泥泞诞生了跋涉者，它给忍辱负重者以光明和力量，给苦难者以和平和勇气？一个伟大的民族需要泥泞的磨砺和锻炼，它会使人的脊梁永远不弯，使人在艰难的跋涉中懂得土地的可爱、博大和不可丧失，懂得祖国之于人的真正含义：当我们爱脚下的泥泞时，说明我们已经拥抱了一种精神。

如今在北方的城市所感受到的泥泞已经不像童年时那么深重了，但是在融雪的时节，我走在农贸市场的土路上，仍然能遭遇那种久违的泥泞。泥泞中的废纸、草屑、烂菜叶、鱼的内脏等等杂物若隐若现着，一股腐烂的气味扑入鼻息。这感觉当然比不得在永远有绿地环绕的西子湖畔撑一把伞在烟雨淳淳中耽于幻想来得惬意，但它仍然能使我陷入另一种怀想，想起木轮车沉重地辗过它时所溅起的泥珠，想起北方的人民跋涉其中的艰难的背影，想起我们曾有过的苦难和屈辱，我为双脚仍然能触摸到它而感到欣慰。

我们不会永远回头重温历史，我们也不会刻意制造一种泥泞让它出现在未来的道路上，但是，当我们在被细雨洗刷过的青石板路上走倦了，当我们面对着无边的落叶茫然不知所措时，当我们的笔面对白纸不再有激情而苍白无力时，我们是否渴望着在泥泞中跋涉一回呢？为此，我们真应该感谢雪，它诞生了寂静、单纯、一览无余的美，也诞生了肮脏、使人警醒、给人力量的泥泞。因此它是举世无双的。（选自迟子建《泥泞》）

问题▸（1）作者为什么说“我热爱这种浑然天成的泥泞”，请联系全文回答。

（2）最后一段，作者既说“我们也不会刻意制造一种泥泞让它出现在未来的道路上”，又提出“我们是否渴望着在泥泞中跋涉一回呢”，你是如何理解的？

3. 材料：

曾经三十天蛰居山庄，足不离户。坐在阳台上记录每天落日下山的分秒和它落下时与山棱碰触的点的移动。有时候，迷航的鸟不小心飞进屋内，拍打着翅膀从一个书架闯到另一个书架，迷乱惊慌地寻找出路。在特别湿润的日子里，我将阳台落地玻璃门大大敞开，站在客厅中央，守着远处山头的一朵云，看着这朵云，从山峰那边漫漫飘过来、飘过来，越过阳台，全面进入我的客厅，把我包裹在内，而后流向每个房间，最终分成小朵，从不同的窗口飘出，回归山岚。

夏天的夜空，有时很蓝。我总是看见金星早早出现在离山棱很近的低空，然后月亮就上来了。野风吹着高高的树，叶片飒飒作响，老鹰立在树梢，沉静地看着开阔的山谷。我独立露台，俯视深沉的老鹰。

有一年的12月31日晚上，朋友们在我的山居相聚，饮酒谈天，11时半，大伙纷纷起立，要赶下山，因为，新年旧年交替的那一刻，必须和家里那个人相守。朋友们离去前还体贴地将酒杯碗盘洗净，然后是一阵车马启动、深巷寒犬的声音。5分钟后，一个诗人从半路上来电，电话上欲言又止，意思是说，大伙午夜前刻一哄而散，把我一个人留在山上，好像……他说不下去。

我感念他的友情温柔，也记得自己的答复："亲爱的，难道你觉得，两个人一定比一个人不寂寞吗？"（选自龙应台《寂寞》）

问题▸（1）用"沉静""深沉"形容老鹰，说说你对老鹰这一形象的理解。

（2）请列举作者在蛰居生活中关注自然的举动，并思考她所追求的生活境界是什么。

（3）文章写朋友们在我的山居相聚，这与文章的题目"寂寞"有何关系？说说你的理解。

4. 材料：

有一个圆，被切去了好大一块，圆想自己恢复完整，没有任何残缺，因此四处寻找失去的部分。因为它残缺不全，只能慢慢滚动，所以能在路上欣赏花草树木，还和毛毛虫聊天，享受阳光。它找到各种不同的碎片，但都不合适，所以都留在路边，继续往前寻找。有一天，这个残缺不全的圆找到一个非常合适的碎片，它很开心地把那碎片拼上了，开始滚动。现在它是完整的圆了，能滚得很快，快得使它注意不到路边的花草树木，也不能和毛毛虫聊天。它终于发现滚动太快，会使它看到的世界好像完全不同，因此，便停止滚动，把补上的碎片丢在路旁，慢慢滚走了。

问题▸"缺角的圆"的故事中蕴含着怎样深刻的内涵，请结合自己的体会谈一谈。

5. 材料：

当今世界是经济全球化和文化多元化的新时代，其他国家和民族的文化源源不断进入我国，对我国文化形成了巨大的竞争压力。在压力面前，一部分国人产生了崇洋媚外的文化自卑感；另一部分国人则不敢直面竞争，产生了唯我独尊的盲目自大心理。自卑与自大，实际上都是文化软骨病的表现。重建文化自信，提升文化竞争实力，是给文化补钙的最好办法。

创新是文化的生命线，是文化自信的基础，是文化竞争力的根本。随着时代的发展，群众的文化需求越来越多元化，而不少文化工作者未能与时俱进，其文化观、艺术观、价值观、审美观都远远落后于社会发展，文化作品脱离社会实际，难以提供真正具有竞争力的文化产品，文化自信也就变成无源之水、无本之木。

在经济全球化的时代，品牌将成为文化产业赖以快速发展的动力。而我国文化产业其发展正处于从计划经济向市场经济艰难的转轨过程中；缺乏国际化和市场化的文化包装、推广、营销等新型商业模式，难以形成自主品牌，导致我国文化既缺乏高端创新，又缺乏完美的营销系统，沦为发达国家文化品牌的打工仔。

一个强大而自信的民族文化，必然具有强大的普世性和征服力，必然能够赢得世界多数民族的认可与尊重，必然能够在对外文化贸易中占据主动地位。故此，必须重视文化贸易，大力提升出口份额，不断占领国际文化市场，在竞争中战胜对手从而重建自信。（节选自吴红民《治疗文化软骨病须从补钙开始》）

问题▸（1）文中“文化软骨病”具体指什么？

（2）我国目前文化发展存在哪些问题，请做简要概括。

（3）你认为如何重建我国文化自信，提升文化竞争实力？

6. 材料：

雨有时诚然恼人，但也有它优美的地方，不论是春雨绵绵、秋雨涓涓，或是大雨滂沱，只要你静静地欣赏，都有它不同的趣味。雨有时像珠帘，有时似轻纱，点点滴滴，常能与我们的心境产生共鸣，所以古人形容雨的词句也特别多，因时间的不同有所谓“寒食雨”“杏花雨”“梅雨”“清明时节雨”；因地点的差异有“灞陵雨”“楚江微雨”“巴山夜雨”“二陵风雨”“仙人掌上雨”；因大小早晚的不同有“密雨”“疏雨”“宿雨”“朝雨”；因心境的不同有“雨打归舟泪万行”“天阴雨湿声啾啾”；同时因为雨能轻尘，使景物变得越明晰，所以更有“雨中黄叶树”“草色新雨中”“门前风景雨来佳”“红楼隔雨相望冷”的诗句。

如果比较雨色与阳光，显然的差异当然还是在于阳光能言，雨却能呢喃；阳光只能在白天得到，雨却能日夜谛听。那潇潇的雨声，清脆的音响，仿佛织成一首交响诗，给予人无限的遐思。譬如李后主的“帘外雨潺潺”，陆游的“阑阅卧听风吹雨”，都是形容雨的佳句。至于李清照的“梧桐更兼细雨，到黄昏点点滴滴”和“伤心枕上三更雨，点滴凄清。点滴凄清，愁损离人，不惯起来听”，因为不但形容了雨，也模拟了雨打梧桐、芭蕉的声响，所以更成为千古的绝唱。

问题▸（1）作者在引用古人形容雨的词句时从哪些方面做了分类？

（2）雨色与阳光在作者看来，有着怎样显然的差异？

（3）作者为什么要引用李后主和李清照的词句？

单项选择题

7. 材料：

随着社会环境的影响和对儿童阅读市场的认识不断加深，越来越多的作家自觉地思考读者定位，发挥自己的创作特长。从读者年龄段来说，有的作家专心致志地为幼儿写作，有的专门为小学低年级学生写作，还有的着力满足小学中高年级学生的阅读需求；从写作内容来说，有的作家专门为孩子写科幻故事，有的一心写冒险小说，有的则认真地为孩子写生活故事。

问题 ▸ 对这段文字概括最准确的是（　）。

A. 儿童图书写作的目的性不断增强
B. 儿童图书作者的创作定位趋向精准
C. 定位准确的儿童图书更适合儿童阅读
D. 作家应结合自身特长与市场需求确定创作方向

8. 材料：

随着经济的发展，我国的教育投入正在逐年增加，全民的教育程度也在日益提高。然而遗憾的是，在一定条件下教育成本往往与质量没有必然的联系。

问题 ▸ 下列选项中，符合作者原意的是（　）。

A. 作者认为教育成本与质量没有关系
B. 作者感到教育质量不能提高很遗憾
C. 作者反对教育成本增高
D. 作者认为教育投入多并不保证一定取得好的成果

9. 材料：

信鸽具有极强的飞行能力，时速可达到100千米。记忆能力和识别能力在动物中是出类拔萃的。它不怕疲劳，忠诚可靠，没有逃兵和投降者，不受地形限制，传递信息及时，信鸽自从军以来屡建奇功。

问题 ▸ 这段话支持了以下哪一种观点？（　）

A. 信鸽具有很强的飞行能力，所以屡建奇功
B. 信鸽是一种适用于作战活动的动物
C. 信鸽的许多独特优点在军事上有很大作用
D. 信鸽参与军事活动是胜利的保证

第三章　写作

考点一　记叙文写作

写作题

1. 师德是教师的立师之本，是教师事业成功的保障。请以师德为话题进行写作。文体不限。诗歌除外。

2. 题目：我心中的好老师

要求 ▸ 观点正确，语言通顺，文体不限，800 字以上。

3. 以“表扬”“赏识教育”为话题。

4. 以“宽容”“教育智慧”为话题。

5. 有一些话语，因为一些人，或者一些事，变得温暖，让人感动。享受温暖在苦寒的冬天，孕育出春天的繁花似锦。

要求 ▸ 请用规范的现代汉语写作。自定立意，自拟题目，自选文体。

考点二　议论文写作

写作题

1. 阅读下面材料，根据要求写一篇议论文。

　　一位母亲非常重视儿子的前途，每天苦口婆心地教育儿子要努力读书、要有礼貌、要讲信用、要忠于国家……而父亲白天忙于工作，晚上回来又常常看书。

　　爱子心切的母亲终于忍不住说："你别只顾你的公事和看书，你也该好好地管教管教你的儿子啊！"

　　父亲意味深长地说："我时时刻刻都在教育儿子啊！"

要求 ▸ 用规范的现代汉语写作。立意自定，题目自拟；观点明确，分析具体；条理清楚，语言流畅。不少于 800 字。

2. 阅读下面材料，根据要求写一篇论说文。

古诗“一种春声浑难忘，最是长安课归时”，表现了对童年放学后那欢快之声的深深怀念。今天，校园的哪一种声音让你“很难忘”呢？是上下课的铃声、窗外的鸟鸣，还是老师娓娓的讲课声、同学们琅琅的读书声？或者是……

要求 ▸ 请以“最难忘，校园的那一种声音”为题，写一篇不少于800字的文章。要求用规范的现代汉语写作。立意自定，题目自拟；观点明确，分析具体；条理清楚，语言流畅。

3. 阅读下面材料，根据要求写一篇论说文。

材料1：［意］亚米契亚《爱的教育》：倡导谅解与友爱。

材料2：陶行知：“爱满天下”。

材料3：丰子恺在谈到他的老师时说，李叔同先生是“爸爸的教育”，夏丏尊先生是“妈妈的教育”。

材料4：冰心：“有爱就有教育”。

要求 ▸ 请联系现实和自己的生活体验，围绕“爱与教育”，写一篇不少于800字的文章。要求用规范的现代汉语写作，立意自定，观点明确，分析具体，条理清楚，语言流畅。

4. 阅读下面材料，根据要求作文。

有一个人得到一个蝴蝶的茧。据说这只茧不久之后就会变成一只紫色的美丽的蝴蝶。一天，茧的皮被咬破了一个小口。这个人坐在桌子前，仔细地看着蝴蝶宝宝费力地挣扎，好像母亲分娩一样。那个看不清形状的小生命折腾了好几个小时，还是没有什么进展。又过了一会儿，它好像筋疲力尽，停了下来。这个人决定帮它一把，于是把茧皮的口弄大了一点，小蝴蝶终于完全出来了。然而没有像人们预料的那样展翅飞翔，它战战兢兢地抖动着一对皱巴巴的翅膀，身体还像一只臃肿的小虫，它始终没有飞起来，它一直在桌子上，带着那对紫色的萎缩的翅膀和一个肿胀的身体哆嗦地蠕动着，直到死亡的来临。

要求 ▸ 根据上述材料，结合自己的理解，用规范的现代汉语写一篇作文。立意自定，题目自拟，自选文体，不少于 800 字。

5. 阅读下面材料，根据要求作文。

古语有云：“授人以鱼，不如授之以渔，授人以鱼只救一时之急，授人以渔则可解一生之需。”

要求 ▸ 请根据自己的理解，用规范的现代汉语写一篇论述文。立意自定，题目自拟，自选文体，不少于 800 字。

分章习题参考答案及解析（模块五）

第一章 信息处理、逻辑基础知识

考点一 信息处理基础知识

1. 【答案】C。【解析】信息整合能力是指人们将各种信息进行筛选分析、优化组合、综合利用、加工创新和创造的一种能力。信息整合的目的是为了运用信息。

2. 【答案】C。【解析】类书是辑录各门类或某一门类的资料，并依内容或字、韵分门别类编排，供寻检、征引的工具书。如《艺文类聚》《太平御览》《骈字类编》等。

3. 【答案】A。【解析】倒查法是由近及远，从新到旧，逆着时间的顺序利用检索工具进行文献检索的方法。

4. 【答案】C。【解析】使用搜索引擎进行检索，是目前最常规、最普遍的方式。这种方式主要是利用分类目录或关键词，在特定搜索引擎中查找所需信息。

5. 【答案】B。【解析】CoolEdit 是初识音频处理工具；PhotoShop 是专用的图形图像加工处理软件；PowerPoint 是微软办公软件；Mindmanager 是思维导图办公软件。

6. 【答案】D。【解析】算术平均数又称均值，是统计学中最基本、最常用的一种平均指标，分为简单算术平均数、加权算术平均数，算术平均数是一个良好的集中量数。

7. 【答案】C。【解析】描述数据次数分布中各数据所处地位的统计量的统计量是地位量数。

8. 【答案】B。【解析】Fireworks 由于提供专业网络图形设计和制作方案，支持位图和矢量图。通过它，可以编辑网络图形和动画。同时它能实现网页的无缝连接，与其他图形程序、各 HTML 编辑也能密切配合，为用户一体化的网络设计方案提供支持。故其不是常用课件制作的工具。

9. 【答案】（1）选择“标准检索”；

（2）在“发表时间”对应栏中，填写“2011 年～ 2016 年”这一时间段；

（3）在“文献来源”对应栏中填写“硕士数据库”，或勾选“中国优秀硕士学位论文全文数据库”；

（4）在检索条件下拉框中选择“主题”，并在检索框中输入检索范围控制条件为“教师专业发展”；

（5）点击“检索文献”按钮，显示得到检索结果；

（6）处理检索结果，生成检索报告，获取硕士论文全文。

考点二 逻辑基础知识

1. 【答案】C。【解析】印记学习的定义要点：①发生在动物生活的早期阶段；②由直接印象形成的学习行为。A、B、D 选项均符合印记学习的定义；C 项不符合要点①和②。

2. 【答案】C。【解析】文段通过对伊顿预言得以验证的事实说明国民创造力在国家发展中的重要作用。从文段意图推断可知 C 选项最为合理。

3. 【答案】B。【解析】归纳是指从许多个别的事物中概括出一般性概念、原则或结论的思维方法。本题为归纳法的应用。

4. 【答案】C。【解析】在中国画家眼中，苹果如同艺术的各个方面，毕加索每个“苹果”都“咬”了一口，意味着毕加索在艺术的各个领域都有过尝试，C选项符合题意。A、B选项明显与题意不符。陈述中说毕加索涉及诸多领域，而没有说“没有不涉及的领域”，故D选项不符合题意。

5. 【答案】C。【解析】博士是必要条件，而由条件（1）“4位男士中，有3个高个子，2名博士，1人长相英俊”和条件（2）“王和吴都是博士”，可将刘李排除A、B都排除；根据条件（1）“只有一个矮个子”根据条件（3）“而刘和李身高相同”，意味着这两个人都是高个子，又有条件（5）“李和王并非都是高个子”，而李是高个子，所以王不是高个子，高个子是必要条件，因此排除王，即吴符合李娜所要求的全部条件。

6. 【答案】C。【解析】“小李并非既懂英语又懂俄语”，这句话的意思是小李并非同时懂得英语和俄语，他或者不懂英语，或者不懂俄语。因此C选项为正确答案。

7. 【答案】D。【解析】由“后半句话不对”可知先要表示后半句的否命题，加“并非”，即“并非我们班所有的同学成绩都在70分以上”，这句话等价于“有的同学不在70分以上”。

8. 【答案】C。【解析】题目中的三段论犯了“四概念”错误，即第一句话的“大学生”是群体性概念，第二句话中的“大学生”是个体概念，不能够形成正确的三段论。C选项表述的内容也犯了“四概念”错误。

9. 【答案】B。【解析】定词“不”位于模态词之前，是对“可能都是准确无误的”的否定，这样“可能”变成“必然”，“都”变成“有的”，“是”变成“不是”。原命题等价于“所有的天气预报必然有的不是准确无误的”，也就是“有的天气预报必然不是准确无误的”。

10. 【答案】A。【解析】甲表述为相容选言命题，且并不否定“二者并存”这种可能；乙、丙的表述均为充分条件假言命题，前、后条件同真同假，该命题都为真，因此应当两人都选派。

11. 【答案】B。【解析】某刑事人类学家通过对260名杀人犯的考察，得出共同的生理特征，归结为“杀人犯具有广颚、颧骨突出、头发黑而短的特征”的结论，是从特殊到一般的推理过程。A选项为直言命题，C选项为三段论推理形式，D选项是对全部学生进行调查，均不是从特殊到一般的推理过程，只有B选项与题意推理过程相似。

第二章　阅读理解

考点一　对重要词语、语句等的理解

1. 【答案】B。【解析】材料中说，科学是无颜色的，意思就是科学知识是实实在在的，不容歪曲的。而人是有颜色的，说明人的世界观是不相同的，是不确定的，所以“有颜色的力量”是指人的价值取向。

2. 【答案】B。【解析】将刘翔比喻为风，是因为二者有着共同点，如轻盈和迅速，这个比喻恰到好处地说明了刘翔在赛场上的状态。

3. 【答案】（1）生命的光彩指天性自由、健康发展，是富有生机和创造力的自然状态。

（2）画线句子运用了比喻、拟人、夸张的修辞手法。作者认为藤蔓束缚了桃树的自由生长，而人为的诸多僵硬而野蛮的束缚同样是对生命的极大摧残，表达了作者对束缚的不满和批驳，以及对生命自由的渴望和热爱。

（3）文中“妈妈”将儿童充满想象力和创造力的“鱼”抹杀了，而这类成人眼中合乎常识的行为恰恰会掐灭创造的种子，束缚自由的天性。

4. 【答案】（1）“枕边的夜莺”是指放在枕边经常用来夜晚阅读的中国古典诗词的书籍。

（2）他们有着对黑暗永不妥协的精神；他们的作品有着大悲悯、大哀愁。

（3）作者通过叙写读书经历，特别是夜晚读古代诗词的体会，表达了自己对中国古典诗词的钟爱之情和自己的人生感悟。

5. 【答案】（1）体质下降。

（2）阳光下（操场上、大自然中、户外）；充满活力（体魄强健、意志坚强）。

6. 【答案】由图表中 1993 年～ 1999 年这一时间段优秀教师评选进行统计的结果可见，教师群体以 20 世纪 60 年代出生、教龄在 11 ～ 20 年间教师为主；50 年代出生、教龄在 10 年以内的教师次之。这说明，年富力强、教学经验丰富的教师已经成为优秀教师的主体，而所谓的“论资排辈”现象并不成立，因为图表中最为年长的、资历最老的 50 年代的教师并未占据主流。可见，“论资排辈”评价教师优秀与否的做法已成为历史。

7. 【答案】（1）因为表姑的失信使“我”全力追逐的希望忽然成了泡影，这让我悲愤、绝望，加之对世香的内疚所以觉得很累。

（2）画线句子不仅描述了清洗糖纸的过程，更表现了孩子对希望的急切渴盼，与下文希望的破灭形成强烈的反差，从而告诫我们：不要伤害童心，孩子是不可以欺骗的。其中“泡”“洗”“贴”“揭”四个动词用得十分贴切、传神，表现孩子清洗糖纸的耐心细致和心灵手巧，也饱含着孩子对糖纸的呵护和珍惜之情。糖纸从“皱皱巴巴”到“舒展”到“平整如新”，既表现了糖纸由旧到新的变化，又体现了清洗糖纸的过程中带来的劳动的快乐，快乐中还蕴含着孩子对实现希望的执着和期盼。

8. 【答案】C。【解析】由文中“……摆正‘人’在大自然中的正确位置”可知，人类在大自然面前过于自大。

9. 【答案】B。【解析】“中国彩电行业正在山坡上”是一个比喻句，联系下文可知与彩电行业和山坡有关的句子为“然而，再往高峰行进的时候，稀薄的氧气会使企业的生存更加艰难……”可知中国彩电行业前行不易。

考点二　观念探究题的应对策略

1. 【答案】（1）生命有其变化发展的历程。我们要以平淡的心情去看待生命过程中的欢乐与胜利、痛苦与悲哀、平静与清醒等种种变化，去感知生命的独特经历。

（2）结合自身的经历举例（尽可能欢乐、痛苦、清醒各举一例）。

2. 【答案】（1）因为泥泞带来了乡村质朴自然的生活气息，泥泞诞生了“跋涉者”，“泥泞”使人自然回忆起了民族艰辛的历史，“泥泞”自然使人想起了土地的广博与祖国的含义。

（2）泥泞是浑然天成的，无法人为制造；而且泥泞象征着苦难与屈辱，没必要在未来的路上人为地设置逆境和挫折；但是泥泞可以使人警醒，给人力量，可以促使人们重温历史，所以当我们在顺境中茫然和麻木时，我们会渴望在“泥泞”中再跋涉一回。

3. **【答案】**（1）老鹰的形象已经被作者人格化了，它“沉静”“深沉”，像一个自然界的智者，作者在关注老鹰的过程中，把自己所推崇的独立、冷静的人生态度也附着在老鹰身上。

（2）记录落日的时间和状态，留心迷航的鸟，守着远处山头的云，仰视夏日夜空的金星，注视立于树梢的老鹰。作者在与自然的对话中，追求一种释放心灵、物我相融的生活境界。

（3）这段文字写朋友们在“我”的山居相聚后，无一例外地回到现实生活中，这与“我”选择留下形成了鲜明的对比；而作者又特别提到一个诗人对“我”的问候，这种问候自然友善温柔，但更能看出他们对“我”内心选择的不理解，而这种心灵的隔阂其实正是“我”寂寞的根源。

4. **【答案】**“圆”为了完美，耗费了心力去找回那缺失的一角，无形中错失了许多快乐、美好。而人生同样如此，完美并不现实，缺陷本身就是美丽的。一味追求目标和终点，而忽略了沿途的风景，将让自己沉入不可自拔的泥沼，最终失去更多人生意义和乐趣。

世界上本没有十全十美的事物。正所谓“金无足赤，人无完人”，事物必定存在一定的缺陷与不足。追求自身的完善，试图弥补缺陷本没有错。但很多的时候，过度追求完美却会让我们失去许多美好和期待。凡事有失必有得，人生本就在取舍之间。

5. **【答案】**（1）“文化软骨病”是指部分国人面对其他国家和民族的文化进入我国形成的巨大的竞争压力而产生的崇洋媚外的文化自卑感或唯我独尊的盲目自大心理，即自卑与自大的心理。

（2）我国目前文化发展存在的问题包括：文化缺乏创新意识、没有形成民族的文化品牌、文化缺乏普世性和征服力。

（3）要重建我国文化自信，提升文化竞争实力：第一，推动文化创新；第二，建设顶级文化创新队伍；第三，打造文化品牌；第四，扭转文化贸易逆差；第五，切实保障文化知识产权；第六，实施传统文化再造工程等。

6. **【答案】**（1）作者在引用古人形容雨的词句时，从时间、地点、早晚、心境、雨的作用等几个方面做了分类。

（2）紧扣文本会发现答案在第二自然段的开头，即：①阳光能言，雨却能呢喃；②阳光只能在白天得到，雨却能日夜谛听。

（3）引用二人的词句目的主要是证明上文的观点“那潇潇的雨声，清脆的音响，仿佛织成一首交响诗，给予人无限的遐思”，另外，也顺便点出这些词句成为千古绝唱的原因。

7. **【答案】**B。**【解析】**文段指出作家的创作应更加注重“读者定位”，根据读者年龄、写作内容等的不同，进行更有针对性的创作，创作定位愈加精准。

8. **【答案】**D。**【解析】**本题的解题关键是抓住关键词“然而”，通过表转折关系的连词“然而”引出了作者的观点“在一定条件下教育成本往往与质量没有必然的联系”。由此可以判定作者的观点是“认为教育投入多并不保证一定取得好的成果”。

9. 【答案】C。【解析】材料首先分析了信鸽的独特优点，这些优点在军事上有很大的作用。信鸽参与军事活动是胜利的保证的说法过于绝对化。

第三章　写作

考点一　记叙文写作

1. 【参考范文】

大爱无声 师德千秋

天崩地裂，地动山摇；日月潜形，阴风哭号；房屋坍塌，横尸遍野。那场毁灭性的八级汶川大地震将时间定格在让国人乃至世人震惊的5月12日14时28分。几秒钟的时间，一座座城市、一排排楼房、一条条道路完全损毁；几秒钟的工夫，我们几万名同胞身陷废墟，生命垂危。哭喊声、呻吟声、求救声在这一刻伴着泪水化成了无尽的哀痛。也就在这一刻，绵竹市东汽中学教师谭千秋老师临危不惧，镇定自若，他冒着楼房剧烈摇晃，马上会倒塌的危险，迅速地组织学生撤离。一个、两个、三个……就在教学楼即将倒塌的生死关头。年轻的人民教师谭千秋毅然做出生命中最坚定的选择，用自己的血肉之躯支撑成生命的弧度，死死地将四个孩子护在身下，四个孩子得以生还，而谭老师却永远地倒下。

谭老师走了，丢下了年迈的父母、美丽的妻子、花样年华的大女儿和在怀中嗷嗷待哺的小女儿；谭老师走了，他在天灾降临时用生命谱写了一曲悲壮的赞歌。也许他有愧于自己的亲人，但是他却无愧于人民教师这个光荣的称号。

就在那一刻，可歌可泣的感人事迹接连上演。如身体前倾用生命为孩子们创造了生存空间的张米亚老师、为救六名孩子而被钢筋穿胸而过的李永强老师、身体被砸成三段而双手还在环抱三名学生的向倩老师、多次冲回教学楼营救学生的母智慧老师、舍弃亲身孩子一心想着别的幼儿的聂晓燕老师、身挡水泥板救下小孩的瞿万容老师……这样的例子举不胜举。在那极其短暂的瞬间，在那千钧一发的危急时刻，他们没有丝毫的犹豫和胆怯。毅然将生的希望留给了学生，将死亡的危险留给了自己，用生命诠释了师者对学生最诚挚的爱，诠释了爱与责任的师德灵魂。

这让我想到了去年为救学生而被大浪吞噬的上海师范大学教授贺宝根老师、时刻牵挂师生冷暖忘却自家天寒的山东省庆云县教研室主任周主信老师、在暴雨和洪水面前舍掉自家财产让32名群众转危为安的退休教师李明素等。一件件、一个个生动感人的例子，见证了新时代人民教师的风采，见证了人民教师崇高的师德形象，见证了这崇高精神的背后人民教师那颗强烈的责任心。

在新的历史时期。在党中央的坚强领导下，这种责任心已经内化为我们每一个人民教师内在的品质和良知，内化为不自觉的日常行为。在我们的教师队伍中，在教学一线上不乏像谭千秋、瞿万容、贺宝根等那样把爱放在生命之上的好老师，更有许许多多虽没有惊天动地的壮举但同样创造着伟大的光荣人民教师。在平凡的工作岗位上，他们默默无闻，为了学生夜以继日地工作，为了学生付出全部的精力和心血，为了学生他们上不能赡养老人、下不能尽为人父母的责任。在平凡的日子里，他们正在用每一个细节、每一点努力、每一份汗水，诠释师德的伟大与崇高。他们正以言传身教、以自己的人格魅力潜移默化地影响着下一代，影响着一代又一代的人民教师。

此时此刻，我已泪如泉涌，恐怕我倾尽言语也无法表达我对他们的深情敬意，只能以拙文钝笔表达自己对他们的沉痛哀悼。我相信，我们每一名教师都会永远记住他们英雄的姿势、生命的壮举。因为，从这一秒开始，还有无数的人民教师会像他们一样，做一个勇敢的、恪尽职守的、大爱无声的人！像他们一样，在危险面前绝不颤抖！

2. **【参考范文】**

我心中的好老师

多少年来人们一直把教师比作蜡炬，赞美他们默默地发光。无怨无悔地奉献，而教师也一直以蜡炬精神来鞭策自己。

“教师”虽说只是一个职业称谓，但在现实生活中，教师的职业行为似乎成了他们生活的全部。他们以牺牲自我换来学生的茁壮成长，他们心系学生，他们情倾讲坛。一支粉笔，写下了你辉煌的人生；一块黑板，记录了你无悔的追求；一张讲台，使我们驰骋知识的海洋；一间教室，放飞我们美好的梦想。民族兴亡，国家强盛，追根溯源在于教育，千斤重担，系于教师。教师履行了这一神圣职责，将这沉甸甸的责任压在身上，无悔付出。他们当之无愧是人类灵魂的工程师。

我最佩服的老师莫过于谭老师了。他的教学严谨、学识颇多、幽默风趣对我影响甚大。

记得前年，我们班上开办了一次热闹的元旦晚会。晚会上邀请了几位老师，其中也有谭老师；在晚会上我们唱歌、玩游戏、看小品，别提有多开心了。最后到了每个老师表演节目的时候，有几位老师硬是推辞了，让大家甚是扫兴。轮到谭老师的时候，他从容地说：“在新年里祝同学们个个生龙活虎、龙腾虎跃、虎虎生威。”随后他起身从衣袋里掏出一个蓝色口琴。说：“新年里送大家一首《彩云追月》，希望大家能够喜欢。”说完，捧着口琴吹奏起来。旋律的优美，让大家听得如痴如迷，我的心也随之飞出窗外，到了空旷的大地上，似乎看见了天空上金黄色的月亮和银白色的云彩……吹完了，我们热烈鼓掌致谢。说实话，当时我真恨不得去买一个口琴来吹一吹，但没买成。不过我至今还佩服谭老师的音乐才华。

谭老师人挺厉害的，不过他从没在班上打过一个人。因为这样，大家在背后叫他“老谭”。有一次，我上课不专心走了神，不知何时他站在我的课桌前面。大吼一声“嘿”。同时瞪大眼睛严肃地盯着我。当时吓得我不知所措了，心想，“妈呀！这运气也太背了吧！”但他立刻收敛回严肃的神情，用余光向班上扫过一遍，转而笑着说：“刚才我看到有人走神了！”然后停滞了三秒又继续上课。还有的时候，有不想去上早自习的同学，只要一听说是谭老师的课，便立刻起床飞奔到教室。嘿！这就是谭老师的威信和魔力。

课堂上听谭老师讲课真是一大乐趣，他态度和蔼、风趣幽默，他的讲解深入浅出、通俗易懂。他讲课很投入、有激情。常常伴随着丰富的表情和动作，让我们在轻松愉悦之中学到知识。他与人合写的《金中赋》文辞优美，颇具特色，用其深厚的文学知识把金中的历史、现在、未来表达得淋漓尽致。让我们深受感染、倍受鼓舞、满怀希望。他经常将书本知识延伸到现实社会，给我们讲做人的道理，戏称“谭氏定律”，别说他这“定律”还帮我们解答了好多心中的疑惑，让我们深受教益和启发。曾记得他写过的一篇小诗《露珠》中说道，“你看，那挤得头扁身碎的露珠，钻进绿叶的缝隙，化作不竭的血液，成了生命的续延”。是啊！他不正是那颗闪闪发光的露珠吗？

教师，是人类灵魂的工程师，是太阳底下最光辉的职业，是塑造未来的雕塑家。老师，您不是演员，却吸引了我们对知识渴望的目光；您不是歌唱家，却让知识的清泉叮咚作响，唱出迷人的歌谣。

鲜花感谢雨露，是因为雨露滋润它成长；苍鹰感谢长空，是因为长空让他翱翔；高山感谢大地，是因为大地让它高耸；我们感谢老师，是因为他的无私奉献。此时此刻，我把心中的千言万语化作一句话：谭老师，您是当之无愧的人类灵魂的工程师！

3. **【参考范文】**

终身难忘的表扬

在初二时来了一个语文老师，要求我们写作文，题目就是“春游”。我写了一次与爸爸上山采杨梅的经历，由于是自己的亲身经历，所以写得有声有色。这个语文老师并不知道我是班里最差的学生，在批改完作文后，我的作文成了班上唯一优秀的范文，老师拿着我的作文本声情并茂地大声朗读着，我一听是自己的作文，心狂跳起来。语文老师读完了以后，就对全班同学说：“请写这篇作文的同学站起来。”我在后排怯生生地站了起来，全班同学的目光都向着我了，他们眼里是惊奇的目光。而我也感觉到了一种从来没有过的自豪感。语文老师在读完了我的作文后还给全班同学分析了作文好在什么地方，并给了我几张空白稿纸让我再誊写一遍，然后在班里墙壁上开了一个作文园地。我的作文就是作文园地里的第一篇范文。

我因此找到了自信，原来自己并不是十分没用，我也能够有同学不及的地方。自那以后我开始要求自己写周记、写日记，每天要求自己写出五百字的东西来送给老师批改，老师在看完之后就写上一句评语或者给一个“优秀”的字样，我非常满足。写日记这个习惯从初二开始一直保留到了我大学毕业后，直到任教的六年时间里，我的日记本共有五十多本。

在平时教学中，对待那些回答问题有偏差、学习上老是出错的同学，有些老师往往会不分青红皂白地大加批评或粗暴训斥，久而久之，学生的心理会罩上一层自卑的阴影，学习的兴趣也会大打折扣。

美国著名心理学家詹姆斯说过这样一句话：“人性中最深切的本质是被人赏识的渴望。”作为老师，我们何必要吝啬自己的表扬呢？一句不经意的赞美，可能会成就学生的一生，造就无数个“牛顿”“爱因斯坦”。教师要尊重学生的人性，张扬学生的个性，当学生遇到困难、挫折，或者出现错误时，不要埋怨，不要横加指责，要静下心来和学生谈谈，帮学生分析一下原因，帮学生走出心灵的困境，扬起自信的风帆，品尝成功的喜悦。

只要我们每位老师怀着谦逊的品质，赋予学生一片真挚的爱心，真正做到信任、赏识学生，尊重学生的人格，那么，我们的课堂必将是充满人文关怀和张扬师生个性的天地，我们的教育也必将散发出绮丽的光芒。

4. **【参考范文】**

宽容是一味教育良药

那是一节自习课，所有的孩子都在埋头写作业，只有黄磊同学在座位上发呆，我拍拍他的肩膀，半嗔半怪地耳语："咋这么懒啊，还不赶紧写。"没想到，这句话似捅了马蜂窝，黄磊"呼"的一声站起来，把书往地上一摔，歇斯底里地吼道："我不懒，你凭什么说我懒！你凭什么说我懒！"

孩子们被突如其来的喊声下了一跳，吃惊地看着我们，我也愣住了。好大的火气啊，就算是我说重了，课堂上也不能这样吵闹啊，更何况三天两头不写作业，不是懒又是什么？我真想声色俱厉地训他几句，灭灭他嚣张的气焰，可这个念头只一闪就消失了。唉——，毕竟是我的无心之过，黄磊是个倔强的孩子，我哪能让他下不了台呢？这样默默地想着，我心里平静了许多。

看着他那张愤怒的脸，我大脑飞速转动着，几秒钟，我终于有了对策。"好，黄磊，我向你道歉，你确实不懒"，我一字一板地说道。大概没有想到我真的会道歉，黄磊微微怔了一下，情绪也稳定了一些。"你是咱班的劳动能手，无论平时值日还是周末大扫除，你都积极主动、不嫌脏不怕累，怎么能说你懒呢？运动会上你是咱班的主力，为了能为集体争光，你坚持练习跑步，刻苦训练，为咱班取得年级第一立下汗马功劳，又怎么能说你懒呢？所以，你不懒，一点都不懒。"说这话时，我没有一丝一毫的勉强，真诚的话语打动了包括黄磊在内的所有学生。黄磊的脸色已经在我的肯定中阴转多云，又多云转晴。看到他把头低了下去，我决定到此为止，边走上讲台边正色道："我相信黄磊在每个方面都会给我们大家做出榜样的。"说完，我把目光悄悄投向黄磊，映入我眼帘的是他奋笔疾书的身影。是啊，教育需要宽容。作为一名老师，经常会遇到黄磊这样的场景，这个时候我们不妨先退一步。退一步，并不是不敢面对困难，而是冷静地面对，理智地思考，只有对形势进行多方面的剖析，才会找到解决问题的突破口；退一步，更不是软弱无能，而是春风化雨，寓大爱于无形。只有用一颗善良宽厚、真挚热诚的心包容学生，才能化干戈为玉帛，让学生在老师处理问题的过程中自我反省、心悦诚服。

5.【参考范文】

"你没那么差"

"孩子，你没那么差，对自己要有信心，加油！"每当想起这句话，即便寒风肆虐，我的世界依然是春光灿烂；每当想起这句话，即便白雪纷飞，我的内心依然是阳光明媚……

那时的我，还在念小学；和其他活泼调皮的小伙伴一样，每一次的恶作剧都有我的参与。我是令父母和老师们头疼的"捣蛋大王"；我是那个字也写不整齐，数学一塌糊涂，日子得过且过的"最后一名"。每天萦绕在我耳边的都是那些唠叨不停的话："什么时候你才长大？你为什么不能像 ×× 一样好好学习？你为什么这么差？"

对，我为什么这么差？问题的关键就在于此。我不喜欢枯燥的生活，不喜欢拘束的课堂，不喜欢抄写那些不明白的词语，不喜欢做那些单调的习题；我喜欢在蓝天下自由自在地奔跑，喜欢和小伙伴讲爬树掏鸟窝的故事，喜欢从高高的平台上往下一跳——啊！好刺激！

可是，这有什么用呢？没有人欣赏我的长处，没有人关心我的需要，没有人倾听我内心深处的呼喊……

"孩子，你没那么差，对自己要有信心，加油！"第一次听到这句鼓励的话语，是在新老师刚来的那一天。她没有过多的言语，没有夸张的修饰，没有鄙夷的眼神。反而是当同学们蔑视我时，当他们把我毫不犹豫地划归到"差生"的行列、不与我一同玩耍时，新老师轻轻地对我说了这句话。我当头一愣："这是对我说的吗？"从来没有人这么说过啊！为什么听起来这么动听，仿佛内心被注入了一股溪流，缓缓而过却充满力量。

也许，我可以尝试做一些改变？

于是，从她的课堂开始，我羞涩的小手开始颤抖着举了起来；“孩子，你没那么差，对自己要有信心，加油！”于是，从语言表达开始，美好的文字飞入了幼小的心灵。于是，从每一道数学题开始，成绩一日千里地进步……

后来，这简单的话语，一直成为了我前进的动力。每当我被现实压弯了腰，每当我被挫折压低了头，每当我被领导批评得一无是处，“孩子，你没那么差，对自己要有信心，加油！”那一幕幕就会浮现在我的脑海中。

我已经成长，已经离开了那个小山村，已经很久没有再见到这个老师，但是她那亲切的笑脸，她那句简单的鼓励，会一直留在我的心里。这句话就是我内心世界里永恒的春风，让我的人生繁花似锦！

考点二　议论文写作

1. 【参考范文】

榜样的力量

一位母亲非常重视自己儿子的前途，每天苦口婆心地教育他要努力读书，要有礼貌，要讲信用，要忠于国家。她觉得儿子都是她在教育，而孩子的父亲却从不管教儿子。

这则材料中讲到，孩子的父亲白天忙于工作，晚上回来就常常看书，在母亲的眼里，父亲只顾他的公事和看书，却不曾管教过儿子。其实她不知道，父亲的做法表面上看是任其儿子放任自流，其实他每天都在做儿子的榜样。父亲每天晚上回来看书，就是教育儿子要好好学习，将来成为国家有用之才。所以说，学习要以身作则，只要自己拿出热爱学习的榜样，在儿子面前营造出学习的氛围，儿子还能不学好吗？

在大思想家、教育家孟子年纪尚幼之时，孟母为了儿子的学习曾多次搬家。起初，他们搬到了一家卖猪肉的隔壁。每天与卖猪肉做邻居，孟子经常跑去看老板做生意，久而久之，便没有心思读书了。于是，孟母再次搬家。然而这次的邻居是做送葬的花圈生意的，经常有人到邻居家哭丧买花圈，孟子于是也跟着学了起来。孟母没有办法，决定再一次搬家。这次她们搬到了一家私塾的边上。从此以后，孟子每天跑到邻居家外面听先生们讲课，久而久之，他的学问开始见长，后来就成了赫赫有名的大思想家、教育家。

大教育家孔子有一个得意门生，叫作曾子。有一天，曾子要和他的妻子上集市赶集，他的儿子也吵闹着说要跟去。曾子妻子就跟儿子说只要儿子听话，他们回家后就杀猪给他吃。曾子夫妇回来后，曾子果然讲信用地抓起一只小猪宰了，煮了猪肉给儿子吃。妻子不解，解释说自己只是骗骗小孩子的，曾子却回答说，答应的事情就要讲信用，如果这次欺骗儿子，下次他就不相信你了。由此可见，做好表率，讲究诚信，是教育孩子的基本要求。

反观现实生活，大多数家庭都只有一个子女。家长对子女普遍都是溺爱的，捧在手里怕摔了，含在嘴里怕化了。家长一般只要求孩子努力学习，其他任何事情都不用做。而这种环境下培养出来的小孩大多是温室里的花朵，经不起任何的风吹雨打，承受不住一点打击。相比较而言，在一些农村落后地区，由于生活、经济条件相对落后，教育条件艰苦，家长文化水平较低，农村孩子的处境是截然不同的。他们所受的教育方式大多是简单粗暴地“打”，家长坚信“棍棒底下出孝子”，“打”能帮助孩子成才。在这些地方，只要孩子不好好学习或是调皮捣蛋，家长就是简单地“打”，不问青红皂白。而这样的家庭环境无疑会给孩子造成心理上的阴影，而这些创伤和苦痛往往深深根植于孩子心中，使他们成年后性格上表现出或多或少的缺陷。

榜样的重要性不言而喻，它对儿童的教育起着至关重要的作用。无论是毫无主见的溺爱行为，还是手拿棒子的霸道家长，都不能为孩子树立正确的榜样。而作为孩子的启蒙导师，家长要担负起自己的教育责任，改正不良的行为方式和教育手段，要树立科学的教育观，学会做好榜样。

2. 【参考范文】

最难忘，校园的那一种声音

最难忘校园的声音，是哨声。那是一声声怎样的哨声啊！

哨声很长，它的一头联系着敬爱的教官，一头联系着正在军训的我们。它长得像一条线，串联起每一颗跳动的心，每一颗热血沸腾的心，每一颗挥洒泪汗的心。

哨声很短，短得让我们感觉到新老师是如此亲近，如此平易近人。它让我们忘却了羞怯，忘却了陌生。

哨声很尖利，但不刺耳，它直接触动着我们的脊梁。我们没有弯腰，没有低头，我们将胸膛挺起，将背挺直，昂扬地站着……

哨声只有一个音，却包含着无尽的语言。你听见了吗？它包含着教官耐心的教导声，那里面满是责任；它包含着我们铿锵有力的脚步声，那里面满是团结；它包含着我们响亮的口号声，那里面满是豪情；它包含着班主任亲切的问候声，那里面满是关爱……这些，你都听见了吗？一声声哨声，一声声嘹亮的呼唤啊！

我们就在那一声声嘹亮的哨声下，集合，军训。

在嘹亮的哨声下，我们站着军姿，用铮铮傲骨书写下雨季光阴的华彩篇章；我们走着齐步，用一声声响彻云霄的“一二三四”吐纳出磅礴大气；我们迈着正步，用全身的热血沸腾出一个恪守不渝的信念——努力学习，报效祖国！那一声声嘹亮的哨声激励着我们在重重困难中也豪情不灭。

骄阳似火，我们黝黑的脸上涌动着豆大的汗珠，但我们并不忙着擦拭。我们要用汗水洗尽身上的娇嫩与轻狂，我们要用汗水抚平同窗的累累伤痕，我们要用汗水滋润教官沙哑的喉咙，我们要用汗水告慰班主任疲惫的心灵。

雨丝飘飞，淋湿了绿色的军装，透明的雨珠顺着帽檐哗哗地滴下，冰凉着我们的身体，把我们的意志磨砺了。秋雨哗啦啦地下，洗尽了我们骨子里的稚嫩与躁动，涤去了我们心灵的脆弱。它让我们多了分成熟，多了分自信，多了分舍我其谁的气概。

那一声声哨声下，“团结奋进”的军队理念在现实生活中找到了完美诠释。

口哨吹响，那一声声哨声回荡在天地间。

心在感动，在震撼。那不仅仅是一声声哨声，那更是一声声嘹亮的呼唤啊！

我们分明听见，那是辛勤的教官在喊着口令，呼唤着“凝聚”；那是军训连队向前迈进的步伐声，呼唤着“进取”；那是整个中国军队在呼唤着“坚毅”，呼唤着“拼搏”，呼唤着“奋进”。

那一声声嘹亮的呼唤啊！它是中国军人心底最坚定不移、最催人奋进、最响彻心扉的声音；它是我坚定信念、努力学习、报效祖国的声音！

3.【参考范文】

爱与教育

我国作家冰心认为：有爱就有教育。从小我们就享受爸爸的爱、妈妈的爱。生活在美丽的校园里，我们无时无刻不感受到老师的关怀、集体的温暖；生活在温暖的集体里，我们无处不被爱所包围。我们就像微不足道的水滴在浩瀚的爱的海洋里徜徉！在科技发达、社会进步的今天，我们与爱同行，让爱满天下！

校园里，一个个爱的故事在流淌，许许多多感人的场景又浮现到我的眼前。陈老师的儿子得了一种令人望而生畏的疾病——白血病。陈老师只是一个普普通通的小学教师，微薄的工资供儿子上大学已经很不容易了，面对这突如其来的打击，陈老师一筹莫展。但是，很快学校里的老师伸出了援助之手，100 元、200 元……同学们在父母的支持下，捐出零花钱，5 元、10 元、20 元……爱心在校园里弥漫，关怀在无声中延展。我们凝聚爱的阳光，从死神的手里夺回了一个年轻的生命。终于，陈老师的儿子重返大学校园，过上了正常人的生活，现在他已经参加了工作。我想他一定会努力工作，用爱回报社会。

在我们班上，每学期都会开展“一帮一”的结对子活动：一个成绩较好的同学帮助一个成绩暂时落后的同学，让两位同学一起进步。在这个结对子活动中，我们看见了让人感动的一幕幕：成绩较好的那位同学，总是不厌其烦地为成绩暂时落后的那位同学讲题，每天放学后，也总是守着自己的小伙伴把所有作业完成后，才放心地离开；成绩较差的那位同学，也十分认真地倾听讲解，有不懂的问题就主动向那位同学请教。“一帮一”活动后，我们看到：同学们的成绩都提高了，更重要的是，大家的友谊越来越深，享受着爱的阳光，我们快乐成长！

“世界上最广阔的是海洋，比海洋广阔的是天空，比天空更广阔的是人的心灵。”人的心灵就像是一个丰富的收纳袋，它不断地收获自己的需求，也在不断地给予和付出。我相信，只要有爱，就有教育。或者说，爱就是教育！

牵手你我，与“爱”同行，让我们的校园充满“诚信与友爱”，让我们一起乘坐“和谐”的小舟，在“爱”的海洋里徜徉吧！

4.【参考范文】

关爱有度

爱，是什么？

亲人眼中，爱是彼此的关心、是家庭的和睦；朋友眼中，爱是激励的话语、是共同战胜挫折后的喜悦；情人眼中，爱是无言的支撑，是“执子之手，与子偕老”；学生眼中，爱是老师的谆谆教诲、是善意的批评和耐心的开导……

大千世界中，爱无处不在。

每当我生病时，爸爸妈妈总会守在我床边呵护我，他们唯恐我受一丝委屈——擦汗、喂药、打针、削苹果、剥橘子……父母给了我生命，又给了我无微不至的关怀。

月考成绩出来了，我的名次一落千丈，我的心情也一落千丈。这时，朋友走到我面前，拉起我的手，微笑着对我说：“别灰心，失败是成功之母嘛，下次我们共同努力！”朋友的微笑给了我战胜困难的勇气。

期中考试要来临了，老师把我叫到办公室，拿着全班同学的成绩单，帮我分析上次考试失利的原因。副科太弱是我考试总体成绩上不去的致命原因，副科弱与我不重视准确记忆有关，老师建议我考试前强化一下副科知识的背诵。老师的关心激发了我力争上游的热情。

关爱是我们进步的力量，但过度的爱也会对人造成伤害。

现在很多家庭都是独生子女，家长都是以孩子为主。作为家长，溺爱孩子是可以理解的，自己的宝贝谁忍心去打骂呢？道理简单，说出来大家都懂。可人终究是感性动物，对于自己的孩子怎么能做到不宠爱呢！但是人也是有理性的一面，为了孩子以后更好的发展，家长有些时候也要狠心一下，理性地来看待这一问题。对孩子可以适当的宠爱，但是不能过度，要做到适中。

有这样一句话“惯子如杀子”，溺爱会对孩子本身的成长、学习、人生观和价值观等造成一种无形的伤害。有很多家长其实明白溺爱的弊端，却始终无法区分爱与溺爱的界限，更无法选择恰当的方式来表达自己对孩子的爱，而无形中，溺爱就会占据上风，对孩子造成严重的伤害。

学习是一个过程，每个人的进步都是不同的。如果操之过急，那么可能导致拔苗助长的结局。正如材料中的蝴蝶，它自己会努力地出来，但如果人为地加快这个进程，那么它只能带着那对紫色的萎缩的翅膀和一个肿胀的身体哆嗦地蠕动着，直到死亡的来临。

真爱是一种体温，让你感到温暖但不让你感到高烧。真爱是一种境界，让我们稳步前行而不至于受到伤害！

5. **【参考范文】**

授人以鱼，不如授之以渔

某公司车间角落放置了一架工作使用的梯子。为了防止梯子倒下而伤人，工作人员特意在旁边写了条幅“注意安全”。一次，一位客户前来洽谈合作事宜，留意到这个条幅，最后建议将条幅改成“不用时请将梯子横放”。

事情虽小，却告诉我们一个朴实的道理：授之以鱼，不如授之以渔，即只有指给人们解决问题的根本方法，才能彻底解决问题。

那么，怎样才能做到授之以渔呢？

授之以渔，必须讲究科学的方法。就这个事情来说，写一个“注意安全”的条幅谁不会呢？但要想从根本上解决问题，光靠这个提示是很难做到的。井盖坏了，如果不及时更换，单靠一个“注意安全”的提示，照样会有人不小心掉下去；大雨滂沱，如果只是提示“小心淋雨”而不助以雨具，照样会有人淋雨生病；下班路上，人多车挤，如果只是提示“注意交通安全”而没有交警指挥交通，依然可能会发生交通事故。事实证明，只有讲究科学的方法，拿出解决问题的有效措施，才是解决问题的根本。

授之以渔，必须做到对症下药。事物总是千差万别的。俗话说“一把钥匙开一把锁”，只有做到对症下药，才能从根本上解决问题。梯子只有横放，才不会倒下伤着人，这就彻底消除了安全隐患。再拿我们的学生来说，每一门功课的学习方法都不尽相同，每一个学生的性格和志趣也不尽相同，老师只有做到对症下药，因材施教，才能使学生学到真正的本领，才能使学生在遇到问题时做到触类旁通、举一反三。如果只是采用填鸭式的教学方式，师生双方就是再努力，也不会有多大的收获。

授之以渔，还必须勇于实践。实践是检验真理的唯一标准。有时候，很多事情并不是一蹴而就的，而是需要经过反复实践才能提出切实有效的解决方案。而且，好的方法也只有经过实践的检验才能逐步得到完善。那位客户之所以要求把条幅改为“不用时请将梯子横放”，正是他在使用梯子的实践中摸索出的经验。人们总是嘲笑纸上谈兵的赵括，殊不知造成其悲剧的根源在其父赵奢身上，因为他根本没有给过赵括实践的机会。身为将军，赵括并没有经过亲身的实践，整日与父亲空谈理论，以致他根本没有从父亲那里学到真正的用兵之道。再加上他的轻率自负，兵败被杀就是很自然的事了。可见，如果不给学生实践的机会，再好的名师也很难教出高徒。

授人以鱼，三餐之需；授人以渔，终生之用。只有我们掌握了授之以渔的科学方法，才会有吃不完的“鱼”。

第二篇

历年真题训练

本篇提供了2014年～2016年幼儿园教师资格考试《综合素质》科目的真题试卷。通过本篇内容，读者可以检测复习效果，熟悉考试中各类题型的命题方式以及出题思路，从而规划答题时间，调整自己的答题方法和策略，为顺利通过做好准备。

《综合素质》科目单项选择题共29题，每题2分，共58分；材料分析题共3题，每题14分，共42分。根据历年考试情况来看，材料分析题可能会涉及职业理念、职业道德和阅读理解3个模块的内容；写作题分值为50分，一般会给出一段材料，然后根据要求写一篇不少于800字的文章。

2014 年上半年幼儿园教师资格考试《综合素质》

一、单项选择题（本大题共29小题，每小题2分，共58分）

1. 某幼儿园分班布置画展。张老师精心挑选部分“好的幼儿作品”展出，李老师则将每个孩子的作品展出。两位老师的做法中（　）。

A. 张老师对，应支持优秀儿童的绘画表现　B. 李老师对，应支持每个儿童的绘画表现

C. 张老师对，班级画展需要体现最高水平　D. 李老师对，班级画展需要平衡家长关系

2. 王老师得知红红偷拿了同伴的玩具，没有当着全体幼儿的面批评红红，而是把红红叫到办公室耐心引导。王老师的做法（　）。

A. 正确，幼儿需要赏识　B. 不正确，幼儿是有个性的人

C. 正确，幼儿需要尊重　D. 不正确，幼儿是有发展潜能的人

3. 老师在组织规则游戏时，发现有孩子开小差。老师应采取的措施是（　）。

A. 点名批评，制止这种行为　B. 继续游戏，完全视而不见

C. 大发雷霆，把幼儿赶出活动室　D. 轻拍幼儿，提醒幼儿集中精力

4. 李老师认真学习《幼儿园教师专业标准（试行）》，并制订了自己的专业发展规划。李老师的做法体现了（　）。

A. 终身学习的理念　B. 先进的管理策略

C. 良好的沟通能力　D. 高超的教育技能

5. 下列选项中，属于《国家中长期教育改革和发展规划纲要（2010 年～ 2020 年）》提出的战略主题是（　）。

A. 全面普及学前教育　B. 基本实现区域之间的教育公平

C. 全面实施素质教育　D. 优质教育资源总量不断扩大

6. 教育行政部门取缔了一批违反国家规定私自招收未成年学生的私立学校。教育行政部门这一行政行为的法律依据是（　）。

A. 《中华人民共和国教育法》　B. 《中华人民共和国教师法》

C. 《中华人民共和国未成年人保护法》　D. 《中华人民共和国预防未成年人犯罪法》

7. 为确保儿童享有接受教育的权利，联合国《儿童权利公约》规定各缔约国应当（　）。

A. 实现全面的免费义务教育　B. 采取有效措施降低辍学率

C. 使得所有人接受高等教育　D. 发展不同形式的学前教育

8. 张老师大学本科毕业后自愿到少数民族地区从事教育工作。依据《中华人民共和国教师法》，应当依法对张老师（　）。

A. 给予补贴　B. 予以表彰

C. 进行奖励　D. 提高津贴

9. 某幼儿园为实现管理工作的规范化，要求保育员采取措施控制幼儿的便溺时间和次数。该幼儿园的做法（　）。

A. 正确，有利于培养幼儿的良好的生活习惯

B. 正确，体现了保育员管理幼儿生活的权利

C. 错误，违反了《幼儿园工作规程》的规定
D. 错误，违反了联合国《儿童权利公约》的规定

10. 某小朋友在暑假期间擅自钻幼儿园的铁门，导致右腿划伤。对于该小朋友所受伤害，下列选项中正确的是（　）。
A. 幼儿园存在过错，应当承担赔偿责任　B. 幼儿园没有过错，但要承担赔偿责任
C. 幼儿园没有过错，无需承担赔偿责任　D. 幼儿园存在过错，但可免除赔偿责任

11. 学生刘某因家庭经济困难无法按规定完成义务教育。依据《中华人民共和国未成年人保护法》，对于刘某的受教育权利，具有保障责任的是（　）。
A. 刘某的监护人　B. 当地教育机构　C. 儿童福利机构　D. 当地人民政府

12. 国有企业员工李某经常在家酗酒后打骂孩子。对于李某的行为，下列表述中正确的是（　）。
A. 可由李某所在单位给予劝诫　B. 可由李某所在单位给予处分
C. 可由当地人民政府给予行政处罚　D. 可由当地人民政府进行行政调解

13. 张老师心情烦躁的时候，会把气撒在孩子身上，随意批评或是打骂幼儿。这表明张老师（　）。
A. 具有反思意识　B. 具有敬业精神
C. 缺乏心理调适能力　D. 缺乏终身学习理念

14. 某教师一边要求幼儿安静地玩玩具，一边和同事聊天说笑。该教师的行为（　）。
A. 正确，应该培养幼儿习惯　B. 错误，应该小声聊天
C. 正确，利用融洽同事关系　D. 错误，应该以身作则

15. 新入职的王老师想去优秀教师李老师班上听课，学习经验。李老师笑容可掬地说："你是名牌大学毕业的高材生，我的课上得不好，就不要去听了。"这表明李老师（　）。
A. 缺乏专业发展意识　B. 缺乏团结协作精神
C. 能够尊重信任同行　D. 鼓励同事自我提升

16. 下图中，对于偶尔所送的礼物，老师应该（　）。

A. 全部接受，在教师节时可以接受幼儿的所有礼物
B. 区别对待，对幼儿自制的小礼物可以适当地接受
C. 婉言谢绝，任何时候都不能接受幼儿的任何礼物
D. 婉言谢绝，尽量避免在公开场合接受幼儿的礼物

17. 我国第一艘航空母舰的名称是（　）。
A. 武汉号　B. 上海号　C. 辽宁号　D. 重庆号

18. "度量衡"是中国历史上对"计量"的称谓，其中"衡"计量的是（　）。
A. 长度　B. 重量　C. 容量　D. 面积

19. 秦始皇派遣主持修筑长城的将领是（　）。

A. 白起　　B. 蒙恬　　C. 章邯　　D. 王翦

20. 下列选项中，不属于东汉文学家陶渊明的作品的是（　）。

A. 《岳阳楼记》　　B. 《桃花源记》

C. 《归去来兮辞》　　D. 《归园田居》

21. 与姜子牙相关的历史人物是（　）。

A. 周幽王　　B. 周文王　　C. 周厉王　　D. 周平王

22. 战国时期，主持修筑都江堰的历史人物是（　）。

A. 李冰　　B. 管仲　　C. 吴起　　D. 商鞅

23. 下列关于古代书法的表述不正确的是（　）。

A. 王献之的《兰亭集序》是行书代表作

B. 北宋时期宋徽宗赵佶创立了“瘦金体”

C. “柳骨颜筋”指柳永书法遒健，颜真卿书法端庄

D. 唐朝的张旭和怀素的书法都是以隶书闻名于世

24. 鲁迅的第一篇白话文是（　）。

A. 《祝福》　　B. 《阿Q正传》　　C. 《故乡》　　D. 《狂人日记》

25. 下图所示的国宝级文物茂陵石雕，其创作的时代是（　）。

A. 西周　　B. 战国　　C. 西汉　　D. 唐朝

26. 不能将书本上的内容采集为数字图像存储到计算机中的设备是（　）。

A. 数码相机　　B. 扫描仪　　C. 打印机　　D. 手机

27. 编辑Word文档时，工具栏上用于绘制表格的按钮是（　）

A.　　B.　　C.　　D.

28. 下列句子中，对“不夸己能，不扬人恶，自然能化敌为友。”理解正确的是（　）。

A. 要想化敌为友，就要不夸己能且不扬人恶

B. 不想化敌为友，就可以既夸己能又扬人恶

C. 没能化敌为友，则没能不夸己能或不扬人恶

D. 能够化敌为友，则能够不夸己能或不扬人恶

29. 某单位要评选一名优秀员工，群众评议推选出候选人赵、钱、孙、李。赵说：小李业绩突出，当之无愧。钱说：我个人意见，老孙是不二人选。孙说：选小钱或者老赵我都赞成。李说：各位做得更好，不能选我，如果赵、钱、孙、李只有一个人的话与结果相符，则优秀员工是（　）。

A. 赵　　B. 钱　　C. 孙　　D. 李

二、材料分析题（本大题共3小题，每小题14分，共42分）

阅读材料，并回答问题。

30. 材料：

亮亮喜欢打人，因此经常有小朋友找王老师告状。今天，小朋友们坐在餐厅等待吃饭时，明明经过亮亮身边，顺手戳了亮亮一下。亮亮还手打了明明一下。这时，王老师经过，看见亮亮打人，一把抓住他，用力狠狠戳他的头，推得他直摇晃，并生气地说："看你还打人！"见到此情景，小朋友纷纷数落亮亮曾经打了自己，王老师听后更生气了，她用力拍打亮亮的肩膀，同时生气地大声吼道："你真是讨人嫌！长得人不像人！"

问题▸请从儿童观的角度，评价王老师的教育行为。（14分）

31. 材料：

活动开始了，教师请幼儿轻轻搬椅子到老师身旁来。这时，有的幼儿抱着椅子，有的幼儿推着椅子，有的幼儿拖着椅子往老师身边挤，活动室一片混乱。

看到这情景，教师轻轻走到一位推着椅子的幼儿跟前，抱起他的椅子，说："哎呀，小椅子，对不起，你的腿很疼，是吗？我帮你揉揉。"教师充满关爱的神情和言语引起幼儿的注意，活动室一下子静了下来。"老师，我不推椅子的""老师，我会抱起椅子的"……推着椅子和拖着椅子的幼儿小心翼翼地抱起椅子，轻轻将椅子放下。教师做出询问小椅子的样子，说："现在椅子很高兴，他说谢谢大家爱护他。"

问题▸请从教师职业道德素质的角度，评价教师的教育行为。（14分）

32. 材料：

"苦难是人生的一笔财富。"这是人们常说的一句激励人奋进的话，可是，苦难不是幸事，也不是每个人都能从中获益的，学会正确对待苦难有更现实的意义。

在一次聚会上，那些堪称成功的实业家、明星们谈笑风生，其中就有著名的汽车商约翰·艾顿。艾顿向他的朋友、后来成为英国首相的丘吉尔回忆起他的过去——他出生在一个偏远小镇，父母早逝，是姐姐帮人洗衣服、干家务，辛苦挣钱将他抚育成人。但姐姐出嫁后，姐夫将他撵到了舅舅家，舅妈更是刻薄。在他读书时，规定每天只能吃一顿饭，还得收拾马厩和剪草坪。刚工作当学徒时，他根本租不起房子，有将近一年多时间是躲在郊外一处废旧的仓库里睡觉……

丘吉尔惊讶地问："以前怎么没有听你说过这些？"

艾顿笑道："有什么好说的呢？正在受苦或正在摆脱受苦的人是没有权利诉苦的。"这位曾经在生活中失意、痛苦了很久的汽车商又说："苦难变成财富是有条件的，这个条件就是，你战胜了苦难，不再受苦。这时，别人听着你的苦难时，也不觉得你是在念苦经，只会觉得你意志坚强，值得敬重。只有在这里，苦难才是你值得骄傲的一笔人生财富。但如果你还在苦难之中或没有摆脱苦难的纠缠，你说什么呢？在别人听来，无异于就是请求廉价的怜悯甚至乞讨——这个时候你能说你正在享受苦难，在苦难中锻炼了品质、学会了坚韧？别人只会觉得你是在玩精神胜利、自我麻醉吧。"

艾顿的一席话，使丘吉尔重新修订他"热爱苦难"的信条。他在自传中这样写道——苦难，是财富还是屈辱？当你战胜了苦难时，它就是你的财富；可当苦难战胜了你时，它就是你的屈辱。

问题 ▸（1）让苦难不再成为屈辱的前提是什么？请结合本文，谈谈你的看法。（4分）

（2）每个人都有表达、申诉的权利，可是艾顿却说“正在受苦或正在摆脱受苦的人是没有权利诉苦的”，请谈谈你的理解。（10分）

三、写作题（本大题共1小题，共50分）

33. 阅读下面材料，根据要求作文。

博览群书总还是要的，读书人喜欢说“腹有诗书气自华”，但仔细想想，在人身上真正起作用的，一定是真正读懂、读通、读化了的那几部书。

要求 ▸ 用规范的现代汉语写作。自定立意，自拟题目，自选文体。不少于800字。

2014年上半年幼儿园教师资格考试《综合素质》答案与名师详解

一、单项选择题

1. 【答案】B。【名师详解】李老师的做法是正确的，应支持每个儿童的绘画表现。

2. 【答案】C。【名师详解】王老师的做法是正确的，这体现了对幼儿的尊重。

3. 【答案】D。【名师详解】幼儿在游戏时开小差是正常的，要宽容地对待幼儿。此时最重要的是维持正常的游戏秩序，因此要低调处理，老师应以目光、手势等引导幼儿继续游戏。

4. 【答案】A。【名师详解】李老师的做法体现了终身学习的理念。

5. 【答案】C。【名师详解】《国家中长期教育改革和发展规划纲要（2010年～2020年）》指出，坚持以人为本、全面实施素质教育是教育改革发展的战略主题，是贯彻党的教育方针的时代要求，其核心是解决好培养什么人、怎样培养人的重大问题，重点是面向全体学生、促进学生全面发展，着力提高学生服务国家服务人民的社会责任感、勇于探索的创新精神和善于解决问题的实践能力。

6. 【答案】A。【名师详解】《中华人民共和国教育法》第七十五条规定："违反国家有关规定，举办学校或者其他教育机构的，由教育行政部门予以撤销；有违法所得的，没收违法所得；对直接负责的主管人员和其他直接责任人员，依法给予行政处分。"

7. 【答案】A。【名师详解】为确保儿童享有接受教育的权利，联合国《儿童权利公约》规定各缔约国应当实现全面的免费义务教育。

8. 【答案】A。【名师详解】《中华人民共和国教师法》第二十七条规定："地方各级人民政府对教师以及具有中专以上学历的毕业生到少数民族地区和边远贫困地区从事教育教学工作的，应当予以补贴。"

9. 【答案】C。【名师详解】《幼儿园工作规程》第二十二条规定："幼儿园应当培养幼儿良好的大小便习惯，不得限制幼儿便溺的次数、时间等。"因此，该幼儿园的做法是错误的。

10. 【答案】C。【名师详解】根据《学生伤害事故处理办法》规定，学校承担的是过错责任，即有过错便承担责任，无过错便不承担责任。该办法还规定，在放学后、节假日或者假期等学校工作时间以外，学生自行滞留学校或者自行到校发生的伤害事故，这种情形不在学校管理工作范围，学校无管理的义务。因此本题中幼儿园无过错，也无需承担赔偿责任。

11. 【答案】B。【名师详解】当地教育行政机构及其学校有义务保障正常儿童、残疾儿童、问题儿童、家庭困难儿童、少数民族儿童等所有未成年人受教育权的义务。

12. 【答案】A。【名师详解】《中华人民共和国未成年人保护法》第六十二条规定："父母或者其他监护人不依法履行监护职责，或者侵害未成年人合法权益的，由其所在单位或者居民委员会、村民委员会予以劝诫、制止；构成违反治安管理行为的，由公安机关依法给予行政处罚。"因此对于李某的行为，应由其单位给予劝诫。

13. 【答案】C。【名师详解】张老师的行为表明其缺乏心理调适能力。

14. 【答案】D。【名师详解】该教师的行为是对幼儿不负责任的表现，是错误的，其应该以身作则。

15. 【答案】B。【名师详解】李老师的上述行为表明其缺乏团队协作精神。缺乏专业发展意识是指李老师自己不进步，不符合题意。

16. 【答案】B。【名师详解】对于偶尔所送的礼物，老师应区别对待，对幼儿自制的小礼物可以适当地接受。

17. 【答案】C。【名师详解】我国第一艘航空母舰的名称是“辽宁号”。

18. 【答案】B。【名师详解】度量衡，即计量长短、容积、轻重的统称。度即计量长短，量即计量容积，衡即计量重量。

19. 【答案】B。【名师详解】秦始皇派遣主持修筑长城的将领是蒙恬。

20. 【答案】A。【名师详解】《岳阳楼记》是范仲淹的作品。

21. 【答案】B。【名师详解】相传姜子牙 72 岁时垂钓渭水之滨磻溪，才遇到求贤若渴的姬昌侯姬昌（即后来的周文王）。姬昌认为姜太公是个奇才，请他坐车同归，并拜他为师，从此开始了他兴周灭商的人生道路。因此与姜子牙相关的历史人物是周文王。

22. 【答案】A。【名师详解】战国时期，主持修筑都江堰的历史人物是秦国李冰。

23. 【答案】A。【名师详解】王羲之的《兰亭集序》是行书代表作。

24. 【答案】D。【名师详解】《狂人日记》是鲁迅的一篇短篇作品，收录在鲁迅的短篇小说集《呐喊》中。它也是中国第一部现代白话文小说。

25. 【答案】C。【名师详解】茂陵石雕，西汉霍去病墓的大型石刻群，是中国迄今发现最早、最大、保存最完整的大型石刻群。

26. 【答案】C。【名师详解】打印机是计算机的输出设备之一，用于将计算机处理结果打印在相关介质上。

27. 【答案】A。【名师详解】选项 A 是用于绘制表格的按钮。

28. 【答案】C。【名师详解】本题属于逻辑思维模块的翻译推理题。题干可理解为“不夸己能，不扬人恶”推出“化敌为友”。“不夸己能”与“不扬人恶”是属于“且”的关系，即“不夸己能且不扬人恶”推出“化敌为友”。其逆反命题同样成立，即“不（化敌为友）”推出“不（不夸己能且不扬人恶）”继续翻译得出“不化敌为友”推出“夸己能或扬人恶”。故选项 C 正确。

29. 【答案】D。【名师详解】本题属于逻辑思维模块的真假推理题。“只有一个人的话与结果相符”意思是只有一人的话为真，其他为假。从四人的话中可以看出赵与李的话是矛盾的，所以他们中有一个人说的为真，钱、孙的话必为假，即优秀员工不能是孙、钱、赵，只能是李。

二、材料分析题

30. 【名师详解】

王老师的教育行为是不恰当的，没有体现“以人为本”的儿童观。

首先，王老师没有用发展的眼光看待亮亮的行为，只要看到亮亮动手打人就用亮亮之前的行为来解释，而没考虑到这次是事出有因。

其次，王老师没有尊重儿童的独立性，没有把亮亮看成具有独立人格的人和权利的主体。王老师“狠狠戳亮亮的头”，“大声吼”亮亮“讨人嫌！长得人不像人”等侮辱性的言行都侵犯了儿童的权利和尊严。

最后，王老师应该考虑到儿童的独特性，意识到亮亮经常有打人的行为一定有背后的原因，作为老师应该因材施教，找出亮亮行为的原因，帮助亮亮取得进步。

31. 【名师详解】

材料中，上述老师的教育行为是值得肯定和赞赏的，符合教师职业道德的相关内容。

首先，教师的教学行为体现了教师职业道德素养的“为人师表”。教师抱起椅子，对幼儿进行示范体现了“以身作则”。

其次，教师的教学行为体现了教师职业道德素养的“教书育人”。教师在活动中注意培养幼儿爱护桌椅的良好行为习惯，注重塑造幼儿的健全人格。

最后，教师的教学行为体现了教师职业道德素养的“关爱学生”。教师看到有的幼儿抱起椅子，有的幼儿推着椅子，有的幼儿拖着椅子，活动室一片混乱时，没有责怪幼儿，而是采用以身示范的方式去引导幼儿。

32. 【名师详解】

（1）让苦难不再成为屈辱的前提是：坚强面对，不屈不挠，勇于奋斗，最终战胜苦难，让它成为人生中真正值得汲取的财富。因为只有当你战胜了苦难并远离苦难不再受苦时，别人才不会认为苦难是你的屈辱，而会觉得你意志坚强，值得敬重。

（2）艾顿说出这句话是因为：苦难变成财富是有条件的，这个条件就是，战胜了苦难并远离苦难不再受苦。只有这时，苦难才是你值得骄傲的一笔人生财富。如果艾顿还在苦难之中或没有摆脱苦难的纠缠，无论他说什么，在别人听来，无异于就是请求廉价的怜悯甚至乞讨。即使说正在享受苦难，在苦难中锻炼了品质、学会了坚韧，那么别人只会觉得他是在玩精神胜利、自我麻醉。巴尔扎克说：“苦难，对于天才是一块垫脚石，对于能干的人是一笔财富，对于弱者是万丈深渊。”因此，苦难是财富还是屈辱，取决于自己。当苦难战胜了你时，它就是你的屈辱；当你战胜了苦难时，它就是你的财富。我们应该坚强面对苦难，勇于奋斗，并最终战胜苦难，让它真正成为人生中值得汲取的财富。

三、写作题

33. 【参考例文】

注重阅读方法，增加知识储备

高尔基说：“书籍是青年人不可分离的生命伴侣和导师。”读书是和高尚的人在交谈。人需要博览群书，但是真正在人身上起作用的，一定是真正读懂、读通、读化的那几部书。对一位教师而言，更需要好读书、读好书，在掌握阅读方法的基础上，不断增加知识储备。

教师需养成良好的读书习惯。阅读书籍并不是多多益善，因为过多的阅读反而抓不住重点，教师需要明确自己阅读的重点和掌握一定的方法。毛泽东在读书的时候非常反对只图快而不讲效果的读书方法。对于一些文集，他都仔细钻研，反复诵读和咏唱。这种读书方法也可以指导教师日常的阅读，在书籍中抓重点，努力吸收取其精华。如果一味地贪多贪快，不要说能够全部吸收，可能连读得通和读得懂都难以达到。

教师需增加知识储备，丰富阅读内容。一直以来，人们头脑中都有误区，认为语文老师只需要仔细研读语文书本；物理老师只需要关注物理教科书；生物老师只需要专注生物教材。殊不知不同学科的老师跨学科阅读，增长不同学科的学科知识，可以更好地增加授课内容。如果各个学科老师的专业知识过于单一，不仅造成思维局限，而且授课内容过于单一，不利于学生发散性思维的培养。

教师需将书本知识转化为教学实践。如果书本知识没有经过实践，它永远是教条的、死板的、没有生气的。亚克敦一生读书多达7万卷，但却连一篇像样的文章都没有问世。一位学者这样评价："就像沙漠吸收流水，虽然喝了一江春水，最后却连一泓清泉也没有到地面上。"对于一位教师而言，这样的做法极不可取。书本的知识永远是刻板的，如何将书本刻板的知识转换为对现实行动的指导，是一个老师需要认真思考的问题。否则，教导出的学生永远不会有所创新。

一位优秀的教师需要养成良好的读书习惯；需要增加知识储备，丰富阅读内容；需要将书本知识转化为教学实践。只有不断增加阅读数量，才可以不断提高自身理论素养；只有不断增加阅读质量，才可以真正做到学高为师；只有将阅读知识转化为实践，才可以为学生树立真正的榜样。

2015 年上半年幼儿园教师资格考试《综合素质》

一、单项选择题（本大题共29小题，每小题2分，共58分）

1. 平时嗓门很大的小强，在回答老师提问时声音却很低，老师批评说："声音这么小，难道你是蚊子吗？"话音刚落，全班哄堂大笑，该老师的做法（ ）。
   A. 合理，有助于促进幼儿自主学习　B. 合理，有助于激发幼儿主动反思
   C. 不合理，没有体现对幼儿的尊重　D. 不合理，歧视幼儿的生理缺陷
2. 老师组织集体游戏时，发现嘉嘉独自一人专注地看着落在地上的小水珠，老师走过去对嘉嘉说："还是先跟大家一起玩吧，游戏后再观察，然后把看到的告诉老师和小朋友，好吗？"该教师的做法（ ）。
   A. 保护了幼儿自主探索的兴趣　B. 保护了幼儿自主游戏的活动目标
   C. 忽视了幼儿仔细观察的需求　D. 培养了幼儿的动手能力
3. 某幼儿园经常组织老师们相互观摩保教活动，针对活动过程展开研讨，提出完善活动的建议，这种做法体现的教师专业发展途径是（ ）。
   A. 进修培训　B. 同伴互助　C. 师徒结对　D. 自我研修
4. 焦老师积极参与各种教师培训活动，返园后主动与同事们交流学习的心得体会，并将其运用于保教实践。关于焦老师的做法，下列说法不正确的是（ ）。
   A. 体现了终身学习的自觉性　B. 有利于幼师的共同发展
   C. 推动了幼儿园的园本教研　D. 有利于增进家校合作
5. 某县教育局长马某挪用教育经费，建造教育局办公大楼，对于马某，应当依法（ ）。
   A. 给予行政处分　B. 给予行政拘留　C. 责令其限期悔过　D. 责令其赔礼道歉
6. 某幼儿园为增强家园协作决定设立家长委员会协助开展工作。根据《幼儿园工作规程》的规定，家长委员会的主要任务是（ ）。
   A. 负责与社会的联系和合作　B. 组织交流家庭教育经验
   C. 管理园舍、设备和经费　D. 监督指导幼儿园管理工作
7. 小学生李某多次违反学校管理制度，对于李某，学校可以采取的管教方式是（ ）。
   A. 强制劝退　B. 批评教育　C. 开除学籍　D. 收容教育
8. 因为父母双亡，5 岁的亮亮成了孤儿。根据《中华人民共和国未成年人保护法》，应对其实行收留抚养责任的主体是（ ）。
   A. 教育行政部门　B. 幼儿教育机构　C. 儿童福利机构　D. 社区居民委员会
9. 校外人员孔某趁幼儿园门卫疏忽之际，骑摩托车闯入幼儿园，将幼儿刘某撞伤，对刘某所受伤害，应当承担主要责任的是（ ）。
   A. 孔某　B. 门卫　C. 幼儿园　D. 刘某的监护人
10. 《国家中长期教育改革和发展规划纲要（2010 年～2020 年）》提出，要将减轻中小学生课业负担作为教育工作的重要任务。为切实减轻学生课业负担，各级政府可以采取的措施有（ ）。

A. 减少学生课外及校外活动　　B. 加强教辅市场管理，取缔补习机构

C. 调整教材内容，科学设计课程难度　　D. 依据升学率对地区和学校进行排名

11. 某幼儿园在其教学计划中大量增加小学一年级的课程内容，该幼儿园的做法（　）。

A. 正确，有利于幼儿园和小学的衔接　　B. 错误，背离了幼儿教育的基本目标

C. 正确，有利于促进儿童认知发展水平　　D. 错误，只能适量增加小学教育的内容

12. 下列选项中，不属于联合国《儿童权利公约》中确认和保护的儿童权利的是（　）。

A. 信仰和宗教自由的权利　　B. 益于社会保障的权利

C. 自由发表言论的权利　　D. 选举和被选举的权利

13. 宋老师发现很多幼儿的生活习惯不好，就创编了一些关于习惯培养的儿歌，这些儿歌很受幼儿欢迎，对他们的习惯养成产生了积极作用，宋老师的做法体现的师德规范是（　）。

A. 廉洁从教　　B. 公正待生　　C. 举止文明　　D. 探索创新

14. 王老师在教室里贴了一个“坏孩子”榜，哪些爱讲话爱打闹的小朋友都榜上有名，王老师的做法（　）。

B. 合理，体现了对幼儿的严格要求　　A. 合理，有助于维护教师权威

C. 不合理，没有认真备课上课　　D. 不合理，没有尊重幼儿人格

15. 晓光很有舞蹈天赋，小小年纪已经参加过很多大型比赛，但他不愿参加幼儿园组织的科学活动，方老师劝说道：“老师很喜欢会跳舞的晓光，可是如果你在其他方面也很能干的话，大家会更加欢你。”方老师的做法（　）。

A. 不合理，不利于幼儿发展特长　　B. 不合理，不尊重幼儿的兴趣爱好

C. 合理，教师应该关注幼儿的全面发展　　D. 合理，幼儿必须在各个学习领域平均发展

16. 面对捣乱的幼儿，个别同事采取体罚的办法，叶老师没有这样做，而是耐心地与幼儿交流，帮助他们改正缺点，这说明叶老师能够做到（　）。

A. 依法执教　　B. 团结协作　　C. 尊重同事　　D. 终身学习

17. “种痘术”对消灭天花起到了决定性作用，它最早出现在（　）。

A. 英国　　B. 法国　　C. 中国　　D. 印度

18. 下列关于医学知识的说法，不正确的是（　）。

A. 砒霜在中医里是可以入药的

B. 放疗要使用放射线进行照射

C. 肝脏的功能之一是分解排除血液中的毒素

D. 针灸中的“灸”是指用针扎刺人体的穴位

19. 第一次世界大战的起始时间是（　）。

A. 1840 年　　B. 1914 年　　C. 1937 年　　D. 1945 年

20. 下列古典小说中人物与故事，对应不正确的是（　）。

A. 贾宝玉——怒摔通灵宝　　B. 诸葛亮——巧设空城计

C. 鲁智深——醉打蒋门神　　D. 孙悟空——三借芭蕉扇

21. 下列关于《离骚》的表述，不正确的是（　）。

A. 战国时诗人屈原的代表作　　B. 我国古代最长的爱情诗

C. 运用了“香草美人”的比兴手法　　D. 具有积极的浪漫主义精神

22. 下列选项中，被后世尊为我国农耕和医药始祖的是（　）。

A. 神农氏　　B. 伏羲氏　　C. 燧人氏　　D. 有巢氏

23. “鸿雁传书”这一典故源自（　）。

A. 文姬归汉　B. 霸王别姬　C. 苏武牧羊　D. 楚汉相争

24. 下图所示“自述贴”被誉为“天下第一草书”，它的作者是（　）。

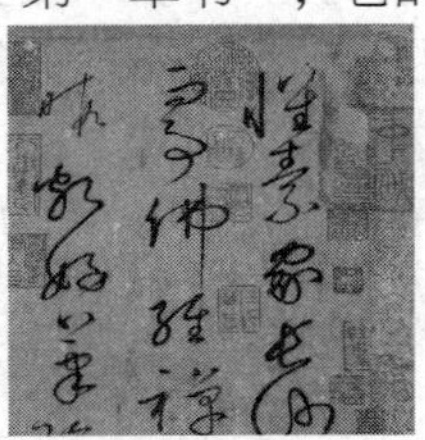

A. 王羲之　B. 欧阳询　C. 苏轼　D. 怀素

25. 下列人物中，既是诗人也是画家的是（　）。

A. 李白　B. 王维　C. 白居易　D. 李商隐

26. 下图是 Word 所制作文档的一部分，其中剪贴画“青蛙”的文字环绕方式是（　）。

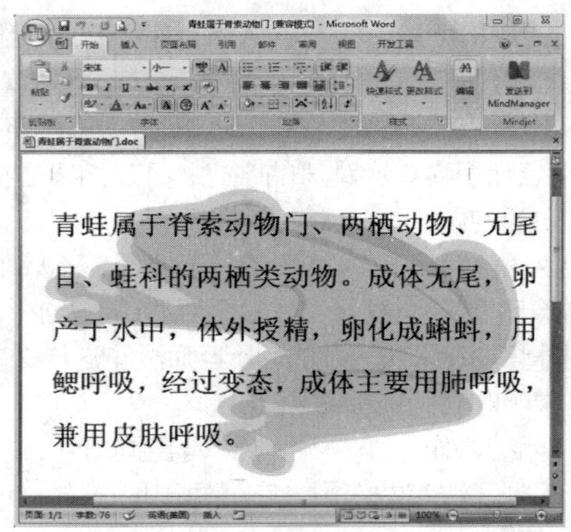

A. 四周型环绕　B. 浮于文字上方

C. 紧密型环绕　D. 衬于文字下方

27. 在 PowerPoint 的空白幻灯片中，不可以直接插入的是（　）。

A. 艺术字　B. 声音　C. 字符　D. 文本框

28. 下列选项中，与“青岛——珠海”逻辑关系相同的是（　）。

A. 新疆—边疆　B. 大象——老鼠　C. 植物——水仙　D. 西瓜——水果

29. 小王，小赵和小李的艺术专长分别为小提琴，二胡和古筝。已知：小王比小赵年龄大，小李比弹古筝的年龄小，拉小提琴的年龄最大。根据上述条件，可以确定的是（　）。

A. 小王拉小提琴，小赵弹古筝，小李拉二胡

B. 小王拉二胡，小赵拉小提琴，小李弹古筝

C. 小王拉小提琴，小赵拉二胡。小李弹古事

D. 小王弹古筝，小赵拉小提琴，小李拉二胡

二、材料分析题（本大题共3小题，每小题14分，共42分）

阅读材料并回答问题。

30. 材料：

五一长假结束后，楠楠一进教室，就马上走到自然角去探望小金鱼和蝌蚪。“小金鱼没有了！”楠楠大叫起来。邓老师很吃惊地走过去看，以前游来游去的小金鱼不见了，只剩下两个小鱼头躺在缸底的水草下，几只蝌蚪竟然正在“啃”鱼头。蝌蚪吃金鱼的事立刻引起了孩子们的注意。早餐结束后，邓老师决定利用这次机会，组织孩子们讨论小金鱼的死因。

孩子们分小组进行了热烈讨论。他们列出了几种可能的原因。

（1）天气闷热致死。因为放假期间，天气一直有些闷热。

（2）水污染致死。因为涵涵曾经将肥皂泡吹到鱼缸里。大家觉得水污染可能会导致金鱼死亡。

（3）金鱼吃得太饱，胀死了。因为小杰家的金鱼就是这样死的。

（4）金鱼是饿死的。因为放假期间没人给金鱼喂食，它们就饿死了。

邓老师继续组织幼儿讨论怎样的喂养方式是正确的。大家纷纷发表意见。

随后，邓老师指导孩子们把金鱼的尸体从鱼缸里捞出来。有的孩子还提出要把金鱼埋葬到草丛里，邓老师答应了，给孩子们借来铲子，孩子们很认真地把他们心爱的金鱼埋好。

问题▸请从儿童观的角度，评析邓老师的保育行为。（14分）

31. 材料：

徐老师的班上新来了一个男孩。不爱说话，更没有笑声。徐老师问他叫什么名字，他只会摇头。通过和家长交谈，徐老师知道这个名叫晓天的幼儿从小失去母亲，爸爸忙于生计也无暇顾及他，所以晓天性格孤僻，语言表达能力很差，动作发育迟缓。

了解到晓天的身世后，徐老师更加关心晓天，在教室里为他专门准备了开发智力的玩具，还亲手为他编织毛衣。徐老师经常亲切地跟晓天说话，教他练习发音，以提高其语言表达能力；利用图片和图书为他讲故事，以提高其理解能力；跟他一起堆积木、折纸，以提高其动手能力。徐老师还指导晓天的爸爸在家里如何对孩子进行早期智力训练。

时间一天天过去，渐渐地，晓天的眼睛亮了，能与人进行简单的交谈了，脸上也常挂着微笑。

问题▸请从教师职业道德的角度，评价徐老师的保教行为。（14分）

32. 材料：

每年夏天，被冰层覆盖的格陵兰岛大部分地区几乎整日被阳光照射。在很多冰盖上，特别是那些低海拔地区，融冰沿着冰盖表层流动，并聚集成深蓝色的湖泊滩地或湖泊，不同于我们能够畅游其中的湖泊，这些水体能够在眨眼之间就消失不见，例如一个比全球最大室内体育场——新奥尔良超级穹顶体育场大上十几倍的湖泊，能够仅仅在90分钟内就从冰缝中排干所有的水。

研究者们已经分散到格陵兰岛各地，从细节上调查这些湖泊会怎么影响冰盖及未来海面。伍兹霍尔海洋研究所的地球物理学家萨拉·达斯说，最近的实地考察研究表明，研究者已经知道，当湖泊突然排空时，融冰会被送往基岩，暂时性地对冰盖迁移起着润滑作用。科学家们担心。如果这个区域的气候持续发展，那么湖泊突然排空的现象可能经常发生，并在更大范围的冰盖上出现。那样可能会加速冰盖的崩解，从而导致海平面上升。

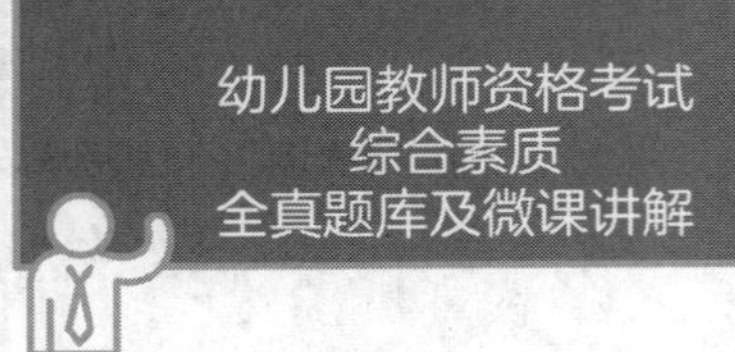

纽约城市大学的冰川学家马德·德思科认为，冰盖上的湖泊也会加速冰盖融化；湖泊下的冰融化速度比湖泊周围暴露在地面的冰快两倍。今年夏天，德思科使用一艘远程遥控船只，通过实际测量来揭示湖泊的颜色深浅是否与它的深度有关——这些数据可以帮助研究人员更好地估计卫星图像中地表湖泊的深度，以便更好地预计冰盖的融化速度。加利福尼亚大学洛杉矶分校的地理学家劳伦斯·C.史密斯正在将冰盖表面的融化速度同由融冰积聚而成的河流的流动速度进行比较，如果两者相差甚大，那么这种差距就表示，一部分融冰积聚在了冰盖下，这将提升冰流向大海的速度。

（摘编自希德·珀金斯《冰盖上的湖泊》）

问题▶（1）冰盖上的湖泊与普通湖泊的差别是什么？（4分）

（2）请根据文段中的描述，简要分析冰盖上的湖泊会产生的影响。（10分）

三、写作题（本大题共1小题，共50分）

33. 阅读下面材料，根据要求作文。

当下，流行着这样一种观点：能力很重要，但有一样东西比能力更重要，那就是人品。人品，是一个人真正的最高“学历”。

要求▶请用规范的现代汉语写作。自定立意，自拟题目，自选目标，自选文体，不少于800字。

2015年上半年幼儿园教师资格考试《综合素质》答案与名师详解

一、单项选择题

1. 【答案】C。【名师详解】教师运用言语对学生进行讥讽是不正确的，新课改的理念要求老师要尊重学生，题干中的教师很明显没有做到这一点。故选项C符合题意。

2. 【答案】A。【名师详解】老师没有直接打断孩子的观察，而是采用比较委婉的方式。这就很好地保护了幼儿自主探索的兴趣。

3. 【答案】B。【名师详解】教师之间互相研讨，就是同伴互助。

4. 【答案】D。【名师详解】题干中提到的情况与家校合作没有太大的联系。

5. 【答案】A。【名师详解】《中华人民共和国教育法》第七十一条规定，违反国家财政制度、财务制度，挪用、克扣教育经费的，由上级机关责令限期归还被挪用、克扣的经费，并对直接负责的主管人员和其他直接责任人员，依法给予行政处分；构成犯罪的，依法追究刑事责任。

6. 【答案】B。【名师详解】《幼儿园工作规程》第五十四条规定，幼儿园应成立家长委员会。家长委员会的主要任务是：对幼儿园重要决策和事关幼儿切身利益的事项提出意见和建议，发挥家长的专业和资源优势，支持幼儿园保育教育工作，帮助家长了解幼儿园工作计划和要求，协助幼儿园开展家庭教育指导和交流。

7. 【答案】B 。【名师详解】《中华人民共和国义务教育法》第二十七条规定，对违反学校管理制度的学生，学校应当予以批评教育，不得开除。

8. 【答案】C 。【名师详解】《中华人民共和国未成年人保护法》第四十三条：对孤儿、无法查明其父母或者其他监护人的以及其他生活无着的未成年人，由民政部门设立的儿童福利机构收留抚养。

9. 【答案】A。【名师详解】《学生伤害事故处理办法》第八条规定，因学校、学生或者其他相关当事人的过错造成的学生伤害事故，相关当事人应当根据其行为过错程度的比例及其与损害后果之间的因果关系承担相应的责任。当事人的行为是损害后果发生的主要原因，应当承担主要责任；当事人的行为是损害后果发生的非主要原因，承担相应的责任。

10. 【答案】C。【名师详解】《国家中长期教育改革和发展规划纲要（2010年～2020年）》第十条规定，各级政府要把减负作为教育工作的重要目标，统筹规划，整体推进。调整教材内容，科学设计课程难度。改革考试评价制度和学校考核办法。规范办学行为，建立学生课业负担监测和公告制度。不得以升学率对地区和学校进行排名，不得下达升学指标。规范各种社会补习机构和教辅市场。

11. 【答案】B。【名师详解】幼儿园不能加入小学学习的内容。

12. 【答案】D。【名师详解】儿童被保护的权利有生存、发展、受保护和参与权。

13. 【答案】D。【名师详解】宋老师发现幼儿不好的生活习惯，于是创编了一些关于幼儿习惯养成的儿歌，这体现了师德规范中的探索创新。

14. 【答案】D。【名师详解】幼儿年龄虽小，但是也享有人格权，王老师的行为是不合理的，因为王老师没有尊重幼儿的人格。

15. 【答案】C。【名师详解】素质教育的内涵阐述中要求幼儿全面发展。

16. 【答案】A。【名师详解】教师对学生没有体罚的权利，叶老师的做法体现了依法执教。

17. 【答案】C。【名师详解】中国在十六世纪就有了“种痘术”，是最早出现“种痘术”的国家。

18. 【答案】D。【名师详解】针灸中的“灸”是以预制的灸柱或灸草在体表一定的穴位上烧灼、熏熨，利用热的刺激来预防和治疗疾病。所以选项D不正确。

19. 【答案】B。【名师详解】1914年6月28日，奥匈帝国皇储费迪南大公夫妇在萨拉热窝视察时，被塞尔维亚青年加夫里若·普林西普枪杀。成为第一次世界大战的导火线。

20. 【答案】C。【名师详解】与打蒋门神相对应的是武松。

21. 【答案】B。【名师详解】《孔雀东南飞》是我国古代最长的爱情诗。

22. 【答案】A。【名师详解】神农氏，华夏太古三皇之一，汉族民间传说中的农业和医药的发明者，他尝遍百草，教人医疗与农耕，被后世尊为我国农耕和医药始祖。

23. 【答案】C。【名师详解】据《史记》记载，汉武帝时，使臣苏武被匈奴拘留，并押在北海苦寒地带多年。后来，汉朝派使者要求匈奴释放苏武，匈奴单于谎称苏武已死。这时有人暗地告诉汉使事情的真相，并给他出主意让他对匈奴说：汉皇在上林苑射下一只大雁，这只雁足上系着苏武的帛书，证明他确实未死，只是受困。这样，匈奴单于再也无法谎称苏武已死，只得把他放回汉朝。从此，“鸿雁传书”的故事便流传成为千古佳话。而鸿雁，也就成了信差的美称。

24. 【答案】D。【名师详解】怀素是中国历史上杰出的书法家，他的草书称为“狂草”，用笔圆劲有力，使转如环，奔放流畅，一气呵成，和张旭齐名。《自叙帖》是他的代表作。

25. 【答案】B。【名师详解】苏轼曾评价王维“诗中有画，画中有诗”。王维诗书画方面的造诣都很高。

26. 【答案】D。【名师详解】图中“青蛙”的文字环绕方式是衬于文字下方。

27. 【答案】C。【名师详解】在PowerPoint的空白幻灯片中，字符不能直接插入，需要借助文本框。

28. 【答案】B。【名师详解】青岛与珠海市不同的城市名称，属于并列关系。本题中只有选项B，大象和老鼠都是动物，属于并列关系。

29. 【答案】A。【名师详解】在本题中，由于小王比小李年龄大，小李比弹古筝的年龄小，且拉小提琴的年龄最大，因此可判断年龄最大的是小王，他的专长是拉小提琴。又由于小李比弹古筝的年龄小，所以小赵的专长是古筝，其年龄大于专长为二胡的小李。

二、材料分析题

30. 【名师详解】

邓老师的做法符合新课改背景下育人为本的儿童观，这种保育行为值得我们去学习。

首先，儿童是发展中的人，有巨大的潜能和探索意识。在材料中，就金鱼的意外死亡，教师并没有直接告知幼儿答案，而是带领幼儿大胆假设、论证研究，激发了幼儿的学习热情，促进了幼儿的发展。

其次，育人为本的儿童观强调要促进幼儿的全面发展。在材料中，教师不但就金鱼之死引发大家在知识方面的讨论，还为金鱼举办了一个葬礼，让幼儿体会到了生命的宝贵与意义，陶冶了幼儿的情操，丰富了幼儿对大自然的情感与热爱。

因此，作为幼儿教师，要像邓老师一样，全面贯彻育人为本的儿童观，一切以儿童的全面发展为中心，帮助幼儿在各个方面健康快乐地成长。

31. 【名师详解】

徐老师的保教行为符合教师职业道德的相关要求，值得肯定。

首先，徐老师的行为体现了关爱学生。关爱学生要求关心爱护全体学生，尊重学生人格，做学生的名师益友。徐老师面对晓天这种个体差异化十分明显的幼儿，并没有不管不问，而是深入了解该幼儿的情况，对其加以关心爱护，保护了幼儿的人身尊严。

其次，徐老师的行为体现了教书育人。教书育人要求遵循教育规律，实施素质教育。循循善诱、诲人不倦、因材施教。徐老师在了解幼儿情况的基础上，从开发智力、培养语言表达能力、提升理解能力与动手能力等多方面入手，符合因材施教的教育要求，也符合该幼儿的身心发展需要。

再次，徐老师的行为体现了为人师表。为人师表要求坚守高尚情操，团结协作、尊重同事、尊重家长。徐老师不仅仅自己想方设法对幼儿进行教育，还积极联系家长，了解幼儿情况，与家长交流教育经验与方法，从而形成教育合力，最终促使幼儿得到了健康发展。这种行为不仅为家长树立了良好的榜样，也有助于班级其他幼儿健康思想的形成与发展。

总之，徐老师的行为体现了崇高的教师职业道德规范，这种精神值得大力弘扬，需要每个老师学习。

32. 【名师详解】

（1）普通湖泊能够蓄满水，人们可以畅游其中；但是冰盖上的湖泊里的水体能够在眨眼之间就消失不见。

（2）冰盖上的湖泊会产生的影响包括：第一，对冰盖向海洋迁移起到时间润滑作用，冰盖上的湖泊可以加速冰盖的溶解，导致海平面上升；第二，冰盖上的湖泊可以加速冰盖融化，湖泊的颜色与它们的深度有关；第三，提升冰流向大海的速度。

三、写作题

33. 【名师详解】

一、审题

题目写到两个因素：能力与人品。这就需要我们辨析两者关系。材料的倾向性很明显：能力很重要，可是有一样东西比能力更重要，那就是人品。所以二者关系是：都是必需的，其中人品排列在第一位，能力排列在第二位。我们在作文结构中，要有一个自然段用来论证两者关系。

作为应试作文，要密切地结合岗位、结合时事、结合自身来写作。从岗位来看，对于幼儿园老师来说，面对的是年龄不足7岁、自我保护能力较弱的幼儿。教师本身的道德水平高低，不仅决定着保教工作的质量，而且影响到幼儿的身体健康甚至生命安全。从时事来看，负面新闻包括多家幼儿园给幼儿服用“病毒灵”用于预防幼儿感冒和春季传染病，以保证幼儿出勤（其背后利益动机就是幼儿出勤率影响到幼儿园收入高低）。新闻媒体也曝光了幼儿园教师扇耳光、拎耳朵、剪鼻子等人身伤害事件，导致家长战战兢兢，甚至让孩子随身带着录音笔去幼儿园。从自身来看，我们参加资格证考试，是要成为合格的幼儿教师，那么在师德方面，就要对自己有较高的要求。

教师作为人类灵魂的工程师，不仅要教好书，还要育好人，各个方面都要为人师表。师德不仅是对教师个人行为的规范要求，而且也是教育幼儿的重要手段，起着“以身立教”的作用。教师要做好幼儿的灵魂工程师，首先自己要有高尚的道德情操，才能以德治教，以德育人，才能成为一名合格的教育工作者。

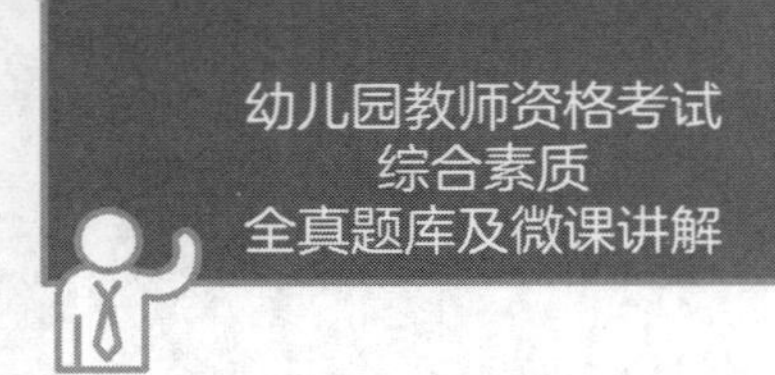

以上内容分析到位，这篇作文的基本分数就可以得到了。想要得高分，就要注意到材料的最后一句话：“人品才是人的最高学历”。这句话要如何理解呢？显然是说在选拔幼儿园新教师时，不仅要看通过学历表现出来的能力，还要看人品。这一点，在我们写作时不可忽略，要用一定篇幅进行论证，后面还要有具体对策，如何选拔出德才兼备的合格幼儿园教师。

二、写作思路

第一部分：点【引论】，开门见山，直入正题，点明中心论点。

第二部分：正、反、深、联【本论】，正面事例＋反面事例＋辨证分析＋联系现实。

第三部分：总【结论】，收束全文，呼应开头。

【其他注意事项】

① 字数要足够，每缺少 50 字要扣 1 分。

② 规范、正确，不写错别字，不写不规范的简化字，不写繁体字。

③ 美观端正，清晰易辨；字体在方格内，占用空间约 2/3。

④ 笔画到位，不能因为书写速度快而使字体变形。

⑤ 书写格式正确，卷面整洁，不随意涂抹。

【参考范文】

以德为先选园丁，慈母仁心育新苗

幼师是儿童成长过程中重要的引导者。面对年龄 3 ～ 7 岁、自我保护能力较弱的幼儿，幼儿园教师本身的道德水平的高低与否，不仅决定着保教工作的质量，而且影响到幼儿的身体健康甚至生命安全。这就在客观上要求我们在幼师的选拔过程中，强调以道德为最高标准，绝不能只看学历是否达到标准，更不能以学历代替人品。【点】

现代社会，有能力的人比比皆是，但是才能突出且人品过硬的人却难得珍贵。人品决定态度，态度决定行为，行为决定着最后的结果。我们经常提到选拔人才的标准应该是“德才兼备”，“德才兼备为圣人，德才兼亡为愚人，德胜才为君子，才胜德为小人”。司马光在《资治通鉴》中是这样解释两者关系的：“才者，德之资也；德者，才之帅也。”无才，德将难以得到体现；而离开了德，才便会失去正确的方向。相对于通过学历体现出的能力而言，人品，是一个人真正的最高学历。【正】

近年来，通过新闻媒体曝光的一系列负面新闻，使社会认识到了幼师道德的重要性：如果他们能够以慈母之心对待幼儿，就不会利欲熏心给幼儿服用“病毒灵”，也不会出现扇耳光、拎耳朵、剪鼻子等人身伤害事件。虽然这些负面新闻只是极少数极端现象，却从反而说明道德的重要性。【反】

师德不仅是对教师个人行为的规范要求，而且也是教育幼儿的重要手段，起着“以身立教”的作用。教师要做好幼儿的灵魂工程师，首先自己要有高尚的道德情操，才能以德治教，以德育人，才能成为一名合格的教育工作者。幼儿园的管理经营者更要有较高的道德水平。【深】

我们要采取切实措施，在幼师选拔和评价中，转变思想观念，把“德才兼备、以德为先”作为人才选拔标准，把像母亲一般爱每个孩子的优秀毕业生吸收到幼师队伍中来；注重锻炼培养，在保教工作中培养高度的事业心、责任心、爱岗敬业，“一切为了孩子，为了孩子的一切”；加强制度建设，在幼儿园考核体系中，把道德作为首要的考核标准，以科学的方式监督考核。【联】

在孩子们眼中，教师是完美无缺、值得依赖的人，是仁慈善良、温柔和蔼的人。让我们把这样的人组成幼师队伍，给这些幼苗一个充满阳光的花园，一个充满爱心的园丁，让他们快乐地成长。【总】

2015年下半年幼儿园教师资格考试《综合素质》

一、单项选择题（本大题共29小题，每小题2分，共58分）

1. 语言活动中，吴老师发现向红在他前面一个女孩身上贴上了纸条，此刻吴老师合理的做法是（　）。

A. 停止教学，点名批评　　B. 停止教学，让其罚站

C. 继续教学，置之不理　　D. 继续教学，微笑提醒

2. 在幼儿园阶段，不适合幼儿学习的内容是（　）。

A. 听故事　　B. 洗手入厕

C. 和同伴一起游戏　　D. 学习10以上的加减法

3. 绘画活动中，菲菲在纸上画了个黑色的太阳，此刻吴老师恰当的做法是（　）。

A. 批评菲菲的画不合理　　B. 耐心问问菲菲的想法

C. 帮助菲菲将太阳画成红色　　D. 要求菲菲画出红色太阳

4. 在老师提问时，小虎总是喜欢抢答，但基本都答错，因此老师应当（　）。

A. 批评小虎不认真思考　　B. 引导小虎认真思考

C. 当堂批评小虎　　D. 对小虎置之不理

5. 《儿童权利公约》规定，对儿童教育和发展具有首要责任的是（　）。

A. 联合国儿童权利委员会　　B. 父母和法定监护人

C. 园长　　D. 幼儿园

6. 《幼儿园中长期发展规划纲要》提出，要重点发展农村学前教育，下列说法不正确的是（　）。

A. 扩大农村幼儿园资源　　B. 着力保证留守儿童发展

C. 着力促进发展农村幼儿园现有规模　　D. 保证乡镇中心幼儿园的示范作用

7. 某幼儿园将识字作为本园基本活动，这种做法（　）。

A. 正确，有利于帮助幼儿获得知识　　B. 正确，有利于提高教育水平

C. 不正确，幼儿园不能进行教学活动　　D. 不正确，幼儿园应当以游戏为基本活动

8. 梁老师因为旷工被幼儿园处分，但他对幼儿园的处分表示不服，应该向（　）提出申诉。

A. 园长　　B. 幼儿园　　C. 书记　　D. 教育行政部门

9. 李老师经常让幼儿在活动教学中到室外进行罚站，这种做法（　）。

A. 不正确，教师侵犯幼儿受教育权　　B. 不正确，教师侵犯幼儿荣誉权

C. 正确，教师有管理幼儿的权利　　D. 正确，教师有教育幼儿的权力

10. 赵某在幼儿园活动室抽烟，赵某的做法（　）。

A. 不正确，教师不能在幼儿园抽烟　　B. 不正确，教师只能在休息时抽烟

C. 正确，教师有抽烟的权力　　D. 正确，教师在休息时可以抽烟

11. 洋洋在自由活动时自行从幼儿园走出，在人行道上被一电动车刮伤，对洋洋的伤害有赔偿责任的是（　）。

A. 幼儿园　　B. 车主　　C. 父母　　D. 幼儿园和车主

12. 幼儿园安排行政人员，代替李老师参加培训，幼儿园的做法（　）。

A. 合理，幼儿园有选派参培人员的权利　B. 合理，幼儿园有管理和教育员工的权利
C. 不合理，侵犯了教师参加培训的权利　D. 不合理，侵犯了李老师教育教学的权利

13. 康老师在期中同行测评中得分不高，因此，在活动中，当幼儿的行为出现偏差，康老师大发雷霆，下列说法中，康老师应当（　）。

A. 严格待生，专注教学　B. 保持个性，坚持自我
C. 注重反省，调解自我　D. 迎合同事，搞好关系

14. 张老师每年都给自己制订读书计划，并严格执行，张老师的行为符合（　）。

A. 为人师表　B. 教学创新　C. 终身学习　D. 以身作则

15. 小红怀疑小刚在活动中偷拿了自己的油画棒，并告诉了老师，老师要搜小刚的口袋，小刚拒绝了，教师的行为（　）。

A. 错误，应该相信和信任小刚　B. 错误，应当搜所有孩子的身
C. 错误，不应当当众搜身　D. 错误，应当等联系家长后再搜

16. 李老师一学期为父亲是副乡长的小壮家访 8 次，却没有为留守儿童小龙做过家访，李老师的做法（　）。

A. 符合与留守儿童沟通的要求　B. 违背平等教学原则
C. 符合因材施教的要求　D. 违背教学相长

17. 下列选项中不属于天然光源的是（　）。

A. 阳光　B. 月光　C. 激光　D. 星光

18. 在太阳系的所有行星中，已被证明其周围卫星最多的是（　）。

A. 地球　B. 木星　C. 水星　D. 火星

19. 文成公主入藏和松赞干布和亲，这一历史事件发生的朝代（　）。

A. 汉朝　B. 晋朝　C. 唐朝　D. 宋朝

20. 下面不属于高尔基“自传三部曲”的是（　）。

A. 《母亲》　B. 《童年》　C. 《在人间》　D. 《我的大学》

21. 下列古诗“松下问童子，言师采药去，只在此山中，云深不知处。”的作者是（　）。

A. 白居易　B. 贾岛　C. 欧阳修　D. 袁枚

22. 文言文“融四岁，能让梨”的“融”是（　）。

A. 孔融　B. 马融　C. 苻融　D. 祝融

23. 下列人物中，曾整理过《论语》，并删减过《春秋》的人是（　）。

A. 孔子　B. 老子　C. 孟子　D. 荀子

24. 下列不属于中国古代传统乐器的是（　）。

A. 横笛　B. 风笛　C. 箫　D. 埙

25. 《梁山伯与祝英台》的故事被改为多种地方戏，其中何占豪和陈刚的小提琴协奏曲《梁祝》，其根据的地方戏是（　）。

A. 粤剧　B. 川剧　C. 豫剧　D. 越剧

26. 在 Word 中，下列不能实现的操作是（　）。

A. 在页眉不能插入页码　B. 奇偶页页眉不同
C. 在页眉插入分页符　D. 在页眉插入剪贴画

27. 在 PowerPoint 中，新建一个演示文档时第一张幻灯片的默认格式是（　）。

A. 项目清单　　B. 两栏文本　　C. 标题幻灯片　　D. 空白

28. 下列和"书法家——画家"逻辑关系一致的是（ ）。

A. 童星——明星　　B. 党员——老师

C. 军人——军官　　D. 幼儿——青年

29. 四个杯子上各写着一句话。第一个杯子：每个杯子都是酸性溶液，第二个杯子：本杯中是矿泉水，第三个杯子：本杯中不是蒸馏水，第四个杯子：有的杯子中不是酸性溶液。如果4句话只能有一句真实，则可以确定是（ ）。

A. 所有的杯子中都是酸性溶液　　B. 第二个杯子中是矿泉水

C. 所有杯子中都不是酸性溶液　　D. 第三个杯中是蒸馏水

二、材料分析题（本大题共3小题，每小题14分，共42分）

30. 材料：

班上的幼儿总记不住饭后漱口，一天早上刘老师找了两个透明的塑料杯，放在桌上，其中一个杯子里面装满了干净的水，早饭后刘老师让小朋友接水漱口，并让他们把漱口水吐在空杯子里，并让全班小朋友过来观察。孩子们纷纷议论："这两杯水不一样，一个很干净，一个很脏""那个杯子里面的水有东西了。"刘老师问："这些脏东西原来藏在哪儿啊？他们纷纷说："藏在小朋友的嘴巴里，藏在舌头底下，粘在牙上的，藏在牙缝里的。"刘老师把装着漱口水的杯子放在盥洗室。

午睡后，孩子们去盥洗室解便洗手，佳佳捂着鼻子说："房间里是什么味道好难闻"，这时，放杯子的地方围着几个小朋友正在讨论着，孩子们指着杯子问："这是什么呀，真臭"，原来漱口水已经变臭了。这时刘老师走过来，见到孩子们一脸的惊讶问道："大家想想这些东西在嘴里会怎么样？"，有的孩子说："也会变得这么臭，生出许多细菌来"，还有的孩子说："原来我们的牙齿就是这么被弄坏的呀！""那吃完饭得把嘴漱干净"，有一位小朋友说："我回家告诉爸爸妈妈，让他们吃完饭后也漱口"，自从那次观察活动后，孩子们漱口再也不用老师提醒了。

问题▸请从教育观的角度评析刘老师的教育行为。（14分）

31. 材料：

性格文静的馨馨午睡时总是睡不着，为解决这个问题，黄老师耐心地告诉她天天午睡的好处，黄老师还联系家长，请家长配合，让馨馨在家里早睡早起，以帮助她养成良好的午睡习惯，可总是收效不大。

经过观察，黄老师还发现，馨馨不好运动，到午睡时精神饱满，不觉疲倦，于是黄老师调整策略，首先增加馨馨的活动量，如户外运动后引导她跑几圈，跑完后发给金牌，让她和运动量较大的小朋友一起游戏玩耍，其次，舒缓馨馨的情绪，午睡时不催她，还在耳边轻轻说："没关系，如果睡不着就闭上眼睛躺一会儿吧。"待她睡着后，在她枕头下藏一朵小红花，等她醒来给她一个惊喜……慢慢地，馨馨每天都能睡得着了。

问题▸请从教师职业道德行为角度，评析黄老师的教育行为。（14分）

32. 材料：

在艺术创作中，往往有一个重复和变化的问题：只有重复而无变化，作品就沦为单调枯燥；只有变化而无重复，作品就容易陷于散漫零乱。

重复与变化的统一，在建筑形象的艺术效果上，起着极其重要的作用，古往今来的无数建筑，除却极少数例外，几乎都以重复利用各种构建或其他构成部分作为取得艺术效果的重要手段之一。

历史上最杰出的一个例子是，北京的明清故宫，从天安门到端门，午门，是一间间重复的、千篇一律的朝房，再进去，太和门和太和殿、中和殿，保和殿成为一组前三殿，与乾清门和乾清宫，交泰殿，坤灵宫成为一组的后三殿的大同小异的重复，就更像乐曲中的主体和“交奏”；每一座的本身是许多构建和构成部分（成句，乐段的重复）；而东西两侧的廊、庑、楼、门又是比较低微的，以重复为主，但也有相当变化的伴奏：然而整个故宫，它的每一个组群，每一个殿、阁、廊、门却都是按照明清两朝工部的工程做法的统一规格、统一样式建造的，连彩画、雕饰也尽如此，都是无尽的重复。我们完全可以说它们千篇一律，但是谁能不感到从天安门一步步走进去，就如同置身于一幅手卷里漫步，在时间持续的同时，空间也连续着流动，那些殿堂、楼门、廊庑虽然制作方法千篇一律，然而没走几步，前瞻后顾、左睇右盼，那整个景色的轮廓、光影，却都在不断地改变着，一个接着一个新的画面出现在周围，千变万化。空间与时间，重复与变化的辩证统一在北京故宫中达到了最高的成就。

翻开一部世界建筑史，凡是较优秀的个体建筑或者组群，一条街道或者一个广场，往往都以建筑物形象重复与变化的统一而取胜。说是千篇一律，却又千变万化。每一条街都是一轴“手卷”、一首“乐曲”。千篇一律和千变万化的统一在城市面貌上起着重要作用。

问题 ▸（1）请简要概述重复与变化的辩证统一关系。（4分）

（2）简要分析北京故宫的建筑，在千篇一律和千变万化组合中取得的艺术效果。（10分）

三、写作题（本大题共1小题，共50分）

33. 阅读下面材料，根据要求作文。

著名教育家张伯苓十分注意对学生进行文明礼貌教育，并且身体力行为人师表。一次他发现有个学生手指被香烟熏黄了，便严肃的劝告那个学生：“烟对身体有害，要戒掉它”。没想到那个学生有点儿不服气，俏皮地说：“那您吸烟就对身体没有坏处啦？”张伯苓面对学生的责难，歉意的笑了笑，立即叫工友将自己所有的烟取来，当众销毁，还折断了自己用了多年的心爱的烟袋杆，诚恳地说：“从此以后，我与这位同学共同戒烟。”果然以后他再也不吸烟了。

要求 ▸ 请用规范的现代汉语写作，自定立意，自拟题目，自选文体，不少于800字。

2015 年下半年幼儿园教师资格考试《综合素质》答案与名师详解

一、单项选择题

1. 【答案】D。【名师详解】教育教学活动中会遇到各种突发事件，对于不太严重的时间发生时，教师首先应该做的就是继续教学，不能影响教学活动，然后在不影响教学活动的前提下进行机智的化解。选项 D 中，微笑提醒就是明智的做法。

2. 【答案】D。【名师详解】教育部发布《3 ～ 6 岁儿童学习与发展指南》，严禁幼儿园提前学习小学内容，为遏制超前教育。学习 10 以上的加减法属于小学内容。

3. 【答案】B。【名师详解】教师在教育教学活动中应该坚持正确的教学理念，做到以学生为主体，尊重学生的意见，帮助学生表达自己的意见与想法。

4. 【答案】B。【名师详解】学生的认知方式存在差异，有的属于沉思型、有的属于冲动型。认知方式没有好坏之分，作为教师应该认识并尊重学生的认知差异，在尊重的基础上引导学生改善自己的认识方式，提高自身的认知水平。

5. 【答案】B。【名师详解】《儿童权利公约》中规定，父母对儿童成长负有首要责任，但各国应向他们提供适当协助和发展育儿所。

6. 【答案】C。【名师详解】《幼儿园中长期发展规划纲要》中指出，重点发展农村学前教育。努力提高农村学前教育普及程度。着力保证留守儿童入园。采取多种形式扩大农村学前教育资源，改扩建、新建幼儿园，充分利用中小学布局调整富余的校舍和教师举办幼儿园（班）。发挥乡镇中心幼儿园对村幼儿园的示范指导作用。支持贫困地区发展学前教育。因此本题可通过排除法选择选项 C。

7. 【答案】D。【名师详解】《3 ～ 6 岁儿童学习与发展指南》明确指出，幼儿园严禁进行小学内容学习，并且明确规定幼儿园的教学应该以游戏为基本活动内容。

8. 【答案】D。【名师详解】教师申诉制度是指教师对学校或其他教育机构及有关政府部门作出的处理不服，或其合法权益受到侵害时，可以向有关教育行政部门或有关的其他政府部门提出请求，要求重新处理。

9. 【答案】A。【名师详解】幼儿具有最基本的人身权和最主要的受教育权，李老师让幼儿在教学活动中到室外进行罚站侵犯了幼儿的受教育权。所以李老师的做法是不正确的。

10. 【答案】A。【名师详解】教育部明确规定凡进入中小学幼儿园，任何人、任何地点、任何时间一律不准吸烟。

11. 【答案】D。【名师详解】车主属于直接责任人，具有不可推卸的责任，幼儿园负有看管的责任，幼儿在幼儿园期间出现的人身意外，作为看管主体的幼儿园具有连带责任。所以题目中有赔偿责任的是车主和幼儿园。

12. 【答案】C。【名师详解】《中华人民共和国教师法》明确规定了教师具有参与培训的权利，题目中幼儿园安排行政人员代替老师参加培训，明显侵犯了教师参加培训的权利。

13. 【答案】C。【名师详解】对于在同行测评中得分不高，康老师应该认真反思，从自身寻找原因，不断学习，努力赶超。并且不能把个人情绪带到工作中去，对待学生应该做到关心、热爱。

14. 【答案】C。【名师详解】制订读书计划是为了在文化素养上不断提升自己，树立终身学习的理念。学习不能仅仅是在学校中的事情，更是贯穿人的一生。

15. 【答案】A。【名师详解】中华人民共和国公民具有人身自由权，人身自由权意味着任何人不得随意的搜查、拘禁、逮捕、关押个人。作为教师更应该尊重学生的人身自由权，不能对学生进行搜查。

16. 【答案】B。【名师详解】李老师做家访的工作是值得肯定的，但是在家访过程中一定要注意平等的原则。在家访的过程中应该照顾到每一个学生，不得以家境、成绩、个人偏爱等为条件进行筛选。

17. 【答案】C。【名师详解】阳光、月光和星光都是天然的，来自于太阳。

18. 【答案】B。【名师详解】在太阳系的所有行星中，卫星最多的是木星，有63颗卫星。海王星有13颗卫星，天王星有27颗卫星，土星有33颗卫星，木星有63卫星，地球有1颗卫星。

19. 【答案】C。【名师详解】唐太宗将一宗室女封为公主，嫁给松赞干布。这就是文成公主入藏与松赞干布和亲。

20. 【答案】A。【名师详解】高尔基自传三部曲是《童年》《在人间》《我的大学》。

21. 【答案】B。【名师详解】本题中的诗句是唐朝诗人贾岛在《寻隐者不遇》中所作。

22. 【答案】A。【名师详解】本题描述的是孔融让梨的故事。

23. 【答案】A。【名师详解】孔子修著了“诗书”，删减了“春秋”，形成了“六经”。

24. 【答案】B。【名师详解】风笛属于欧洲的一种民间乐器。

25. 【答案】D。【名师详解】《梁祝》小提琴协奏曲是陈钢与何占豪就读于上海音乐学院时的作品，著作于 1958 年冬，翌年 5 月首演于上海获得好评，首演由俞丽拿担任小提琴独奏。题材是家喻户晓的民间故事，以越剧中的曲调为素材，综合采用交响乐与我国民间戏曲音乐表现手法，依照剧情发展精心构思布局，采用奏鸣曲式结构，单乐章，有小标题。

26. 【答案】C。【名师详解】分页符是分页的一种符号，其位于上一页结束以及下一页开始的位置。在页眉中不能执行插入分页符的操作。

27. 【答案】C。【名师详解】新建一个演示文档，第一张幻灯片的默认格式是标题幻灯片。

28. 【答案】B。【名师详解】根据题干可以得出：书法家中存在画家，画家中存在书法家。选项 B 党员中存在老师，老师中也存在党员。选项 A 和选项 C 均属于从属关系，选项 D 属于矛盾关系。

29. 【答案】D。【名师详解】根据题干 4 句话中只有一个真实，可知：假设选项 A 是正确的，那么第三个杯子上面的话也是正确的，与题干矛盾，故选项 A 错；假设选项 B 是正确的，那么第四个杯子上面的话是正确的，与题干矛盾，故选项 B 错；假设选项 C 是正确的，那么第一个杯子上面的话是错误的，第二个杯子上面的话是正确的，那么与我们上述推论矛盾，故选项 C 错。本题可通过排除法选择选项 D。

二、材料分析题

30. 【名师详解】

材料中刘老师的教育行为是值得肯定和赞赏的，符合素质教育的相关要求。

首先，刘老师的行为体现了素质教育是以培养学生的创新精神和实践能力为重点的教育。创新教育是素质教育的核心，在教育活动中，要求教师培养幼儿的创新精神和实践能力。材料中刘老师为了让幼儿养成饭后漱口的好习惯，安排幼儿实践去观察漱口水和干净的水，增加幼儿自主学习、自主活动的机会，鼓励幼儿多活动，培养幼儿多思善问的良好品质，激发幼儿的主动性与积极性。

其次，刘老师确立幼儿学习的主体地位，实施启发教学。刘老师采用各种教育方法，变“注入”教育为“启发”教育，激发幼儿的学习兴趣，引导幼儿动脑、动手、动口。材料中刘老师通过向幼儿不断提问，让幼儿亲自动手实践，使幼儿主动、活泼、愉快地学习和活动，培养幼儿良好的行为习惯。

再次，刘老师开展了多种活动和游戏，实施素质教育。积极开展多种形式的实践活动，是实施素质教育的重要方法。材料中刘老师通过多种形式的实践活动，引导幼儿观察，促进幼儿全面发展，刘老师的行为促进了幼儿生动、活泼、主动地发展，通过实践活动培养学生的良好习惯，很好地贯彻了素质教育的教育观。

31. 【名师详解】

黄老师的行为符合教师职业道德中的爱岗敬业、关爱学生、教书育人、为人师表的要求。

（1）爱岗敬业。爱岗敬业要求教师对工作高度负责，不得敷衍塞责。材料中黄老师对待工作认真负责，耐心指导，积极寻求解决馨馨的午睡问题符合爱岗敬业的要求。

（2）关爱学生。关爱学生要求关心爱护学生，尊重学生人格，关心学生身心健康。材料中黄老师一直帮助馨馨养成良好的午睡习惯，午睡时不催她。并在她枕头底下放小红花等行为激励和鼓励馨馨，符合关爱学生的做法。

（3）教书育人。教师育人要求教师实施素质教育，循循善诱，诲人不倦，因材施教。材料中黄老师对待馨馨因材施教，户外运动后引导她跑几圈，并把她安排在喜欢运动的孩子之中。这样的行为符合教书育人的要求。

（4）为人师表。严于律己，举止文明， 尊重家长。黄老师积极联系家长，寻求家长配合，在没有取得良好效果的结果后，仍然继续积极寻找解决办法，耐心对待学生和家长。这样的行为符合为人师表的要求。

32. 【名师详解】

（1）重复是对于传统的重复，变化则意味对于传统的舍弃。如果只是重复就会单调枯燥毫无新意；如果只是变化，就会散漫紊乱，毫无规章而言。在艺术创作中，二者应该有机结合，在重复中体现变化，在变化中体现重复，不可偏废。

（2）北京故宫的建筑，从整个宫殿的构造上讲，太和门和太和殿、中和殿，保和殿成为一组“前三殿”与乾清门和乾清宫，交泰殿，坤灵宫的“后三殿”，都有着大同小异的重复；同时，从其工程做法上讲，有着统一的规格、统一的样式。这体现了建筑风格中的“千篇一律”，但是正是由于这种千篇一律，才使得建筑风格取得了如同乐章的主题部分一样的艺术效果。

北京的故宫，在“千篇一律”中，又有着各自的不同，可以从细微的廊、庑、楼、门得以体现，这种不同又如同乐曲中不可缺少的“伴奏”，使行走在其中的人流连忘返。因此，故宫的艺术正是体现在其建筑风格的千篇一律和千变万化的矛盾中，使人获取时间和空间交错的美感体验。

【得分要点】

总结写出故宫的建筑是不断重复的。（4分）

总结写出故宫的景色从不同的角度看也是不断变化的。（4分）

故宫融合重复与变化,使故宫成为建筑史上的典范。（2分）

三、写作题

33. 【名师详解】

树立正确教师观，为人师表做榜样

教师是学生成长过程中重要的引导者，他们的行为对于培养学生成才至关重要。教师不仅要教书，更要育人，以自己模范的品行来教育和影响学生，成为学生的典范。所以教师要树立正确的教师观，在教学过程中以身作则、为人师表，成为学生仿效的榜样。

教师不仅是教学目的的贯彻者、文化知识的传授者、教学过程的组织者和学生学习的引导者，而且还是学生心灵的塑造者和学习环境的创造者。能否把学生培养成才，关键因素是教师。张伯苓十分注意对学生进行文明礼貌教育，他认为，“教育范围绝不可限于书本教育、智育教育，而应特别着手于人格教育、道德教育”。他指出：“任教育者当注重人格感化。”当他劝告学生戒烟而被责难时，立刻当众销毁自己所有的吕宋烟，还折断使用多年的烟袋杆，诚恳地说：“从此以后，我与诸同学共同戒烟。”之后果然言而有信，成为戒烟的榜样。正是他的为人师表，才培养出大批德才兼备的学生，成为近代以来中国民办教育卓有建树的典范，被称为“中国现代教育的一位创造者”。

著名教育家叶圣陶曾说过：“教育工作者的全部工作就是为人师表。”这就是说我们做教师工作的，必须要规范自己的言行举止，要以自己的“言”为学生之师、“行”为学生之范、言传身教、动之以情、晓之以理、导之以行，做名副其实的人类灵魂工程师。一个上课迟到，学生作业不及时批改的教师，如何让学生按时上学，按时完成作业？一个像范跑跑那样在危险时刻只顾自己的教师，如何让学生明白爱岗敬业的道理？一个沉迷于有偿家教、把出售知识当作本职的教师，如何让学生体会到师德的高尚？可见，教师的一举一动都是无声的命令。凡是要求学生做到的，教师必须身体力行。时时刻刻以自己的人格影响人，以自己的品行感化人，以自己的言行引导人，处处是学生的模范，事事是学生的榜样。

身教重于言教。教师的行为表达着情感，学生从教师行为中接受着情感的熏染和启迪。这是因为教育是人与人心灵上的相互接触，教师所表现出的道德面貌，既是学生认识社会，认识问题，认识人与人关系的一面镜子，也是学生道德品质成长的最直观、最生动的榜样。因此教师必须具有崇高的品德和高尚的行为，才能达到育人的目的。师德不仅是对教师个人行为的规范要求，而且也是教育幼儿的重要手段，起着“以身立教”的作用。教师要做好幼儿的灵魂工程师，首先自己要有高尚的道德情操，才能以德治教，以德育人，才能成为一名合格的教育工作者。

我们要树立正确的教师观。我们要采取切实措施，在幼师选拔和评价中，把“德才兼备、以德为先”作为人才选拔标准，把像母亲一般爱每个孩子的优秀毕业生吸收到幼师队伍中来；注重锻炼培养，在保教工作中培养高度的事业心、责任心、爱岗敬业、为人师表，“一切为了孩子，为了孩子的一切”；加强制度建设，在幼儿园考核体系中，把道德作为首要的考核标准，以科学的方式监督考核。

在孩子们眼中，教师是完美无缺、值得依赖的人，是仁慈善良、温柔和蔼的人。让我们时时刻刻注意为人师表，给这些幼苗一个充满阳光的花园，一个充满爱心的园丁，让他们快乐地成长。

2016年上半年幼儿园教师资格考试《综合素质》

一、单项选择题（本大题共29小题，每小题2分，共58分）

1. 为了培养幼儿想象力，老师让幼儿画蝴蝶，下列做法恰当的是（　）。
   A. 老师画好左半边蝴蝶，幼儿模仿完成右半边
   B. 老师在黑板上逐笔示范，让幼儿跟着画
   C. 幼儿先观察蝴蝶，然后让幼儿自己画
   D. 老师先画蝴蝶，然后让幼儿照着画
2. 为体现“幼儿为本”的教育理念，教师不正确的做法是（　）。
   A. 尊重幼儿人格　B. 为幼儿提供适合教育
   C. 调动幼儿的主动性　D. 让幼儿主动选择课程
3. 每次在与幼儿交流过程中，吴老师都会全神贯注地看着幼儿，有时候她也点头、微笑、询问和鼓励，这反映了吴老师与幼儿相处所遵循的原则是（　）。
   A. 个体性原则　B. 适时性原则　C. 公平原则　D. 尊重原则
4. 中一班的男孩如厕时常常有意将小便洒在便池外，甚至是小朋友身上，据此，王老师在便池里合适的位置上画了几朵花，要求幼儿小便时比看谁能瞄准花朵，给花浇水，此后男孩小便再也不乱洒了，王老师的教育方法体现的幼儿教育特点是（　）。
   A. 游戏性　B. 综合性　C. 整体性　D. 浅显性
5. 《国家中长期教育改革和发展规划纲要（2010年～2020年）》要求，学前教育发展的一大任务是重点发展（　）。
   A. 西部地区学前教育　B. 边远地区学前教育
   C. 城镇学前教育　D. 农村学前教育
6. 下列选项中，不符合联合国《儿童权利公约》，对儿童权利的保护规定的是（　）。
   A. 承认儿童享有固定的生命权　B. 确保儿童免受惩罚的权利
   C. 最大限度地确保儿童的生存与发展　D. 确保儿童享有其幸福所需的保护和照顾
7. 孙某和张某共同举办了一家具有法人资格的幼儿园，由张某担任园长，该幼儿园的法人代表是（　）。
   A. 张　B. 孙　C. 孙和张　D. 教职工大会
8. 教师钱某对幼儿园解聘自己的决定不服，可以向教育行政部门（　）。
   A. 检举　B. 揭发　C. 提出诉讼　D. 提出申诉
9. 15岁的小江辍学到王某所办的电子厂打工，王某的行为（　）。
   A. 合法，王某有自主招工的权利　B. 合法，王某有管理工人的权利
   C. 不合法，工厂不得招用童工　D. 不合法，征得家长同意可招用
10. 幼儿园小朋友洋洋的画被幼儿园推荐发表，所得稿酬应归于（　）。
    A. 幼儿园　B. 洋洋本人　C. 洋洋的父母　D. 洋洋的老师
11. 某民办寄宿制幼儿园小朋友珺珺睡觉时不小心从上铺摔下受伤，关于该事故（　）。
    A. 幼儿园无过错，不承担法律责任　B. 幼儿园有过错，承担相应法律责任

C. 幼儿园无过错，但应负赔偿责任　　D. 幼儿园有过错，承担一定补偿费

12. 某幼儿园的识字和算数为基本活动，得到了家长的支持，该幼儿园的做法（　）。
A. 不正确，幼儿园的游戏为基本活动　　B. 不正确，幼儿园的体育为基本活动
C. 正确，有助于培养幼儿阅读能力　　D. 正确，有助于办出幼儿园的特色

13. 马老师在逛商场时偶遇上一位小朋友和家长，便一同挑选衣服，付款时，这位家长坚持把马老师500元钱一起付了，对此马老师的正确做法是（　）。
A. 数额不大，不必在意，但下不为例　　B. 表示谢意并坚持把钱还给家人
C. 勉强接受并回送价值相当的礼物　　D. 表示感谢，并注意格外关照她的孩子

14. 幼儿园拟派工作多年，任劳任怨的胡老师去外地参加理论研修班，胡老师对园长说“年轻人喜欢玩，让她们去吧而且照顾小孩子，都是些穿衣吃饭的琐事，耐心点就行，不需要太多的理论”这表明胡老师（　）。
A. 关心年轻老师专业成长，甘为人梯　　B. 不服从园里的安排
C. 忽视自身的专业发展，盲目奉献　　D. 积极参加园内管理合理建议

15. 许多老师发现，不少孩子在家过了一个双休日之后再回到幼儿园，一些良好的行为习惯就退步了，比如不认真吃饭，乱扔东西，活动时喜欢说话，对此老师正确的做法是（　）。
A. 召开家长会，点名要求做得不好的家长向做得好的家长学习
B. 密切联系家长，并要求家长完全按照老师的要求去做
C. 发挥自己学有专攻的优势，为家长提供指导
D. 不过于干涉家庭教育，做好园内教育工作

16. 张老师在幼儿园对小朋友态度亲和，耐心细致，她的工作获得了领导和家长的一致好评，小朋友也喜欢她，可是一回到家里，张老师就只想安静休息，不让家人开电视，稍不如意就会和家人吵架，常常弄得心力交瘁，下列说法正确的是（　）。
A. 张老师缺乏心理调控能力　　B. 张老师家人缺乏体谅之心
C. 张老师的情绪反应很正常　　D. 张老师善于转移负性情绪

17. 中国历史上第一个统一的多民族中央集权国家的都城是（　）。
A. 河南安阳　　B. 河南洛阳　　C. 陕西咸阳　　D. 陕西西安

18. 2014年12月13日我国首个国家公祭日，与这一祭日直接相关的惨案发生的时间地点是（　）。
A. 1931年沈阳　　B. 1937年南京　　C. 1937年北京　　D. 1938年武汉

19. 下图是世界上最早测定地震方位的示意图，创造地动仪的中国古代科学家是（　）。

A. 祖冲之　　B. 宋应星　　C. 张衡　　D. 蔡伦

20. 下列对古代科技著作的表示，不正确的是（　）。
A. 《周髀算经》是数学专著　　B. 《农政全书》是农学专著
C. 《黄帝内经》是中医学专著　　D. 《齐民要术》是天文学专著

21. 下面的对联所描述的历史人物是（　　）。

"两表酬三顾，一对足千秋"

A. 辛弃疾　　B. 诸葛亮　　C. 李白　　D. 陶潜

22. 下列关于韩愈、柳宗元的表述，不正确的是（　　）。

A. 韩愈、柳宗元都是唐代文学家

B. 他们倡导了著名的"古文运动"

C. 他们力倡内容充实，形式严整的散文

D. 他们都是"唐宋八大家"的重要成员

23. 下列动物中不属于两栖动物的是（　　）。

A. 青蛙　　B. 蟾蜍　　C. 蜥蜴　　D. 大鲵

24. 我们日常食用的马铃薯，所属的植物器官是（　　）。

A. 块根　　B. 块茎　　C. 肉质根　　D. 肉质茎

25. 杜甫《饮中八仙歌》诗句"脱帽露顶王公前，挥毫落纸如云烟"所描写的书法家是（　　）。

A. 张旭　　B. 怀素　　C. 颜真卿　　D. 柳公权

26. 关于 Word 的多文档窗口操作，下列叙述不正确的是（　　）。

A. 文档窗口可以拆分为两个文档窗口

B. 分别显示文档的不同部分

C. 允许同时打开多个文档进行编辑，且每个文档有一个文档窗口

D. 多个文档窗口之间的内容，可以进行剪切、复制和粘贴等操作

27. 在空白幻灯片中，不能直接插入的是（　　）。

A. 艺术字　　B. 剪贴画　　C. 文字　　D. 图表

28. 下列选项中与"三角形—几何图形"逻辑相同的是（　　）。

A. 矩形—椭圆形　　B. 菱形—六边形　　C. 圆形—三角形　　D. 梯形—四边形

29. 找规律填数字是一个很有趣的活动，特别锻炼人的观察力和思考力，下列选项中填入数列"1、2、4、10、42、（　　）"空缺处的数字，正确的是（　　）。

A. 422　　B. 523　　C. 624　　D. 725

二、材料分析题（本大题共3小题，每小题14分，共42分）

阅读材料，并回答问题。

30. 材料：

幼儿园托班吃饭时普遍存在以下情况：幼儿不肯张嘴或不肯咀嚼吞咽。为解决这类问题，张老师想了很多办法。一天中午吃饭时，张老师端了一碗饭菜，边示范边夸张地说："我是大老虎，嘴巴张得大，牙齿咬得快，一会饭菜吃光光!"鼓励幼儿和老师一样做大老虎。在进餐巡视时，张老师一会儿对吃得快的宝宝说："嗯，原来这里有一只大老虎，我喜欢你!"一会儿又走到另外一个宝宝身边说："这只老虎吃的真香呀!"有时还在"大老虎"身上贴个贴纸……慢慢地，幼儿爱吃饭了，也会吃饭了，把饭含在嘴里的现象明显减少了。

张老师还发现，每次吃饭璐璐还习惯用手擦嘴巴，所以吃完饭后，她的衣袖总是沾有很多菜汁，一天吃鸡腿，张老师特意在璐璐的桌子上放一条干净的小毛巾，让璐璐记得将沾满油腻的小手在毛巾上擦一擦，所以那天璐璐的衣袖很干净。从那以后，每到吃饭时张老师总会给璐璐准备一条毛巾，璐璐养成了随时用毛巾擦拭嘴和手的习惯，衣袖总是干干净净的。

问题▸请结合材料，从教育观的角度分析张老师的教育行为。（14分）

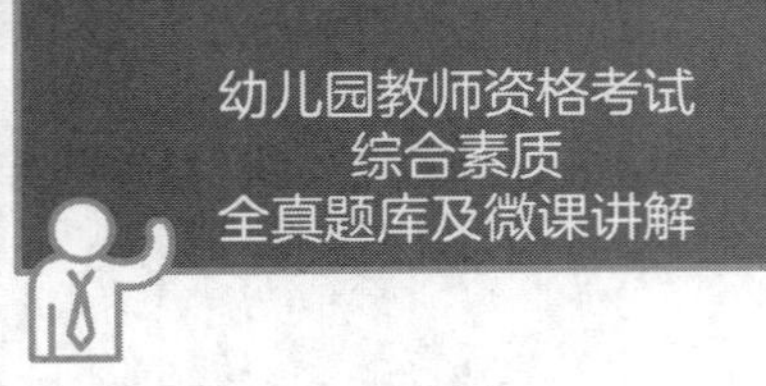

31. 材料：

下面是李老师的教育日志：下午茶是每人一块蛋糕、一杯牛奶，孩子们像往常一样静静地品尝着自己的那一份。食物发完后，我发现袋子里还有一块蛋糕，就随手给了旁边的莉莉，可没想到我的无心之举却引起了一场“风波”，莉莉脸上露出了得意的笑容，举起了那块蛋糕，在小朋友面前炫耀起来：“这是李老师多给我吃的。”其他孩子有的向她投去了羡慕的眼神，有的向我桌上投来搜寻的眼神。孩子们紧接着纷纷议论起来，有的一本正经地说：“她小，所以李老师才给她吃的呢!”有的愤愤不平地说：“李老师一定是最喜欢莉莉。”

这时，我才意识到事情的“严重”性。我的举动欠考虑，冷落了其他小朋友，我马上进行补救。“今天多的一块蛋糕老师给了莉莉，以后多下来的下午茶，老师会发给别的小朋友，大家轮流吃，你们说好吗?”孩子们脸上的复杂表情马上都消失了，大声喊道：“好”。

问题 ▸ 请结合材料，从教师职业道德的角度评析李老师的教育行为。（14分）

32. 材料：

一个真正的文学批评家应该坚守自己独立的批评品格，远离世俗的主流风尚，对文学进行精神与灵魂的审视，而不是庸常的絮语。然而，中国当下文学的主流批评恰恰存在着一定的灵魂缺失与精神萎缩。文学批评渐渐被市场与媒体所左右，总是在大而无当的赞歌与恣肆恶意的攻击之间进退维谷，作家和读者都很难听到真正的批评的声音。大多数文学批评家将自己的批评视角与笔墨投向了文学的热闹喧嚣之地，而对一些处于边缘地位因种种缘故未能进入主流文坛的作家的作品，却少有注意。事实上，在一些边缘作家的作品里，我们往往能够读到异于所谓主流的特别内容。譬如王小波，他在世的时候，并没有多少批评家的目光注意到他，关于其作品的意见自然也是其身后的事情了。而王小波的出现无疑显示了文学的另一种可能，他的作品在精神上和鲁迅式的焦灼与反抗，可谓有着异曲同工之妙：对人间猥琐的嘲弄，对现实生活的焦虑，对芸芸众生的哀怜，以及回到生活的深处与内心的深处，“将人的狂放、朗然之气弥散在作品中”，“在嘲弄社会的同时，也忽视了自我”。显然，王小波之死唤醒了一种新的文学批评的诞生，即充满学术良知、生存尊严与批评真理的文学批评。不过，这种文学批评并非当前文坛的大多数，恰恰相反，它只在少数批评家那里存在着，热闹的文坛依然那么热闹，热闹过后，一片虚无。文学批评的光芒，倘若日益被嚣尘上的商业化炒作完全掩盖，文学批评的末路或许也就为期不远了，我们的文学批评必须对此有所警觉。（摘编自陈劲松《文学批评的姿态》）

问题 ▸ （1）材料最后一句：我们的文学批评对此有所警觉的“此”指代的内容是什么？（4分）

（2）结合文本请简要分析当下文学批评存在的弊端。（10分）

三、写作题（本大题共1小题，共50分）

33. 阅读下面的材料，根据要求作文。

常言道：“上山容易，下山难。”这句话是说，上山虽然费力，但不容易发生危险；下山虽然省力，但却容易失足跌下山。其实，这简单的话语蕴含着丰富的人生哲理。

要求 ▸ 用规范的现代汉语写作。自定立意，自拟题目。自选文体，不少于800字。

2016年上半年幼儿园教师资格考试《综合素质》答案与名师详解

一、单项选择题

1. 【答案】C。【名师详解】题干要求培养幼儿的想象力，想象力是建立在已有表象基础之上的心理现象，所以先观察蝴蝶，获得表象，才能为想象奠定基础。素质教育要求注意保护和发展幼儿的想象力、创造力，善待幼儿的质疑。为了培养幼儿的想象力，教师要让幼儿自己观察蝴蝶，用自己的理解以及想象去展示自己的想法。

2. 【答案】D。【名师详解】《幼儿园教师专业标准》的第一理念就是以幼儿为本，其具体要求是“尊重幼儿权益，以幼儿为主体，充分调动和发挥幼儿的主动性；遵循幼儿身心发展特点和保教活动规律，提供适合的教育，保障幼儿快乐健康成长。”选项A、B、C均符合以“幼儿为本”的理念。本题可通过排除法选择选项D。

3. 【答案】D。【名师详解】教师应该要成为倾听者、观察者，倾听和观察的行为会向孩子传达对他们的尊重和欣赏。在与幼儿相处的过程中，吴老师全身心地关注幼儿，与幼儿积极地互动，这些行为体现了吴老师对幼儿的尊重。

4. 【答案】A。【名师详解】幼儿教育具有游戏化的特点。针对男孩有意将小便洒在便池外这种不良的生活习惯，王老师通过在便池合适的位置画上花朵，让男孩给花朵浇水的形式来调动幼儿的兴趣。可见，王老师是利用游戏的趣味性来纠正幼儿的不良生活习惯。

5. 【答案】D。【名师详解】《国家中长期教育改革和发展规划纲要（2010年～2020年）》中明确提出要重点发展农村学前教育，努力提高农村学前教育普及程度。

6. 【答案】B。【名师详解】《儿童权利公约》中规定，缔约国确认每个儿童均有固有的生命权。缔约国应最大限度地确保儿童的存活与发展，故选项A、C说法正确。缔约国承担确保儿童享有其幸福所必需的保护和照顾，考虑到其父母、法定监护人或任何对其负有法律责任个人的权利义务，并为此采取一切适当的立法和行政措施。选项D说法正确。

7. 【答案】A。【名师详解】《幼儿园工作规程》规定，幼儿园实行园长负责制，园长是幼儿园的法定代表人。

8. 【答案】D。【名师详解】《中华人民共和国教师法》第三十九条明确规定，教师对学校或者其他教育机构侵犯其合法权益的，或者对学校或者其他教育机构作出的处理不服的，可以向教育行政部门提出申诉，教育行政部门应当在接到申诉的三十日内，作出处理。

9. 【答案】C。【名师详解】《中华人民共和国未成年人保护法》明确规定，任何组织或者个人不得招用未满十六周岁的未成年人，国家另有规定的除外。故本题正确选项为选项C。

10. 【答案】B。【名师详解】本题中洋洋是画的著作权，理应享有获得报酬权，稿酬应该归其所有。洋洋的父母是其监护人，可以管理稿酬，但所有权仍归洋洋所有。

11. 【答案】B。【名师详解】《中华人民共和国侵权责任法》第三十八条规定，无民事行为能力人在幼儿园、学校或者其他教育机构学习、生活期间受到人身损害的，幼儿园、学校或者其他教育机构应当承担责任，但能够证明尽到教育、管理职责的，不承担责任。对于幼儿（通常为无民事行为能力人），其在幼儿园学习生活期间受到人身损害的，法律实行过错推定责任，即法律推定由幼儿园承担责任。幼儿园要想免责，只能证明自己已尽到教育、管理职责。

12. 【答案】A。【名师详解】游戏是幼儿的基本活动形式，也是幼儿基本的学习方式。

13. 【答案】B。【名师详解】《中小学教师职业道德规范（2008年修订）》要求教师要廉洁奉公，所以马老师应该表达谢意的同时，把钱还给学生家长。

14. 【答案】C。【名师详解】《幼儿园教师专业标准》要求幼儿教师要终身学习，具体要求是：学习先进学前教育理论，了解国内外学前教育改革与发展的经验和做法；优化知识结构，提高文化素养；具有终身学习与持续发展的意识和能力，做终身学习的典范。题干中胡老师的做法没有体现终身学习的理念，不重视自身专业素质的提高，属于盲目贡献。

15. 【答案】C。【名师详解】幼儿园教师要与家长加强沟通，发挥自己的学业专长，对家长的教育给予指导，共同形成教育合力，促进幼儿全面发展。

16. 【答案】A。【名师详解】教师职业的心理素养中要求教师能够控制和调整自己的情绪和态度，具有心理调适能力。张老师的行为属于缺乏心理调控能力的表现。

17. 【答案】C。【名师详解】公元前221年，秦王嬴政建立了我国历史上第一个统一多民族的中央集权制国家——秦，其首都在陕西咸阳。

18. 【答案】B。【名师详解】1937年12月13日，侵华日军在中国南京开始对中国同胞实施长达四十多天惨绝人寰的大屠杀，三十多万人惨遭杀戮，制造了震惊中外的南京大屠杀惨案。2014年2月25日，十二届全国人大常委会第七次会议决议，拟将12月13日设立为南京大屠杀死难者国家公祭日，这也是我国的首个公祭日。

19. 【答案】C。【名师详解】地动仪是中国东汉科学家张衡创造的一传世杰作。张衡所处的东汉时代，地震比较频繁。张衡对地震有不少亲身体验，为了掌握全国地震动态，他经过长年研究，终于在阳嘉元年（公元132年）发明了候风地动仪，这也是世界上的第一架地动仪。

20. 【答案】D。【名师详解】《齐民要术》是北朝北魏时期，南朝宋至梁时期，中国杰出农学家贾思勰所著的一部综合性农学著作，也是世界农学史上最早的专著之一，是中国现存最早的一部完整的农书。

21. 【答案】B。【名师详解】两表酬三顾（上联），一对足千秋（下联），是“三顾堂”正门的对联。上联是说诸葛亮的前、后两个《出师表》酬答了刘备三顾茅庐的情谊，下联是说诸葛亮的《隆中对》足以流传千秋而不朽。

22. 【答案】C。【名师详解】韩愈、柳宗元是“唐宋八大家”的重要成员，也是唐代古文运动的倡导者，他们主张废弃六朝以来华而不实的骈俪文，而创作内容充实、形式自由的散文。因此选项C符合题意。

23. 【答案】C。【名师详解】两栖动物包含有两种含义：一是从脊椎动物的演变历史来看，两柄动物是从水生开始向陆生过渡的一个类群；二是从两栖动物的个体发育来看，它们的幼体生活在水中，用鳃呼吸，成体则生活在陆地上，也可以生活在水中，主要用肺呼吸，兼用皮肤辅助呼吸。青蛙、蟾蜍和大鲵等动物具有以上特点，因而被称为两栖动物。

24. 【答案】B。【名师详解】马铃薯属茄科多年生草本植物，所属的植物器官是块茎，块茎可供食用，是全球第三大重要的粮食作物。

25. 【答案】A。【名师详解】张旭以草书著名，被誉为“草圣”，张旭三杯酒醉后，豪情奔放，绝妙的草书就会从他笔下流出。他无视权贵的威严，在显赫的王公大人面前，脱下帽子，露出头顶，奋笔疾书，自由挥洒，笔走龙蛇，字迹如云烟般舒卷自如。

26. 【答案】B。【名师详解】Word的多文档窗口操作中，不能分别显示文档的不同部分，但可以同时保存多个文件。

27. 【答案】C。【名师详解】空白幻灯片中可直接插入剪贴画、艺术字、图表，但不可以直接插入文字。插入文字前，要设定文本框。

28. 【答案】D。【名师详解】题干中的三角形属于几何图形中的一种，它们属于从属关系，选项中只有选项D中梯形是四边形中的一种，属于从属关系。

29. 【答案】A。【名师详解】从第3个数开始是前两个数相乘加2得出，10=4×2+2；42=10×4+2。以此类推空缺处的数字是42×10+2=422。

二、材料分析题

30. 【名师详解】

材料中张老师的行为符合素质教育观，值得肯定。

首先，张老师的行为体现了素质教育是以培养学生的创新精神和实践能力为重点的教育。创新教育是素质教育的核心，在教育活动中，要求教师培养幼儿的创新精神和实践能力。材料中张老师为了让幼儿养成好好吃饭的习惯，通过老师示范，学生模仿，并辅助小动物角色扮演的方式，增加幼儿自己动手吃饭的机会，鼓励幼儿克服困难，培养幼儿良好品质，激发幼儿的主动性与积极性。

其次，张老师确立幼儿学习的主体地位，实施启发式教学。张老师采用各种教育方法，变“注入”教育为“启发”教育，激发幼儿学习如何大口吃饭的兴趣，引导幼儿动脑、动手、动口。材料中张老师通过强化幼儿正确吃饭的行为，使幼儿主动、愉快地吃饭，培养幼儿良好的行为习惯。

再次，张老师不仅关注全体幼儿，还关注不同幼儿的个体差异，从儿童的个性出发，对其进行教育。材料中的璐璐吃饭容易弄脏小手，张老师有针对性地给璐璐毛巾擦手，体现了针对不同幼儿采取不同方式进行良好习惯的培养。

总之，张老师的行为促进了幼儿主动、愉快地发展，通过实践活动培养了幼儿的良好习惯，很好地贯彻了素质教育的教育观。

31. 【名师详解】

李老师刚开始把多出来的蛋糕直接给了旁边的莉莉，没有体现教育的公平公正，但是后来老师及时处理，其教育行为符合教师职业道德的相关要求，值得肯定。

第一，李老师的教育行为体现了关爱学生。关爱学生要求关心爱护全体学生，尊重学生人格，做学生的名师益友。李老师面对其他小朋友的反应，并没有不管不问。而是意识到自己的行为冷落了其他的小朋友，及时调整，关心爱护所有的小朋友，体现了关爱学生的道德规范。

第二，李老师的教育行为体现了为人师表。为人师表要求坚守高尚情操，以身作则，反思自己的行为。李老师能够及时意识到自己的问题，并且能够反思自己的教育行为，以高标准要求自己，体现了为人师表的道德要求。

总之，李老师的行为体现了崇高的教师职业道德规范，这种精神值得大力弘扬，需要每个老师学习。

32. 【名师详解】

（1）我们的文学批评对此有所警觉的“此”指的是：文学批评日益去向商业化炒作（2分）；文学批评的末路也许为期不远。（2分）

（2）当下文学批评主要存在以下弊端。

① 文学的主流批评灵魂缺失与精神萎缩。（2分）

② 文学批评渐渐被市场与媒体所左右，趋向商业化炒作，文学批评缺乏客观性，作家和读者很难听到真正的批评的声音。（3分）

③ 大多数文学批评家缺少对优秀的边缘文学作品的注意。（2分）

④ 文学批评家们少有充满学术良知、生存尊严与批评真理的文学批评。（3分）

三、写作题

33. 【名师详解】

"上山易，下山难"这句话主要是针对上下山所遭遇的风险而言的，意思是下山过程中比上山面临更多的危险和考验，因而是比较困难的一件事。下山之难在于下山无需太多的体力而使人容易放松自己，使看似简单的事变得风险倍增。上山之时，人往往精力集中准备充分反而不会有大的危险。

联系实际，随着"互联网+"的推进，教育改革是势在必行。基于此，可以从教师要"居安思危""常备不懈""防患未然"做好教育工作角度立意。

2016年下半年幼儿园教师资格考试《综合素质》

一、单项选择题（本大题共29小题，每小题2分，共58分）

1. 王老师在给孩子讲故事时，讲到“大象用鼻子把狼卷起来”，用手做出“卷”的动作，说到“大象把狼扔到河里去”，又用手做出“扔”的样子。孩子们也学着老师做出相应的动作，脸上露出会意的笑容。这体现教师的特点是（　）。
A. 复杂性　B. 示范性　C. 长期性　D. 创造性

2. 下表表明，儿童的发展具有（　）。

年龄（月）	精细动作
4	能抓住玩具，捏物时大拇指参与
8	用拇指和食指来参夹取物
15	能几页几页翻书
18	能叠2～3块积木
24	会叠6～7块积木，能一页一页翻书
36	能叠9～10块积木

A. 连续性　B. 个体差异性　C. 整体性　D. 不均衡性

3. 有家长对孩子说：“我们与别人交同样多的钱，分点心时就不要拿小的。”针对此现象，胡老师讲“孔融让梨”的故事，教育幼儿学会谦让。胡老师的做法（　）。
A. 错误，违背了一致性原则　B. 错误，违背了科学性原则
C. 正确，遵循了公平性原则　D. 正确，遵循了适时性原则

4. 午餐时，有些幼儿边吃边玩。为了让幼儿专心进餐，李老师正确的说法是（　）。
A. 没吃完的不准睡觉　B. 比比看谁吃得最快
C. 我看看谁吃得最香　D. 看谁还在那儿磨蹭

5. 某幼儿园中班班主任把班里每个孩子的体检结果公布在教室门口，上面除了身高、体重等项目外，还包括血液检查结果等内容，该幼儿园班主任的做法（　）。
A. 正确，方便家长了解孩子身体状况　B. 正确，贯彻了重视幼儿身心健康的理念
C. 不正确，侵犯了幼儿的隐私权　D. 不正确，侵犯了幼儿的人格尊严

6. 在幼儿园开展的户外活动中，小明和小刚一起玩滑梯，玩到高兴时，小明推了小刚一下，致使小刚摔到地面受伤，老师马上从教室跑出来扶起了小刚。对小刚所受伤害应当承担赔偿责任的是（　）。
A. 幼儿园　B. 小明的监护人
C. 小刚的监护人　D. 小明的监护人和幼儿园

7. 良好的社会环境对未成年人的健康成长有着重要作用。下列选项中属于社会保护的是（　）。
A. 洋洋在幼儿园突发疾病，园方及时通知家长并积极救护洋洋

B. 父母以健康思想、良好品行和适当方法教育和影响未成年人

C. 国家鼓励研究开发有利于未成年人健康成长的网络产品

D. 对违法犯罪的未成年人实行教育、感化和挽救

8. 依据《中华人民共和国教育法》，教育是社会主义现代化建设的基础，国家保障教育事业（ ）。

A. 优先发展 B. 持续发展 C. 重点发展 D. 均衡发展

9. 观察下图，下列选项中说法正确的是（ ）。

A. 母亲依法履行了对孩子的监护职责 B. 母亲的监护人资格应该依法被撤销

C. 母亲无理怒吼侵犯了孩子的人格尊严 D. 母亲没有为孩子提供健康的家庭环境

10. 教师张某因为醉驾被人民法院判处有期徒刑。张某（ ）。

A. 将永远丧失教师资格 B. 教师资格不受此影响

C. 未来五年内不得从事教师职业 D. 只能在民办学校从事教师职业

11. 某幼儿园教师钱某实名举报了园长的违法乱纪行为。园长知晓后，找社会人员殴打钱某，致使钱某重伤。对该园长的行为应依法（ ）。

A. 给予其行政处罚 B. 追究其刑事责任

C. 给予其行政处分 D. 追究其治安责任

12. 《国家中长期教育改革和发展规划纲要（2010 年～ 2020 年）》提出，教育改革发展的战略主题是（ ）。

A. 坚持立德树人、创新人才培养的体制 B. 坚持以人为本、全面实施素质教育

C. 坚持教育公平、合理配置教育资源 D. 坚持内涵发展、全面提高教育质量

13. 东东经常欺负别的孩子，今天他又惹得琪琪大哭。张老师马上走过去，生气地对东东说："你要是我的儿子，我恨不得拍死你。"张老师的行为（ ）。

A. 可以理解，因为有些孩子的行为真的让人生气

B. 可以理解，因为批评也是一种有效的教育方式

C. 不恰当，应该先了解孩子间发生矛盾的原因

D. 不恰当，因为东东毕竟不是她的儿子

14. 豆豆在幼儿园经常尿床，教师恰当的做法是（ ）。

A. 了解豆豆尿床的原因，和家长共同商量办法

B. 提醒其他小朋友，不要像豆豆一样尿床

C. 适当地批评豆豆，以帮助豆豆养成良好的习惯

D. 要求家长把豆豆带去治疗，治好后再回幼儿园

15. 李老师是一名幼儿园的骨干教师。开学初，她接到了教育局的通知，要求她去省城参加幼儿园教师培训班的学习。李老师（ ）。
A. 可以拒绝，外出培训既辛苦又浪费时间
B. 可以拒绝，骨干教师不需要参加教师培训
C. 应该参加培训，培训有利于身心休闲
D. 应该参加培训，培训有利于提高教学水平

扫码观看视频

16. “六一”儿童节到了，幼儿园给每个孩子都准备了食品作为礼物带回家。小班的礼物分发后，李老师发现还剩下几份。对于剩下的礼物，李老师应该（ ）。
A. 应该卖掉，把钱留作班级经费　B. 上交，由幼儿园统一处理
C. 带回家去，以免浪费食品　D. 分给同事，促进团结协作

17. 公元前一千多年，人们就开始了海上贸易，那时就以海上贸易活动著称的是（ ）。
A. 巴比伦人　B. 古罗马人　C. 腓尼基人　D. 古希腊人

18. 一位英国科技史家花费近50年心血编著了多卷本《中国科学技术史》，全面、系统地论述了中国古代科学技术的辉煌成就及其对世界文明的伟大贡献。这位科技史家是（ ）。
A. 莫塞莱　B. 布拉格　C. 达尔文　D. 李约瑟

19. 电影拍摄和放映的速度不同，会产生不同的视觉效果。商业电影通常的放映速度是（ ）。
A. 每秒20帧　B. 每秒24帧　C. 每秒28帧　D. 每秒30帧

20. 在进化的过程中，鸟嘴形成了各种不同的形状。下图是鹦鹉、鹭鸶、老鹰和金丝雀头部的画像，从嘴型看，金丝雀应当是（ ）。

A

B

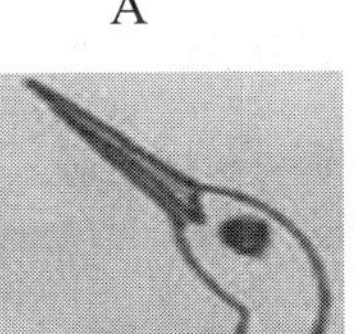
C

D

21. 没有发动机的过山车，自高处下滑，速度越来越大，到达斜坡底部时速度最大，大到足以使车体冲上下一个斜坡。使该过山车保持运动状态冲上下一个斜坡的是（ ）。
A. 势能　B. 惯性　C. 加速度　D. 初速度

22. 下列音乐术语中，表示“两个以上不同的音按一定法则同时发声构成的音响组合”的是（ ）。
A. 和声　B. 合奏　C. 合唱　D. 齐奏

23. 钟乳石发育于石灰岩溶洞地区，包括石笋、石柱、石钟乳等，其中悬挂在洞顶、向下生长的倒锥状碳酸钙沉积物是（ ）。
A. 石笋　B. 石柱　C. 钟乳石　D. 石灰乳

24. 世界各国动画片常常以儿童为主角，展示儿童正义、善良、机智、勇敢等品质，塑造出了很多经典形象。下图所示的经典形象是（　）。

A. 哪吒（《哪吒闹海》）　　B. 阿童木（《铁臂阿童木》）
C. 一休（《聪明的一休哥》）　　D. 葫芦娃（《葫芦兄弟》）

25. 章回小说是中国古典小说的主要形式，其体例特征是：分回标目，段落整齐，首尾完整。下列作品中，不属于明朝四大章回小说的是（　）。

A. 《水浒传》　B. 《西游记》　C. 《金瓶梅》　D. 《红楼梦》

26. 下列选项中，关于Word文档“页码”功能的表述，不正确的是（　）。

A. 文档中的页眉页脚区域可以插入页码
B. 文档中左右页边距区域不可以插入页码
C. 可通过设置“首页显示页码”实现首页不显示页码
D. 可通过设置“奇偶页不同”实现奇数页和偶数页页码位置不同

27. 在PowerPoint中，对幻灯片中某对象建立超链接时要添加的是（　）。

A. 文本框和超链接点　　B. 文本和图片
C. 文本框和动作按钮　　D. 超链接点和动作按钮

28. 找规律填数字是一项很有趣的活动，特别锻炼人的观察力和思考能力。下列选项中，填入数列“2、4、9、16、（　）、47”空缺处的数字，正确的是（　）。

A. 28　B. 29　C. 30　D. 31

29. 下列选项所表述的内容，包含在“只有想不到，没有做不到”中的是（　）。

A. 如果没想到，肯定做不到　　B. 只要想得到，就能做得到
C. 既然做到了，便是想到了　　D. 既有想不到，也有做不到

二、材料分析题（本大题共3小题，每小题14分，共42分）

阅读材料，并回答问题。

30. 材料：

到中一班的第一天，白老师就注意到了小楷。整整一天，小楷基本上不说话，极腼腆。无论问他什么，他都用大大的眼睛看着你，点点头、摇摇头或是笑一笑。玩“萝卜蹲”游戏时，他踊跃地举手，叫上来又一言不发；在外面投掷沙包时，白老师问他：“你能扔进那个筐吗？”他就把沙包检起来扔进去，然后腼腆地笑……

扫码观看视频

经过了解，小楷是一个农民工的孩子，刚入园不久，害怕小朋友嘲笑自己的乡音，很少说话。怎么让小楷开口讲话呢？白老师有意识地找

小楷说话，聊他最感兴趣的话题。美工区里，小楷在玩橡皮泥，白老师问："你捏的是什么呀?"他摇摇头，"告诉老师，你捏的是什么呀？"小楷小声地说："是……""我觉得你说话的声音特别好听。"小楷开心地笑了，用极小的声言说："这是西瓜，这是……""回家看什么动画片啊？""大头儿子小头爸爸""最喜欢里面的谁呀？""大头儿子""那你喜欢白老师吗？""喜欢……"

之后，白老师找到小楷的家长，建议他们多和小楷交流，有时间带小楷与同龄孩子玩耍。

慢慢地，小楷愿意和别人说话，性格也活泼开朗多了。

问题▸结合材料，从教育观的角度，评析白老师的行为。（14分）

31. 材料：

星星幼儿园本学期开设了托班，这个班的孩子年龄偏小，平均年龄不满两岁。钟老师主动承担了这个托班的保教工作。入园时，托班孩子都会哭闹不止："我要妈妈！""回家！""不上幼儿园!"……钟老师一会儿抱着这个，一会儿哄着那个，一天下来，累得几乎直不起腰。但是，不管钟老师用什么方法，总有几个孩子会一直哭个不停。有时钟老师也会心情烦躁，甚至还对个别孩子发过脾气，但是她发现发脾气非但解决不了问题，反而会让孩子哭闹得更加严重。经过一段时间的摸索，她发现，只有自己心平气和才能安抚孩子烦躁的情绪。渐渐地，孩子们的哭闹声少了，欢笑声多了。

扫码观看视频

因为年龄小，多数孩子走路不稳，语言不清晰，对一切事物都好奇，什么都想看，什么都想摸。钟老师怕他们碰伤或摔伤，就时刻注意着他们的安全。家长们看着自己的孩子每天在幼儿园开开心心的，都很感激钟老师。教师节这天，有家长给钟老师送来了购物卡和礼品以表达谢意，钟老师婉言拒绝了。

问题▸请结合材料，从教师职业道德的角度，评析钟老师的教育行为。（14分）

32. 材料：

记得是在读小学三年级的时候，有一天，我在母亲的书架上找到一本装帧精致的小书，翻开来，便不由地沉了进去。一小段一小段的文字不带韵脚，却诗意盈盈。字里行间似有一种不可测的魔力。用书中的语言来形容，恰"好像那傍晚的宽宏大量的和平，覆盖着日间的骚乱一样"。当时是什么日子？岁月刚入20世纪70年代，外面正闹文化大革命呢。我于是记下了这么一个题目：《新月集》，以及这么一个外国人的名字：泰戈尔。八年后我进京读书，随身行囊中就有这本美丽的小书。大学毕业时，我将行李打包邮寄回家，其中一件不慎遗失，心爱的小书却恰巧在那只纸箱中。后来，我试着翻阅过其他版本，却再难寻到那怦然心动的感觉，我这才咀嚼回忆起另一个名字——郑振铎，并深深地怀念着了。

几十年过去。直到不久前我终于又欣喜地发现了一本郑译"泰戈尔诗选"。重新捧读之下，曾经令十岁孩童着迷的文字让如今已知天命的我仍然沉醉不已。合上书本，我忍不住细细叩问自己，这份历久弥新的魅力究竟自何而来?

《新月集》虽然号称儿歌，但它并不是一部写给儿童读的诗歌集，而是用了孩子的口吻叙述儿童心理、儿童生活的最好的诗歌集，其中不乏隽永的智慧和很深的哲理。这情形与法国作家圣•埃克絮佩里的名著《小王子》有几分相似。《新月集》译成于民国十二年，也就是1923年，那是个白话文未臻成熟的年代。或许这份稚拙正好契合了儿童语气的秀嫩天真。郑振铎先生在“译者自序”中说“我的译文自己很不满意，但似乎还很忠实，且不至于看不懂。”这句话让我上了心。据说在郑先生之前确有位王独清君的译文使人不懂。看来早期白话文的翻译曾在“忠实”和“易懂”之间苦苦挣扎过。

郑振铎先生翻译所依据蓝本是英文版。其实那已经是翻译本了。泰戈尔的诗篇多用孟加拉语写成，其风格深受古印度宗教哲学影响，又创造性地触入了孟加拉乡间民歌之旋律。尽管如此，在翻译过程中，郑先生对这部诗集的英文本始终恪守“忠实”信条。这一点，从文中多处做定语的“的”字便可看出：“天空里突然升起了一个男孩子的尖锐的歌声，他穿过看不见的黑暗，留下他的歌声的辙痕跨过黄昏的静谧”。从译文我们几乎可以不费力地还原出英文来。换了我或大多数今人，恐怕会轻易采用“他的歌声碾过黄昏的静谧”这样熟稔的译法。然而如此一来，读者们便不再能体会到原文中“track”一词的存在了。从根儿上讲，“译”“诱”“煤”的意义一脉相通。翻译家如同媒人，挑动起人们的好奇心，引诱他们对原作无限向往。而一旦能够欣赏货真价实的原作以后，一般人常常薄情地抛弃了翻译家辛勤制造的代用品。不过我以为郑振铎先生的译文却属于另外一种境界，它纯净得犹如清新空气，人们透过它得以通畅无碍地欣赏原文，却几乎忘记了这个媒介本身的存在。或许这才是真正的翻译家该有的角色——尽量隐匿在原作者的身影里。毕竟与天马行空式翻译的自由发挥比较起来，忠实原文要艰难得多；而既忠实又优推则是戴着脚镣的舞蹈了。大约这正是郑译永葆青春活力的秘诀所在。（摘编自飞露《那一弯新月》）

问题▸（1）郑译《新月集》“忠实”的特点体现在哪里?请根据文本，简要概括。（4分）

（2）文章认为翻译外文作品一般有几种“境界”？请结合文本简要分析。（10分）

三、写作题（本大题1小题，共50分）

33. 阅读下面的材料，按要求作文。

妈妈问孩子：“棉被放在床上一直是冰凉的，可是人一躺进去就变得暖和了，你说是棉被把人暖热了，还是人把棉被暖热了？”孩子一听笑了：“妈妈你真糊涂呀，棉被怎么可能把人暖热了，是人把棉被暖热了。”妈妈又问：“既然棉被给不了我们温暖，反而要靠我们去暖它，那么我们还盖着棉被干什么？”孩子想了想说：“虽然棉被给不了我们温暖，却可以保存我们的温暖，让我们在被窝里睡得舒服呀！”

综合上述材料所引发的思考和感悟，写一篇不少于800字的论说文。

要求▸ 用规范的现代汉语写作。角度自选，立意自定，标题自拟。

2016年下半年幼儿园教师资格考试《综合素质》答案与名师详解

一、单项选择题

1. 【答案】B。【名师详解】幼儿好奇心强，好模仿，容易受到教师的影响，因此教师的一言一行都是重要的教学手段，对幼儿具有示范作用。材料中王老师模仿大象做出“卷”和“扔”的动作，对幼儿来说具有很好的示范作用。

2. 【答案】A。【名师详解】儿童发展的连续性是指儿童每一阶段的发展都是前一阶段发展的继续，同时又是下一阶段发展的开始。由上表可以看出，不同月数的儿童发展有着不同的要求，而且随着年龄的增长，精细动作的连续性也不断发展。

3. 【答案】D。【名师详解】胡老师的做法是正确的，值得赞赏。胡老师针对家长错误教育幼儿拿点心的事情，给予适时地纠正，并用“孔融让梨”的故事教育幼儿要懂得谦让。胡老师的做法遵循适时性的原则。

4. 【答案】C。【名师详解】选项A和选项D都是对幼儿变相地体罚和不尊重幼儿的行为。而选项B中“比比谁吃得最快”可能会导致部分幼儿的吞咽和消化受到阻碍，不利于幼儿的进餐，故本题可通过排除法选择选项C。

5. 【答案】C。【名师详解】隐私权是指自然人享有的对自己的个人秘密和个人私生活进行支配并排除他人干涉的权利。幼儿虽然年纪小，但同样享有隐私权。幼儿园将幼儿身高、体重等项目的检查结果公示在教室门口，属于侵犯幼儿隐私的行为。

6. 【答案】D。【名师详解】小刚受伤是在幼儿园开展的户外活动中，属于在幼儿园上学期间，因此幼儿园应负相关责任，而事故的直接责任人为小明，但是小明作为未成年人，并不具备赔偿能力，故由小明的监护人代小明承担赔偿责任。

7. 【答案】C。【名师详解】选项A中的园方和选项B中的父母都不属于社会的范畴，因此他们的努力都不是社会层面上做出的努力，A选项属于学校保护，B选项属于家庭保护。C选项对违法犯罪的未成年人实行教育、感化和挽救属于司法保护。只有选项C属于社会保护。

8. 【答案】A。【名师详解】根据《中华人民共和国教育法》第四条：教育是社会主义现代化建设的基础，国家保障教育事业优先发展。

9. 【答案】D。【名师详解】图中的母亲让孩子在玩麻将的旁边写作业，同时还呵斥孩子，没有给孩子提供良好健康的家庭环境。

10. 【答案】A。【名师详解】《中华人民共和国教师法》第十四条规定：受到剥夺政治权利或者故意犯罪受到有期徒刑以上刑事处罚的，不能取得教师资格；已经取得教师资格的，取消教师资格。

11. 【答案】B。【名师详解】院长报复举报老师，将其打伤构成犯罪，应依法追究其刑事责任。

12. 【答案】B。【名师详解】《国家中长期教育改革和发展规划纲要（2010年～2020年）》提出，教育改革发展的战略主题是：坚持以人为本、推进素质教育是教育改革发展的战略主题，是贯彻党的教育方针的时代要求，核心是解决好培养什么人、怎样培养人的重大问题，重点是面向全体学生、促进学生全面发展，着力提高学生服务国家服务人民的社会责任感、勇于探索的创新精神和善于解决问题的实践能力。

13. 【答案】C。【名师详解】张老师的行为没有尊重幼儿，其应先了解事情原委再耐心公正地教育幼儿。

14. 【答案】A。【名师详解】针对幼儿尿床的现象，教师应该了解幼儿尿床的原因，并且与家长沟通此事，家园共育，从而解决问题。

15. 【答案】D。【名师详解】教师需要树立终身学习的观念，从而跟上时代的步伐并积累教学经验，所以李老师应该参加培训学习，有利于提高教学水平，提升教学质量。

16. 【答案】B。【名师详解】教师的职业道德要求为人师表，廉洁从教，所以剩下的礼物应该上交幼儿园统一处理。

17. 【答案】C。【名师详解】腓尼基人是古代世界最著名的航海家和商人，公元前一千多年，人们就开始了海上贸易，他们驾驶着狭长的船只踏遍地中海的每一个角落，地中海沿岸的每个港口都能见到腓尼基商人的踪影。

18. 【答案】D。【名师详解】李约瑟是英国近代生物化学家和科学技术史专家，其所著《中国的科学与文明》（即《中国科学技术史》）对现代中西文化交流影响深远。李约瑟关于中国科技停滞的思考，即著名的“李约瑟难题”，引发了世界各界的关注和讨论。

19. 【答案】B。【名师详解】商业电影通常的放映速度是每秒24帧。

20. 【答案】A。【名师详解】金丝雀是食谷鸟类，嘴的形状为圆锥状，即选项A为金丝雀；鹦鹉爱好坚果，嘴较为厚重，即选项B为鹦鹉；鹭鸶是水生鸟类，鸟嘴是细长形状，以便在水中捕食，即选项C为鹭鸶；鹰嘴带尖钩，有利于撕咬，即选项D为鹰。

21. 【答案】B。【名师详解】没有发动机的过山车利用冲下斜坡产生势能，形成惯性，从而令过山车保持运动状态冲上下一个斜坡。

22. 【答案】A。【名师详解】合奏是很多乐器分别按不同声部演奏同一首乐曲；合唱和齐奏是同样的音律；和声是指两个以上不同的音按照一定的法则同时发声构成的音响组合。

23. 【答案】C。【名师详解】钟乳石的形成起始于一滴含有矿物质的水滴。当水滴落下，留下很薄的一点方解石圈，并沉淀出更多的方解石，形成了锥形钟乳石。

24. 【答案】A。【名师详解】图中的人物头扎双头髻，手拿乾坤圈和混天绫，是《哪吒闹海》中的哪吒。

25. 【答案】D。【名师详解】《红楼梦》是清朝曹雪芹的作品，不属于明朝的章回体小说。

26. 【答案】B。【名师详解】在Word文档中左右页边距可以插入页码。

27. 【答案】D。【名师详解】在PowerPoint中，对幻灯片中某对象建立超链接需要添加的是超链接点和动作按钮。

28. 【答案】A。【名师详解】前两个数的和加3为第三个数，即：2+4+3=9，4+9+3=16，9+16+3=28。

29. 【答案】B。【名师详解】“没有做不到”说明不管想不想得到，都可以做到。“只有想不到，没有做不到”的后半句比前半句范围大。根据“没有做不到”，可以排除选项A、D；根据“做到不一定想到”，可排除选项C。

二、材料分析题

30. 【名师详解】

材料中，白老师的行为是值得肯定和赞赏的，符合素质教育的相关要求。

首先，素质教育要求面向全体学生，促进每一位学生的发展。材料中白老师并没有因为小楷内向、腼腆而忽略他的成长，反而特别关注他，发现他身上的闪光点，以增强学生的自信心。在说话方面积极引导他，并适时地给予他夸赞。因此，这体现了白老师关注班级内每一位幼儿的健康发展。

其次，素质教育要求促进学生的个性发展，承认并尊重学生间的差异，积极引导学生充分和谐地发展。材料中，白老师针对小楷说话声音好听的特点，鼓励小楷多进行表达，做到了因材施教，使小楷得到了充分的发展。

再次，素质教育要求促进学生的全面发展。材料中，白老师关注小楷各个方面的发展，并就小楷不足的地方加以引导，关注小楷的道德生活和人格养成，同时还将小楷的情况与家人沟通，使小楷能够全面而健康地发展。

最后，这位教师从关注学科转向关注学生，关注小楷心理和情绪的变化，注重小楷道德和人格的全面和谐发展，符合素质教育的相关要求。

31. **【名师详解】**

材料中，钟老师的行为是值得肯定和赞赏的，符合教师职业道德的相关要求。

首先，钟老师的行为体现了关爱学生的职业道德。关爱学生指的是在教育过程中要关心热爱学生，不体罚、变相体罚学生，对学生严慈相济。材料中钟老师面临儿童啼哭不止，并没有大发脾气而是采用细心安抚的方法去教育学生。

其次，钟老师的行为体现了爱岗敬业的职业道德。爱岗敬业指教师在教育过程中要热爱本职工作，善于反思和总结教学经验。材料中钟老师在面对教学困难的时候能够从多角度来思考并解决问题，最终找到解决的方法，很好地解决了幼儿啼哭不止的问题。

最后，钟老师的行为体现了为人师表的职业道德。为人师表是指在教育过程中，教师应该以身作则、为人师表，廉洁从教，不利用职务之便谋取私利。材料中钟老师在教师节拒收家长的礼物体现了廉洁从教，符合这一职业道德规范。

因此，钟老师在教育过程中能够遵守教师职业道德规范，具备素质教育的理念，能够做到“以人为本”，促进学生全面发展。

32. **【名师详解】**

（1）郑振铎翻译的《新月集》“忠实”的特点主要体现在：展现了印度的时代背景；表现了泰戈尔的哲学思想；呈现了泰戈尔诗文的意境。

（2）翻译外文作品一般有三种境界，分别是信、达和雅。

信：指意义不悖原文，即是译文要准确，不偏离，不遗漏，也不随意增减。郑振铎在翻译《新月集》时，始终恪守“忠实”的原则，尊重印度的时代背景，很好地展现了泰戈尔的哲学思想。

达：指不拘泥于原文形式，译文通顺明白。在忠实原文的基础上，为了使句子通达顺畅，郑振铎在翻译《新月集》时加入了一些连接词，很好地处理了语句表达的问题。

雅：则指译文时选用的词语要得体，追求文章本身的古雅，简明优雅。郑振铎的翻译给人以纯净的感觉，能够很好地将泰戈尔诗文的意境呈现出来了。

三、写作题

33. **【名师点拨】**

一、抓住核心句。材料中的核心句是“虽然棉被给不了我们温暖，却可以保存我们的温暖，

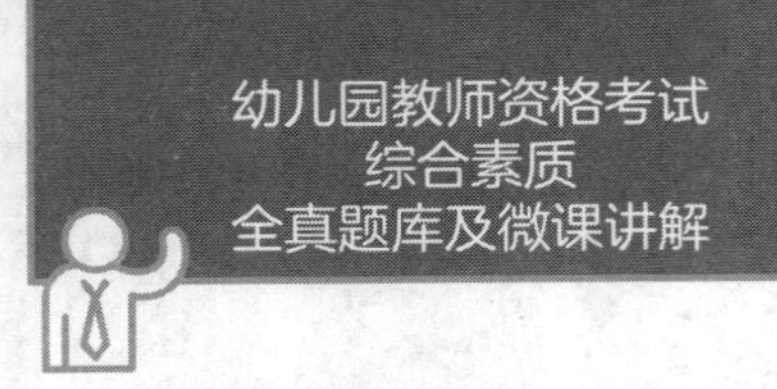

让我们在被窝里睡得舒服呀！”

二、分析核心句。核心句的意思是：温暖是人给予棉被的，但与此同时，棉被却为人们保存了温暖，并给人以舒适与幸福。

三、立意的角度：（1）付出就会有收获；（2）一心向善，终将消释寒冰；（3）温暖别人，就是温暖自己；（4）爱是双向的；（5）人生的冷暖取决于心灵的温度。

【参考范文】

因为付出，所以收获

逆风猎猎，溪流汩汩。疾驰奔驶过的列车，留下铿锵有力的鸣笛声，在林间作响，幽幽荡扫起的尘埃，在肃穆的大山深处向一个人致敬。

这是一道萦绕在山林间的庄严赞歌，为一个生命在太阳下的执着与坚守唱响。

因为付出，所以收获。

古希腊有一句谚语：种瓜得瓜，种豆得豆。种下的是几十年如一日的对岗位的坚守，收获的便是整个森林那肃然起敬的崇高礼赞。种下的是盈满爱与善的花苞，收获的便是日久弥坚的温暖。

当“最美妈妈”吴菊萍不顾危险，完成从天而降的爱心举托，一个孱弱的生命将因此而重获生的希望，一股感天动地的向善力，正因此茁壮成长，一股善良温暖之风将拂遍整个神州大地。

种下一份爱，社会将收获一个美好的人间。无论是深圳最美少女对轻生男的天使之吻，还是杭州最美司机吴斌在生命最后70秒强忍撕心裂肺的痛苦，咬牙做出最后的坚守……越来越多的感人花蕾将彭宇案后几乎不敢相信中国还有好人的社会重新点缀。一块硬如磐石的坚冰正在慢慢融化，一个古老民族滴血的伤口正在缓缓愈合。

“勿以善小而不为，勿以恶小而为之”，种下哪怕一点污黑发霉的恶果，收获的将是滔天罹难。当铜臭充斥着嗅觉，一些利欲熏心的黑暗正在遮挡树影婆娑的阳光。

长江大学几十名教授在市政大厅前举着“中国不要GDP”的口号，砰然下跪的巨响，跪出的是中国经济高速发展的光鲜背后环境严重污染，生态严重恶化，社会发展不平衡的痛人心扉的现状。种下先污染后治理的恶果，中国将负担的是一笔沉重的环境债。

上帝对每个人都是公平的，开始种下什么，最后终究会收获什么。没有任何一个人能侥幸逃脱世界文明几万年来传下的古老法则。

或许，有人会因一时的迷惘而选择错误的种子，但终究会因此而偿还。这是无法改变的。但偿还需要态度，并掌握在自己手中。世界从来不存在以德抱怨，几千年前，孔子有云：以怨抱怨，以德报德。想要收获德，只能种下德；想要收获善，只能种下善。千百年来，始终如此。

乘向善之船，长风破浪，驶往春暖花开的彼岸。因为付出，所以收获；因为收获，所以快乐；因为快乐，所以付出。